古代歷史文化研究輯刊

十四編

王明蓀 主編

第 10 冊

文武分區：
地域性經濟特徵對東晉南朝政局之影響

權家玉 著

國家圖書館出版品預行編目資料

文武分區：地域性經濟特徵對東晉南朝政局之影響／權家玉
著 -- 初版 -- 新北市：花木蘭文化出版社，2015〔民 104〕
目 2+190 面；19×26 公分
（古代歷史文化研究輯刊 十四編；第 10 冊）
ISBN 978-986-404-318-7（精裝）
1. 政治經濟 2. 魏晉南北朝
618   104014374

ISBN-978-986-404-318-7

9 789864 043187

古代歷史文化研究輯刊
十四編　第 十 冊　　　　　　ISBN：978-986-404-318-7

文武分區：地域性經濟特徵對東晉南朝政局之影響

作　　者　權家玉
主　　編　王明蓀
總 編 輯　杜潔祥
副總編輯　楊嘉樂
編　　輯　許郁翎
出　　版　花木蘭文化出版社
社　　長　高小娟
聯絡地址　235 新北市中和區中安街七二號十三樓
　　　　　電話：02-2923-1455／傳真：02-2923-1452
網　　址　http://www.huamulan.tw 信箱 hml 810518@gmail.com
印　　刷　普羅文化出版廣告事業
初　　版　2015 年 9 月
全書字數　173810 字
定　　價　十四編 28 冊（精裝）台幣 52,000 元

文武分區：
地域性經濟特徵對東晉南朝政局之影響

權家玉　著

作者簡介

權家玉：1980 年生，安徽壽縣人，現爲陝西師範大學歷史文化學院講師。2004 ～ 2009 年於武漢大學獲得歷史學碩士及博士學位，2009 ～ 2011 年在中山大學從事博士後研究工作。主要從事魏晉南北朝史研究，並先後發表論文 10 餘篇，主持中國社科基金後期資助項目一項。研究旨趣主要集中在：西晉政治史、南朝政治史、社會史、及財政史等方面。

提　　要

　　南朝的政局演變呈現出圍繞著地域爲中心的博弈狀態，隨著政權與地方州鎮彼此實力的消長，最後形成的是生與死的較量。軍事實力固然是其中的主導，然經濟與財政的基礎卻成爲彼此掌控局勢的最終決定力量。

　　吳會地區是南朝經濟的重心，自孫吳後期江南政權形成的吳會支持建康的經濟運行模式爲東晉南朝繼承，然吳會的富足卻不能改變建康的財政困境和社會士族層的貧困。財政的匱乏導致了建康政權與社會的雙重矛盾，一方面促使建康加大了對揚州境內的賦稅徵收，這直接導致揚州境內經濟發展的不穩定，編戶赤貧狀況嚴重，乃至在外部原因的推動下，短時期內出現經濟發展停滯甚至倒退的狀況，而這又反作用於政權財政，使其保持在持續困頓的狀態。另一方面，建康社會大量以居官爲生的士族，此時遇到了生活的困境，俸祿的不穩定使其生存來源難以保證，貧困在建康士族社會中呈蔓延趨勢，這直接影響到他們出仕的態度。財政的危機與社會的危機交織，推動定都於此的南朝政權逐步走向衰弱。

　　與北朝的對峙決定了緣江與緣淮各州鎮的存在，頻繁的軍事衝突使軍鎮財權自主成爲必然，這也爲其財政積累提供了便利。總體而言，軍鎮地區的經濟開發及財政狀況主要依賴都督個人政策，故其發展極不穩定且不具備連續性。正由於這種狀況使都督在軍鎮的經濟開發具備了極大的空間，他們可以通過各種途徑短時間內充實府庫，地方收入在基層存積累，爲都督積聚物資力量提供了條件，使其軍事力量得以維持乃至增強，在一定時期內甚至湧現出足以與政權相抗衡的一個或多個軍鎮，乃至有取而代之的趨勢。擁軍自重的軍鎮在財權獨立的條件下，政權失去了對其穩定的掌控，南朝政局的演變趨勢告訴我們，正是財權的下放導致統御力量的喪失，使南朝政局在混亂中重複上演一幕幕外鎮入主取代建康政權的鬧劇。

　　軍事上的北重南輕、經濟上的東重西輕，使政治上本已揚州獨重的局勢更加複雜。建康財政來源日趨孤立與軍鎮財政的相對自主同步。經濟的地域性不平衡，建康財政依賴富足的吳會地區而匱乏，荊雍軍鎮仰仗湘贛地區而充實。建康政權衰弱後，地方性的離心直接推動軍鎮逐漸走向政權的對立面，推動著南朝政權的新舊更替。

目次

第一章　緒　論

一、研究背景

　　南朝政權承接於東晉，表現出與東晉極為相似的特點，故眾多前人在關注南朝時每每從東晉論起，從而提出一個新的概念——五朝〔註1〕。東晉在建康社會層面與南朝特點相似，然政權結構出現了很大的不同，由此引起的士族與政權的結合方式也出現了變化。南朝四代特徵也不盡相同，大抵宋齊政變連連，頻繁易主，表現為約三十年左右一次州鎮入主〔註2〕。進入梁代，因梁武帝本人壽命較長突破了這一怪圈，然而政治矛盾的長期積壓，帶來的是對建康政治與社會一次摧枯拉朽的衝擊。建康城因之遭到嚴重破壞，更為突出的是對士族社會的打擊，飽受戰亂的建康士族，幸存者大部幾經遷轉抵達江陵，隨後北周對江陵的攻擊乃使建康餘音灰飛煙滅，陳朝統治下的建康城，自東晉建立起的建康社會僅剩餘響。故在研究建康社會時，多自東晉始，而至梁末終。自五朝政治的特點而言，東晉創立格局，宋齊為最具代表性的政權，梁武帝一人耗盡梁朝生命力，侯景之亂成為分水嶺，陳朝所繼承之江南政權，不論政治抑或社會，都與此前存在較大區別，故這裡仍由東晉論起，而較少涉及陳朝。

　　南朝四代，不論政治、經濟乃至軍事都呈現出極為突出的地域性特徵，

〔註 1〕　概念始於章炳麟先生之《五朝學》、《五朝法律索引》，繼以王伊同的《五朝門第》和毛漢光〈五朝軍權轉移及其對政權之影響〉（收於《中國中古政治史論》，世紀出版集團、上海書店出版社，2002 年）。

〔註 2〕　《南齊書》卷 57〈魏虜傳〉載北魏李元凱云：「江南多好臣，歲一易主；江北無好臣，而百年一主。」

故在研究南朝史時，地域性特徵是無法迴避的問題。從經濟地位看，揚州自成一區；湘贛、荊州之地較其他地區突出，亦可爲一區；襄陽淮河一線及東部徐兗地區軍鎮經濟狀況相似，作爲戰區經濟可爲一區；益梁及西南廣袤區域經濟落後，或因其南朝政治經濟中處於邊緣地位，基本不在本文考量範疇。〔註3〕這種突出的區域性經濟所支撐的上層建築，也呈現突出的地域性特徵，而這些對南朝政局的影響極爲深遠，一定程度上決定其發展方向。

　　吳會地區是南朝經濟的重心，而財政上對這一區域的過分依賴，一方面推動這一地區經濟的發展，迅速改變了三國以來南方的經濟格局，吳會地區迅速超越湘贛流域，成爲江南第一經濟大區。同時在有利的條件下也產生極爲不利的負面效應，由於對吳會地區過分依賴，使這一區域經濟負擔極爲沉重，正稅以外的雜稅、勞役徵收繁重。因稅收負擔導致大規模編戶逃亡現象，就只在吳會地區出現過。經濟實力及政策上的地域性差別，導致建康政權在經濟來源上相對孤立，財政一直捉襟見肘，士族生活來源的單一性（建康士族主要依賴俸祿維持生計），也使都城的士族群體都不同程度的面臨貧困問題。財政問題與社會問題雙重危機影響下的建康，以及以此爲中心的揚州區域，政治與社會矛盾突出，而這些反作用於揚州經濟，從而導致其在一定時期內很難實現持續發展。

　　財政的長期不景氣對政權影響深遠，東晉立國之初直至滅亡，即表現出先天不足的特點，政權的羸弱與軍鎮的強大，使整個東晉王朝舉步維艱，荊揚之爭幾乎伴隨東晉始末。東晉南朝時期是中國歷史上江南半壁分裂最長的時期，分裂時期的特殊狀態，決定了軍事問題的突出地位，強則努力統一，弱則維持割據，而無論哪一種狀況，在邊境設置強大軍事據點都在所難免，故東晉南朝時期在秦嶺淮河、長江分佈了兩道防線，軍鎮林立。爲了便於各軍鎮武裝的維繫以及軍事活動的自主，都督多領刺史，實現軍權與民權的統一，地方的租稅收入也基本上用於都督區自身建設，由此引起的南朝揚州以外地區地方性財政收支自主，都督區獲得了賴以生存的財政權，深陷危機的建康財政每每因軍鎮財政之不足，更背上了沉重負擔，從而加劇了其財政的惡化。這一方面使建康政權失去了廣大區域的財稅收入，同時地方財稅自主

〔註3〕對於南朝境內的經濟分區，目前以許輝、蔣福亞在《六朝經濟史》中提出的分區爲代表，將南朝境內分爲以巴蜀、江漢、三吳爲三個大區，豫章、嶺南、閩江亦粗具規模。江蘇古籍出版社，1993年。

也使都督區擺脫建康統御成為可能。

　　相對於吳會地區賦稅徵收的穩定，緣淮、緣江諸鎮由於其軍事特點，在建康財政來源中都不具有突出地位。襄陽、緣淮諸鎮的錢糧收入，在南朝基本不過江。南朝軍事重鎮中，東北面的徐兗一帶，軍鎮支出除本鎮賦稅收入外依賴建康財政補充，西北面之雍州一帶則除本鎮租稅外尚能獲得湘贛地區財稅資助。湘贛流域的經濟水平僅次於吳會地區，東西兩面軍鎮各自實力的消長與這種經濟的背景密不可分。軍鎮在與建康對立中，東西兩面存在明顯不同：東面軍鎮成功者皆為進入建康控制政權後，借助建康財力剪除突出軍鎮，實現政權的緩慢轉移，其中自不乏舉兵者，則基本上困守孤城，很難直接出兵進攻建康；〔註4〕而西面軍鎮則多為舉兵東下，固然成功者少，而強硬的態度自與湘贛地區的經濟後盾密不可分。

　　與北朝的對峙，造就了南朝的軍事力量分佈及軍鎮格局〔註5〕，大量實力強大的軍鎮的存在，在東晉南朝成為必然，從而造就了北重南輕的軍事格局。南朝揚州以外各地尤其是長江淮河沿線軍鎮的地方性開發極不穩定，也為軍鎮的財政積累提供便利。「宋齊時代地方軍的養兵費（含募兵費），通常由地方稅、商稅和屯田收入供應。」〔註6〕總體而言，軍鎮地區的經濟開發及財政狀況主要依賴都督個人政策，故其發展不具備連續性。正由於這種狀況使都督在軍鎮的經濟開發上，擁有極大的自主空間，他們可以通過各種途徑短時間內充實府庫，並且從有限的資料反映，在南朝吳會地區因賦稅負擔出現大量流亡時，外鎮都督區並未出現這種跡象，這一方面導致對地方經濟的開發推動不力，另一方面也可知地方收入在最基層存在積累，為都督積聚物資力量提供了前提。

　　軍事上的北重南輕、經濟上的東重西輕，使政治上本以揚州獨重的局面更加複雜。地方財權逐漸獨立化，建康財政來源日趨孤立與軍鎮財政的相對自主同步。經濟的地域性不平衡，建康依賴吳會地區而貧困，荊雍軍鎮仰仗

〔註4〕詳參《宋書》卷79〈文五王・竟陵王誕傳〉及卷88〈沈文秀傳〉。

〔註5〕周一良指出：「東晉南朝政權建立之形勢，據南面北，外北而內南。」〈《南齊書》札記・南朝東南內地之位置〉，載於《魏晉南北朝史札記》，中華書局，1985年，231頁。

〔註6〕越智重明《魏晉南朝の人と社會》第4章〈宋の孝武帝とその時代〉，研文出版，1985年，206頁。同時他在〈南朝州鎮の財政について〉一文中，對此有專述。載於《東洋史學》第24輯，1961年。

湘贛地區而充實。建康政權直轄力量衰弱後，地方性的離心直接推動軍鎮逐漸走向政權的對立面，經濟的自主更為其準備了必要的物質基礎。

東晉南朝時期，由於經濟的發展不平衡，呈現出突出的地域性特徵。這一特徵直接影響到南朝政局的發展乃至軍事力量的消長，意義主要分為如下幾個方面：

1、從經濟地域性分佈的背景探討建康政權財政危機及建康社會士族的貧困。這對於探討以建康為中心的南朝政治具有重要意義，並且對於全面認識士族社會提供了必要的補充。同時可以瞭解在建康受困於嚴重的財政危機時，士族社會貧困問題的蔓延，也使建康政權面臨嚴重的社會危機，由此引發的南朝因為貧困獲得外任治民官成為常態，外任官的腐化客觀上推動了地方對建康政權的離心。

2、從地域性經濟實力和政策的差別探討軍鎮發展的軌跡。東晉南朝徐兗地區與雍州地區軍鎮實力的此消彼長雖然不少前人對此著墨頗多，卻始終難以揭示現象背後的實質，經濟後盾的實力區別使徐兗軍鎮實力的衰落和雍州軍鎮力量的崛起成為必然，雖然政策的傾斜可以延緩，卻無法改變這一趨勢。

3、從鎮區的財政積累探討軍鎮的崛起。東晉南朝一直上演著軍鎮進入建康取代政權的歷史，這其中建康內部的權力鬥爭和屢次政變固然起到重要作用，而從軍鎮的看，都督擁有幾乎完整的財權，無疑是軍鎮力量壯大使之足以取代建康政權的重要保證。目前國內對軍鎮財政狀況研究缺乏，對軍鎮財政的探討從另一個角度展開了南朝政治演變的原因。

東晉南朝的地域性為題，不僅僅局限於政治與軍事，經濟的地域性在其中也發揮著重要作用。

二、研究現狀

目前對東晉南朝史的研究主要分佈三個區域：國內、日本和臺灣，成果相對較多，並取得了較大程度上的突破。由於涉及較廣，以下按照涉及問題的不同稍作梳理。

涉及南朝經濟史的成果相對較多，較早的如韓國磐先生的《南朝經濟史》（後與其另一力作《北朝經濟史》合而為《南北朝經濟史》）應屬此領域的開山之作。此後高敏的《中國經濟通史·魏晉南北朝經濟卷》及何德章的《中

國經濟通史》第三卷，對南朝總體經濟狀況、土地開發、賦稅及戶籍管理等諸方面都有較多研究。另外關注東晉南朝的經濟史著作還有許輝、蔣福亞主編的《六朝經濟史》，對南朝經濟區進行了劃分〔註7〕；陳明光的《六朝財政史》最早開展了對南朝財政的研究。〔註8〕但對於這種由於經濟的地域性不平衡，一方面促使建康經濟來源空間的狹窄，同時也導致軍鎮獨立性相對增強的狀況並無涉及。

　　鑒於地方勢力在六朝史中的作用以及南朝歷史所體現出的地域性特徵越來越受到關注，1987年中日學者遂就此一專題舉行專項研討會，會後結集《地域社會在六朝政治文化上所起的作用》〔註9〕，對南朝的地方軍府勢力入主建康問題頗多創建，谷川道雄更是指出了南朝政治改朝換代的實質，就是地方勢力一次次的在試圖取代中央的過程〔註10〕。目前日本學者中從地域性研究南朝的主要以中村圭爾為主〔註11〕，他對南朝政權中心建康地區及其附近數鎮的關係進行了探討，同時對江南社會的開發和地域性都給予較多關注，尤其是建康與三吳、會稽地區的經濟關係，進行過較為充分的研究，對以建康為中心的揚州地區政治、經濟乃至社會生活都進行了一定程度的探討。

　　隨著區域史研究的發展，對以建康為中心的揚州地區經濟研究成果也不斷出現，臺灣學者黃淑梅在《六朝太湖流域的發展》一書中，即詳細的考察了太湖地區的地理、人口、經濟發展等諸多問題。這裡是六朝經濟的重心，但是她對南朝政權對這一地區統治的情況並未過多涉及，尤其對建康與這一地區的緊密聯繫情況未能深入探討。

　　揚州地區作為五朝的經濟重心，目前學界已基本達成共識。儘管有人曾將南朝境內劃分為各個經濟區，但三吳地區獨重的形勢卻也無法迴避〔註12〕。

〔註7〕　後蔣福亞另著《魏晉南北朝社會經濟史》，對其此前的觀點有很大程度的推進，天津古籍出版社，2005年。

〔註8〕　另外他在《六朝經濟》及《漢唐財政史論》兩部著作中都對南朝的經濟及財政做出深入探討。

〔註9〕　谷川道雄主編，日本玄文社，1989年。

〔註10〕　谷川道雄，〈地域社會在六朝政治文化上所起的作用〉，收於同名論文集。

〔註11〕　《六朝江南地域史研究》，汲古書院，2006年。

〔註12〕　許輝、蔣福亞主編的《六朝經濟史》中指出：「六朝時期，經過南北人民的共同開發，長江流域的巴蜀、江漢、三吳在舊有的基礎上，社會經濟又有了長足的發展，進一步發展為新的大型經濟區。」江蘇古籍出版社，1993年，66頁。

何德章對南朝吳會地區之經濟及人口狀況做出深入研究，最終得出結論：「南方真正可以算得上經濟區的只有會稽、吳郡、吳興所在的『三吳』地區。」〔註13〕而著眼於建康與三吳地區聯繫，以及這種聯繫對南朝造成的影響，目前仍然以臺灣學者劉淑芬的論文集《六朝的城市與社會》為主〔註14〕，指出了上游的軍事區域與下游的政治區域、經濟區域乃至文化區域之間相脫離對南朝政局的影響，其中《六朝建康的經濟基礎》一文亦明確指出吳、會地區是建康的經濟命脈。該書上篇〈建康城〉對六朝都城建康及其在六朝政治中不可動搖的地位提出了獨到的見解。日本學者越智重明在《魏晉南朝の人と社會》一書中第四章第四節〈國家財政の窮乏と州鎮の自律性、民間の財力〉中對建康的財政困境有所描述，但主要側重於宋代。對於南朝而言，財政的緊張一直困擾著建康政權，而對這一問題的關注度目前稍顯不足。

對於南朝之疆域格局研究，較為突出的為胡阿祥的《六朝疆域與政區研究》〔註15〕，從三國孫吳對江南疆界的拓展到南朝各代的疆界變化，都做出全面系統的統計分析，對六朝的軍鎮的攻守形勢做了一定的探討，同時對六朝的地方行政制度也置墨頗多。

對中古區域史研究的關注，直接促使對南朝由都督制的制度探討到對個別軍鎮的深入考察〔註16〕。章義和的《地域集團與南朝政治》對地方勢力的崛起及軍鎮勢力的消長都有較深入的研究。另臺灣學者吳慧蓮的《東晉劉宋

〔註13〕何德章：《中國經濟通史》第三卷第二章〈自然生態環境與區域經濟狀況〉，85頁。

〔註14〕臺灣學生書局，1992年。周一良在《魏晉南北朝史札記》《〈晉書〉札記‧東晉南朝地理形勢與政治》亦從地理的布局對五朝政局造成的影響做了一定的探討。

〔註15〕胡阿祥：《六朝疆域與政區研究》，學苑出版社，2005年。另張承宗、田澤濱、何榮昌主編的《六朝史》也有對六朝疆域的關注，江蘇古籍出版社，1991年。

〔註16〕對都督制進行統觀研究的成果相對較多，最具代表性的為嚴耕望所著《中國地方行政制度史‧魏晉南北朝地方行政制度》上冊，上海古籍出版社，2007年。此後陳仲安、王素《漢唐職官制度研究》第二章第二節〈都督區的形成及演變〉（中華書局，1993年）、陳琳國在《魏晉南北朝政治制度研究》第六章〈魏晉南朝都督制〉（文津出版社，1994年）、胡阿祥《六朝疆域與政區研究》第四至六章等都對這一問題有不同程度涉及。日本學界主要有小尾孟夫在都督制問題上進行了集中研究，氏著《六朝都督制研究》一書中，深入探討了南朝都督制的源起，並分類的對各種不同形式的都督做出針對性研究。日本溪水社，2001年。

時期之北府》個案的對京口軍鎮及徐兗地區做了深入探討〔註17〕。著眼於軍鎮的論文主要有：何德章的〈釋「荊州本畏襄陽人」〉〔註18〕和臺灣學者傅樂成的〈荊州與六朝政局〉〔註19〕，均從戰略上分析荊州、雍州軍鎮的地位，關注荊、雍二鎮的論文頗多，這裡不一一列舉。對以益州爲中心的研究目前以李文才的《南北朝時期益梁政區研究》一書，對整個南朝時期對益梁地區的統治情況作出了一定考察。邊境地區豪族在南朝軍鎮武裝中影響頗大，也逐漸受到學界關注，韓樹峰在《南北朝時期淮漢迤北的邊境豪族》一書中，對南朝各個地區的邊境豪族做出系統梳理，爲東晉南朝時期的豪族研究奠定基礎。對南朝軍鎮個案研究的成果仍有許多，這裡不一一列舉，但區域史的個案研究並不能在很大程度上推動南朝地域性研究的發展，也不能在宏觀層面上找到南朝各軍鎮勢力消長的原因，並且從經濟層面關注軍鎮力量的著作亦不多。

　　對於南朝軍鎮的財政問題，成果較少，學界目前僅日本學者越智重明在60年代發表論文〈南朝州鎮の財政について〉〔註20〕，對軍鎮的財政來源問題提出較多創見。由於政權財政對吳會地區的過分依賴，也促使軍鎮地區財稅收入留鎮的狀況，不僅如此，邊境諸臨敵軍鎮，很大程度上需要外鎮或建康財政的直接補充，州鎮財政的自主在南朝軍鎮屢屢舉兵過程中的作用等問題，越智重明亦未做深入探討。

三、史料與方法

　　目前幾乎所有魏晉南北朝史研究者均深感史料之不足，相對於北朝碑刻墓誌的大量出土，南朝在新材料方面劣勢明顯，這也是近年來南朝史推動緩慢的重要原因。目前對南朝歷史的研究仍近於完全依賴傳世文獻爲主，南北

〔註17〕對北府兵的研究，最爲突出的是田餘慶先生的〈北府兵始末〉一文，收於論文集《秦漢魏晉史探微》，中華書局，2004年。
〔註18〕收於《魏晉南北朝史研究》，中國魏晉南北朝史學會編，湖北人民出版社，1996年。另外他在〈宋孝武帝上臺與南朝寒人之得勢〉一文對雍州勢力有相當的考察。載於《西南師範大學學報（哲學社會科學版）》1990年第3期。日本學者安田二郎在〈晉宋革命與雍州（襄陽的僑民）〉一文中也有對也有對雍州地方勢力的探討。收於《日本青年學者論中國史‧六朝隋唐卷》，上海古籍出版社，1995年。
〔註19〕收於氏著《漢唐史論集》，聯經出版事業股份有限公司，1977年。
〔註20〕陶新華在《魏晉南朝中央對地方軍政官的管理制度研究》一書中對此亦有涉及，巴蜀書社，2003年。

朝時期史學興盛，《隋書》卷33〈經籍志・史部〉所載817部史學著作至今所剩無幾，故對東晉南朝而言，主要可徵史料仍爲《晉書》、《宋書》、《南齊書》、《梁書》、《陳書》及《南史》諸部。《魏書・島夷傳》是以北朝人角度對南朝史的記載，成爲瞭解南朝史的重要材料，但因治史角度的不同，對南朝的記載頗有不實。收入《隋書》的《五代史志》也是部分涉及南朝的重要材料。

　　涉及到東晉南朝的地域性以及經濟特徵諸方面，主要集中在〈地理志〉抑或〈州郡志〉以及〈食貨志〉，而這段歷史正史僅《晉書》、《隋書》擁有〈地理志〉，《宋書》、《南齊書》有〈州郡志〉；〈食貨志〉則只有《晉書》與《隋書》具備。正史以外《通典》對這兩方面做了系統梳理，且因成書時間較早，成爲正史以外最爲重要的材料。與此同時，《初學記》、《藝文類聚》則相對較爲分散。

　　南北朝時人酈道元著錄之《水經注》，以水道爲系統對南北朝時期地理狀況做出全面了記載，對於今天研究南朝史仍助益頗多，然由於其受地域限制，對南朝部分的記載相對簡略。這已是南北朝時期現存較爲完備的地理類著作，其經濟狀況也有很大程度的涉及。成書於唐代中後期的《元和郡縣圖志》，是中古時期又一重要的地理著作，而對東晉南朝的南北朝時期的地理及經濟問題並無下意識的梳理。

　　宋代四大類書（《太平御覽》、《太平廣記》、《冊府元龜》、《文苑英華》）。相對於東晉南朝以《太平御覽》和《冊府元龜》價值最高，其分門別類的特點，爲經濟與地域性的掌握提供了便利，同時亦增補了一些正史以外的材料，這些對於史料嚴重缺乏的東晉南朝史研究彌足珍貴。

　　唐人許嵩著《建康實錄》是以江南爲中心的實錄體史書，然超出《三國志》、《晉書》及南朝五史之史料甚少，其對建康城市布局的記載較爲重要。宋人司馬光所著編年體史書《資治通鑑》，其中對南朝時期的記載雖較爲系統，而於史料補充亦較少。宋元之際胡三省爲之音注，亦在一定程度提高了其價值。

　　對歷史文獻的搜集和運用是歷史研究的最基本、最常用的方法。魏晉南北朝歷史在文獻上相對缺乏，這也是歷來史學家所面臨的共同問題，南朝歷史更是如此。王國維指出史學研究之二重證據法，利用傳世典籍結合出土文獻對歷史問題做深入探討。在傳世文獻方面，南朝史研究通常以有限的南朝

五史爲基礎，結合唐宋以來各史家著作，輔以唐宋時期之幾大類書；在出土文獻方面，相對於北朝，南朝極爲匱乏，所出之碑刻墓誌較少，但仍不失爲正史研究的補充。結合以上，基本上構成了南朝史研究所可依賴的文獻主體。史學研究，必以文獻爲宗，捨此途徑，即必然陷入浮光掠影似之空談境地。筆者擬以對比研究法作爲輔助方法，對同一時期各地區的對比和對不同時期相似事件的對比，地區與地區的對比、中央與地方的對比，從經濟、軍事到政治等各方面探討南朝史的發展。

總之，本課題在以往研究基礎上，側重於經濟地域性的研究，通過對都城及其在輻射範圍——揚州與軍鎮區域的經濟運轉探討政局發展的主導性因素。從揚州境內固定的經濟運轉模式，探索南朝政權在定都建康以後，一直深陷的財政危機及其影響，實力雄厚的軍鎮一直處於相對孤懸的狀態，地區經濟及財政狀況的短暫性好轉，直接促使其領導人覬覦建康皇權。通過這樣的對比，或許可以從另一側面解開南朝時期政變不斷，藩鎮入主頻繁的根源。從經濟基礎探討上層建築的發展，可以在一定程度上打破南朝經濟史與政治史研究相對脫離的狀態，通過微觀的考察從宏觀上探尋主導南朝政局演變的因素。

第二章　東晉南朝疆域內總體經濟
布局

　　東晉南朝時期的南方政權，在多重層面上呈現出地域性的特徵，這一點
80 年代就已為前人所關注，而經濟的地域性前人也著墨甚多，然大體將南朝
分為幾個經濟區來看待〔註1〕，此中揚州被公認為南朝發展程度最高的地區。
作為東晉南朝政權財稅的直接獲取地，這裡在南方政權中的地位可想而知。
這裡不擬分辨三吳地區究竟是建康政權財稅的主要來源還是唯一來源，但通
過對南朝全境兩個指標的梳理（人口和倉庫），可以直觀的展現三吳地區的地
位。需要指出的是三吳地區一直被認為是五朝時期經濟最為發達的區域，這
一提法，乃相對於其他地區而言，事實上三吳地區自身的經濟也是崎嶇發展，
但其作為建康天然賦稅來源的地位卻一直沒有改變。

第一節　東晉南朝疆域內的人口狀況

　　經濟的發展狀況在很大程度上以人口為指標，故人口的分佈也一定程度
從側面反映經濟的分佈〔註2〕。五朝歷史史料相對缺乏，戶口記載缺失嚴重，

〔註1〕　許輝、蔣福亞在《六朝經濟史》中對南朝全境均作為經濟區劃分，同時，蔣
　　　　　福亞在《魏晉南北朝社會經濟史》中亦做此看待，天津古籍出版社，2005年。
　　　　　這一觀點何德章在《中國經濟通史》第三卷，已做出一定程度的反駁，指出：
　　　　　「但六朝時期，南方真正可以算得上經濟區的只有會稽、吳郡、吳興郡所在
　　　　　的『三吳』地區。」85頁。
〔註2〕　唐長孺在《魏晉南北朝隋唐史三論》中對南朝戶口狀況亦有較為全面的考察，
　　　　　中華書局，2011年，78～89頁。史念海在《中國歷史人口地理和歷史經濟地

－11－

目前唯《宋書・地理志》所載劉宋大明八年（464）戶口最爲完整〔註3〕，在一定程度上體現南朝穩定時期的戶口狀況，需要指出的是由於揚州以外的地區戶口蔭庇嚴重，通過記載戶口並不能反映其實況，然在南朝戶口簿直接作爲國家徵稅依據，故依然能夠體現各地在國家財稅中的地位。這裡將其統計列表如下，以便於對南朝人口分佈總體情況有一全貌認識〔註4〕。

州	戶數（口數）
揚州（治建康）〔註5〕	143296（1455685）〔註6〕
南徐州（治京口）	72472（420640）〔註7〕
徐州（先治彭城後治鍾離）	23485（175967）〔註8〕
南兗州（先治廣陵，徙治盱眙，後又還廣陵）	31115（159362）〔註9〕
兗州（先治鄒山，後治瑕丘，後治淮陰）	29340（145581）〔註10〕
南豫州（治所自壽陽遷歷陽，又遷姑孰，後還歷陽又遷宣城）	37602（219500）〔註11〕

　　理》中對六朝時期南方人口及經濟亦有較多涉及，然關注主要爲長江下游地區。臺灣學生書局，1991年。

〔註3〕《晉書・地理志》所載各州郡只記戶數，而無口數，且其時間爲西晉太康元年情況，而《隋書・地理志》所載又爲隋煬帝大業五年的戶口，故五朝戶口所存唯有《宋書・地理志》可供依據。

〔註4〕梁方仲在《中國歷代戶口、田地、田賦統計》一書中對此有過統計，上海人民出版社，1980年。分爲甲表16〈劉宋各州戶口數、平均戶口數及各州戶口數的比重〉和甲表17〈劉宋各州郡戶口數及每縣平均戶數和每戶平均口數〉，而以甲表17最爲細緻，與本表相比，增出各州郡所轄縣數、「每縣平均戶數」和「每戶平均口數」兩項，但因統計工作的繁瑣，使其中留有不少錯誤。

〔註5〕各州治所遷徙不定者，皆自宋初計入，不上溯至東晉。

〔註6〕據《宋書》卷35〈州郡志一〉揚州條載總戶口爲此數，然據各郡戶口總和，則揚州戶數爲247108，口數爲1605674。

〔註7〕據各郡戶口總和，南徐州戶數爲71768，口數爲418078。

〔註8〕徐州之新昌郡戶口數失載，然據有記載的十四郡總和看，徐州之戶數爲38916，而口數爲211918。

〔註9〕南兗州有五郡戶口失載，而據有記載之六郡戶口總和，南兗州戶數爲20144，口數爲124834，戶數比記載戶數少10971戶，而口數比記載口數只少34528口。案據記載戶口，平均每戶5人有餘，而此差距戶口卻3人不足，大約記載戶口估算了失載五郡的人口在內，而導致前後差異。

〔註10〕兗州之各郡總戶數與記載戶數相符，而總口數爲140569。

〔註11〕南豫州有十一郡戶口失載，而據有記載各郡指數累計，戶數爲23623，口數爲150402，與記載戶口相比，戶數少13979，口數少69098。約失載之十一郡戶口在記載戶口數亦有估算。

豫州（寄治睢陽）	22919（150839）〔註12〕
江州（尋陽）	52033（377147）〔註13〕
青州（治東陽，後遷歷城，其後還東陽）	40504（402729）〔註14〕
冀州（治歷城）	38076（181001）〔註15〕
司州（義陽）	一（一）〔註16〕
荊州（治江陵）	65604（一）〔註17〕
郢州（江夏）	29469（158587）
湘州（臨湘）	45089（357572）〔註18〕
雍州（襄陽）	38975（167467）〔註19〕
梁州（先治南城，後治南鄭）〔註20〕	一（一）〔註21〕
秦州（南鄭）	8732（40888）〔註22〕
益州（治成都）	53141（248293）〔註23〕

〔註12〕豫州各郡總戶數為 22211，口數為 152433。

〔註13〕《宋書》卷 36〈州郡二〉載：「（江州）領郡九，縣六十五。」1086 頁。然據後文，江州領郡為十。戶數為 53763，口數為 376986。梁方仲表採原州口數為 277147。

〔註14〕青州各郡總戶數為 39057，口數為 252768，戶數相差僅為 1447 戶，而口數卻相差 149961，青州並無失載戶口，而人口相差近 15 萬。

〔註15〕冀州各郡總戶數為 30686，口數為 180947，與記載戶口相比，戶數少 7390，而口數卻幾乎相等。

〔註16〕司州總戶口失載，下轄兩郡無人口數，一郡無戶數，據僅存指數累加，戶數為 18674，口數為 66681，按每戶為五人記，缺隨陽人口約 23000。而南汝南郡無戶數記載，無法估計。

〔註17〕荊州人口失載，各郡總戶數為 56502，比記載戶數少 9102，天門郡人口失載，據已有指數累加，人口為 264321，其中汶陽郡與武寧郡戶數口數均相同，疑應是抄寫錯誤。

〔註18〕湘州累加戶數為 41698，口數為 356571。

〔註19〕雍州有兩郡戶口失載，而總戶口數卻有記載，各郡總戶數為 37139，口數為 157999，累計戶口均偏低，約記載戶口估算了兩失載郡的戶口。

〔註20〕《宋書》卷 37〈州郡三〉載：「（譙）縱滅，刺史還治漢中之苞中縣，所謂南城也。」1144 頁。

〔註21〕梁州七郡戶口失載，另有四郡缺人口記載，總戶口亦失載，據僅存指數累加，戶數為 15445，口數為 66625。

〔註22〕秦州亦有一郡戶口失載，另有一郡無人口記載，總戶口數卻也有記載，據已有數據累計，戶數為 11646，口數為 51209，均高於記載戶口。

〔註23〕益州有五郡人口失載，然各郡戶數卻都有記載，並且亦有總戶口記載，據已有數據累計，戶數為 54042，口數為 249094。

寧州（建寧）	10253（一）〔註24〕
廣州（南海）	49726（206694）〔註25〕
交州（治龍編）〔註26〕	10453（一）〔註27〕
越州（臨鄣）	一（一）〔註28〕

我們知道南朝戶口的隱冒及依附情況嚴重〔註29〕，《宋書‧地理志》所記載的戶口與實際的戶口相差極大。《隋書》卷 29 至 31〈地理志〉所載之戶口相對更爲準確，但這是隋煬帝大業五年（609）的記錄，梁末經侯景之亂，對三吳浙東諸郡的破壞極大，整個長江流域飽受戰亂，陳朝雖有所恢復，但經過隋朝的發展，總體上說，不能據以推論南朝時期的戶口分佈，故這裡沒有依據《隋書》，且梁方仲對《隋書‧地理志》所反映的戶口分佈亦有統計〔註30〕，故不擬贅述。

這張戶口表不能據以準確瞭解劉宋時期的戶口數字，但大體可以反映南朝劉宋的人口與經濟的分佈情況。記錄時間爲劉宋孝武帝大明八年，時南朝設二十二州，戶口有精確人口數記載的有揚州、南徐州、徐州、兗州、豫州、江州、青州、冀州、郢州、湘州，其餘若南兗州、南豫州、益州、廣州等雖有總體戶口記載卻都有數郡人口數乃至戶數闕失。據《宋書‧州郡志》，缺戶數記載共有 41 郡，缺人口數記載共有 73 郡。當時全國戶數爲 802284（其中缺越州、司州、梁州戶口），人口爲 5670236（其中缺司州、荊州、梁州、寧州、交州、越州人口）。而據各州屬郡戶口累加，則總戶數爲 900759，口數爲 5222288，其中缺越州、交州人口。這兩種統計方式均有不足，與實際戶口相比，相差甚遠。然此應爲根據當時戶籍所製，故此表應能反映當時徵稅的區

〔註24〕 寧州只有戶數記載，各郡亦只有戶數而無口數，據各郡戶數累計，寧州總戶數爲 9907。
〔註25〕 廣州有三郡戶口失載，據已有數據累計，戶數爲 40359，口數 188264，均低於記載總戶口，約總戶口估算了三失載郡的戶口數。
〔註26〕 《宋書》卷 38〈州郡四〉載「（交州）領郡八，縣五十三。」1204 頁。然文中僅記七郡。
〔註27〕 交州各郡無口數記載，另有兩郡無戶數，累計得戶數爲 9262。
〔註28〕 越州只有一郡有戶數，其餘指數皆無。而梁方仲表該州記載戶數爲 938，未知其來源。
〔註29〕 王育民在〈東晉南朝時期戶口試探〉（《上海師範大學學報》1987 年第 1 期）中，對五朝的人口狀況有探討，並分析了南朝戶口的隱冒情況。
〔註30〕 前揭梁方仲著《中國歷代戶口、田地、田賦統計》中甲表 22。

域分佈。而據此推論，大明八年之戶數在一百萬以上應該無疑問，而人口亦應在六百萬以上〔註31〕。

南朝戶口隱冒情況嚴重，這一點前人早有論述〔註32〕，這裡不擬續貂。另外邊郡之人口失載，其原因眾多，南北交界地區，戰場拉鋸地區，人口本不穩定，並且邊州以戰事為主，民事的人口統計上亦存在較多缺陷，邊境地區豪族較多，隱冒戶口情況嚴重，甚至組織有規模龐大的私人武裝，戶口的清查遠不及揚州〔註33〕。另外邊郡戶口數的記載，其數據來源應由地方長官上報中央，而邊郡地區出現如此大規模的戶口缺失，亦可能為地方長官不能定時上報所致，這也可推知此時政權對地方統御能力的薄弱。西南交廣地區，本非賦稅之地，又非重鎮所在，刺史於當地幾無事務，唯以征討土著為務，故其戶口在南朝基本屬於失載狀況，此對於分析建康及沿江、緣淮諸鎮而言亦並無影響。

根據上表反映的人口分佈，揚州諸郡作為經濟重心的地位一目了然。「劉宋時代全國的戶口又以揚州的本區（太湖地區）為集中之重心。」〔註34〕南徐州地靠京畿，作為重要軍鎮，其主要作用在於保護建康和三吳地區，就其地位而言應屬揚州範圍，這兩州戶口相加竟達 30 餘萬戶，200 餘萬口，名副其實的江南經濟重地。南朝四代疆界盈縮不定，而在三吳浙東地區之人口除侯景之亂時期受到嚴重衝擊，其他時期均一直比較安定，故在侯景之亂前，吳、會地區人口應該屬於穩定增長時期〔註35〕。這一地區開發充分，孫吳時

〔註31〕《通典》卷 7〈食貨七〉載：「今按本史，孝武大明八年，戶九十萬六千八百七十，口四百六十八萬五千五百一。」中華書局，1988 年，146 頁。其所據亦為《宋書》，然統計數據卻相差較多。唐長孺統計劉宋大明八年注籍戶數為901769，人口數為5174074，由於州郡戶口統計較為繁瑣，應該是當時採用《宋書》版本有所不同或者累加時出現錯誤，見《魏晉南北朝隋唐史三論》，中華書局，2011 年，79 頁。

〔註32〕凍國棟在《唐代人口問題研究》一書中有專節考察，主要就是關注南朝實際戶口數與注籍戶口數間的差距，及造成的原因。武漢大學出版社，1993 年。另外葛劍雄的《中國人口史》第一卷也有對五朝人口的涉及。復旦大學出版社，2002 年。

〔註33〕劉宋時期王玄謨在雍州檢籍，即受到當地大族河東柳氏的強烈抵制，幾乎因此獲罪，詳見《宋書》卷 76〈王玄謨傳〉。

〔註34〕黃淑梅：《六朝太湖流域的發展》，聯鳴文化有限公司，1982 年，40 頁。

〔註35〕臺灣學者黃淑梅在《六朝太湖流域的發展》第二章第二節〈戶口的變動〉中對太湖流域的戶口狀況有一定的研究。37～45 頁。王育民亦指出南朝自劉宋後期到侯景之亂，南朝人口一直處於穩定增長時期，詳見〈東晉南朝時期戶

期的山越已幾乎絕跡於五朝歷史，基本沒有了少數民族的擾動。

北面邊州多有州郡戶口失載，而西南方各州多充斥蠻越，經濟相對落後，人口記載亦多不符實。

> 蠻無徭役，強者又不供官稅，結黨連群，動有數百千人，州郡力弱，則起爲盜賊，種類稍多，戶口不可知也。所在多深險，居武陵者有雄谿、樠谿、辰谿、酉谿、舞谿，謂之五谿蠻。而宜都、天門、巴東、建平、江北諸郡蠻，所居皆深山重阻，人跡罕至焉。〔註36〕

從區域上看，南朝的蠻夷分佈大抵覆蓋豫州、南豫州、雍州、荊州、益州、寧州、秦州、梁州、廣州等，而江州、湘州、郢州南部亦多有蠻越，少數民族戶口則皆不在南朝戶口統計範圍以內〔註37〕。大抵除徐、兗、青、冀東北諸州以外，其餘軍事區域皆有蠻夷分佈，故在南朝時期，與蠻夷鬥爭史書不絕，其中尤以雍州爲最，在人口記載上也就因此存在極大的缺失。

自南朝戶口總體分佈看，揚州與南徐州作爲經濟重心的地位一覽無餘，且人口成份單一，少有蠻越參雜。其餘諸州郡在人口統計上多有脫漏，而較爲重要的軍鎮相對其他州鎮戶口稍顯完備，西南偏遠地區缺失嚴重，甚至若越州幾乎只存郡名。沿江諸州多有蠻越騷擾其間，這一方面造成戶口不實，另外，諸州鎮在與蠻越鬥爭過程中，軍事力量得到維持和提高，這也體現了南朝的軍事區域和政治核心區域間的差異。故上表反映，除揚州作爲政治中心外，其餘各州戶口缺失狀況隨軍事地位不同而變化，可以認爲戶口的完備狀況一定程度上反映了各地區在政權中的政治及經濟地位。

口試探〉。朱大渭在〈魏晉南北朝南北戶口的消長及其原因〉一文中對南朝人口的演變狀況亦有一定研究，見《中國史研究》1990 年第 3 期。

〔註36〕《宋書》卷 97〈夷蠻傳〉，2396 頁。《南史》卷 79〈荊雍州蠻傳〉載：「而宋人賦役嚴苦，貧者不復堪命，多逃亡入蠻。蠻無徭役，強者又不供官稅。結黨連郡，動有數百千人，州郡力弱，則起爲盜賊，種類稍多，戶口不可知也。所在多深險。」1980 頁。南朝的蠻成份早已不再單一，多有漢人逃入者，戶口亦不再注籍，這也很大程度上造成南朝戶口的失實。

〔註37〕對於南朝蠻夷的分佈及蠻府的設置狀況，周一良在〈南朝境內之各種人及政府對待之政策〉一文中對南朝境內的少數民族分佈有一定的考察，收於《魏晉南北朝史論集》，中華書局，1963 年。另張澤洪〈兩晉南朝的蠻府和左郡縣〉對此亦有涉及，載於《四川師範學院學報》（哲學社會科學版）1990 年第 1 期。

第二節　東晉南朝境內的倉儲分佈

政治的運轉以經濟為基礎，南朝的建康政權經濟長期處於困頓狀態，後文詳述，這對於南朝的政治統治起到至關重要的作用。五朝各政權自定都建康後，都在一定時期內不同程度的受到揚州經濟內循環的影響，即財政支持主要依賴三吳會稽，淮河流域乃至徐兗軍鎮財政自給尚顯不足，在一定程度上須由建康補充。上流及西北諸鎮則以湘贛地區為物質據點，這種財政分佈狀況對南朝的政治布局產生深遠影響，這就需要對南朝境內的物資分佈及貯存做一定考察，而倉儲則是解開這一問題的重要指標。

總體而言，南朝重要的倉廩主要集中在政治經濟中心的揚州區域，前人對此或有研究，但倉廩的具體狀況則至今尚晦暗不明。有關建康倉儲問題，早期呂思勉先生對東晉南朝倉儲情況有過概括，通過對於三吳地區記載，歸納出揚州各地方儲備的豐富，並對揚州與外地開倉賑災行為有過對比，指出此時賑貸猶未成規定成文，並通過軍事活動總結出凡有兵備之處，倉庫皆有存儲〔註38〕。何德章在《中國經濟通史》第三卷中對南朝倉儲亦有所論及〔註39〕，顧琳在〈六朝時期建康的倉庫〉一文中對建康糧倉進行了集中考察，〔註40〕其以《隋書》記載為根據，對建康諸倉地理位置做了詳細探討，然其中對於各倉名稱的判斷尚有待商榷之處。對於東晉南朝建康建康糧運路線，田餘慶先生在述及京口地位時有過探討，突出指出了京口在建康政權中的地位。〔註41〕

一、南朝境內大體倉儲狀況

對於南朝境內的倉儲分佈情況，《隋書》卷 24〈食貨志〉有相對全面的記載：

> 其倉，京都有龍首倉，即石頭津倉也，臺城內倉，南塘倉，常平倉，東、西太倉，東宮倉，所貯總不過五十餘萬。在外有豫章倉、釣磯倉、錢塘倉，並是大貯備之處。自餘諸州郡臺傳，亦各有倉。

〔註38〕呂思勉：《兩晉南北朝史》，上海古籍出版社，1983 年，1137〜1139 頁。
〔註39〕何德章：《中國經濟通史》第三卷，湖南人民出版社，2002 年，383〜384 頁。
〔註40〕載於《中國歷史地理論叢》2005 年第 4 期。
〔註41〕田餘慶：《東晉門閥政治》，北京大學出版社，1991 年。

這裡大體記述了東晉南朝時期各大倉庫名目，此段史料多爲前人引用，也是目前我們瞭解南朝倉儲狀況可以根據的主要依據。通過這條材料可知南朝主要糧倉爲：建康七倉，外地三倉。自其性質可以分爲儲倉與漕倉兩類，大體建康諸倉均爲儲倉，外地三倉或爲漕倉。由於史料匱乏，諸倉記載頗爲稀見，現撮取零散材料，聊做考查。

龍首倉：即石頭津倉，然南朝諸史並無隻字提及，相反對於《隋書》並未涉及之石頭倉則記載頗多，按《景定建康志》卷 23〈城闕志四〉載：

> 古石頭倉在石頭城內，吳置。晉曰常平倉，南朝因之，唐武后徙縣倉以實石頭。神龍二年移倉於冶城。《晉史·庾翼傳》云：往年偷石頭倉米一百萬石皆是豪將輩，而直打殺倉督監以塞責。咸和二年，蘇峻逼遷天子於石頭，以倉屋爲宮。梁侯景破臺城，食石頭常平倉既盡，便掠居人而後米一石七八萬錢，人相食。《通典》云：晉曰常平倉，自後無聞，梁亦曰常平倉，不糶糴，陳因之。」

據此記載似石頭倉即常平倉，然《宋書》卷 54〈沈曇慶傳〉載宋文帝時其議立常平倉，終未施行。〔註42〕《通典》記載：「齊武帝永明中，天下米穀布帛賤，上欲立常平倉，市積爲儲。六年，詔出上庫錢五千萬，於京師市米，買絲紋絹布……」。〔註43〕齊武帝之構想在永明六年付諸實施。則南朝所謂之常平倉立於蕭齊時期，故可知石頭倉與南朝之常平倉並非一倉。《南史》卷 80〈侯景傳〉載：「景食石頭常平倉既盡，便掠居人，爾後米一升七八萬錢，人相食，有食其子者。」此應爲石頭倉與常平倉。案：龍首倉爲建康七倉之首，其於南朝史中不應無考，故這裡可以推測，龍首倉即石頭津倉，亦即石頭倉，此與前揭顧琳文有異。《隋書》卷 24〈食貨志〉載：「又都西有石頭津，東有方山津，各置津主一人，賊曹一人，直水五人，以檢察禁物及亡叛者。」可知六朝時期，石頭津實爲一關卡，以徵收過往客商稅務及檢查違禁物品爲主，且其地處秦淮河與長江交匯處，於其地設倉，一旦外軍內叛，其地在石頭城防禦範圍之外，即可直接爲外軍利用，殊不可解。自轉運看，運輸船隊過此即可直達石頭城下，頗爲便利，而東晉南朝諸史對龍首倉抑或石頭津倉隻字

〔註42〕《宋書》卷54〈沈曇慶傳〉載史臣曰：「大明之末，積旱成災，雖敝同往困，而救非昔主，所以病未半古，死已倍之，並命比室，口減過半。若常平之計，興於中年，遂切扶患，或不至是。若籠以平價，則官苦民優，議屈當時，蓋由於此。」可知直至孝武帝大明時期，常平倉未立。

〔註43〕杜佑：《通典》卷12〈食貨十二·輕重〉，中華書局，1988年，288頁。

未提。《讀史方輿紀要》卷 20〈江南二‧江寧府〉:「龍首倉在石頭城,亦謂之石頭津倉,江左置。」據此可知,龍首倉即石頭津倉,亦即石頭倉,地處石頭城內,而常平倉則另有所指。

東晉南朝建康之石頭城,高峻險要,為建康城防駐軍所在,王敦初次舉兵時,建康城破直接原因即為周札開石頭城降敵。南朝屢屢出現舉兵內叛事跡,石頭城地位至關重要,其地倉儲充盈自是不在話下,且地處江津,三吳會稽財富轉運至京口溯江西上〔註44〕,直達石頭城,石頭倉成為揚州財富的直接彙聚地,使其為建康最重要的儲備之地。

建康其餘六倉,可徵材料甚少,且基本均源於《隋書‧食貨志》,名稱篡雜,頗多訛誤。《宋書》卷 39〈百官志上〉載:「太倉令,一人。丞,一人。秦官也。晉江左以來,又有東倉、石頭倉丞各一人。」《南齊書》卷 16〈百官志〉載:「太倉令一人,丞一人。」或因《南齊書》記載頗略,然太倉令之職可以確定南朝一直設置,據《宋志》,各倉為倉丞所領,太倉令三丞:太倉丞、東倉丞、石頭倉丞,知南朝建康並無東西太倉之稱,太倉即為沿東晉之名,此外另有東倉,並非太倉一分為二。

臺城內倉,顧名思義,其地處臺城內。南朝諸史無記載。顧琳稱:「臺城內倉即是較為著名的苑倉,又稱太倉,最早建於東吳時期。」〔註45〕唐修《隋書》約以地取名,此應為六朝時期之太倉所在。

> (吳赤烏三年)十二月,(孫權)使左臺侍御史郤儉監鑿城西南,自秦淮北抵倉城,名運瀆。案,建康宮城,即吳苑城,城內有倉,名曰苑倉,故開此瀆,通轉運於倉所,時人亦呼為倉城。晉咸和中,修苑城為宮,惟倉不毀,故名太倉,在西華門內道北。〔註46〕

此即為東晉時期之太倉,又有苑倉及臺城內倉之名,致有兩名並列遂成兩倉

〔註44〕對於京口的地位前人多有研究,這裡聊舉數例:田餘慶在《東晉門閥政治》指出京口在東路轉運中的地位,北京大學出版社,1991 年,89 頁。何德章在〈魏晉南北朝時期南北水路交通的拓展〉一文中在論及會稽至建康的交通中指出京口的重要地位,載於《武漢大學學報》2004 年第 5 期。日本學者中村圭爾在〈六朝時代江南的地域社會與地域性〉一文中指出,京口不僅在防衛建康,同時保衛著東土的財稅中心,收於《地域社會在六朝政治文化上所起的作用》,谷川道雄主編,日本玄文社,1989 年,45 頁。同時他在《六朝江南地域史研究》中亦突出了京口的地位,日本汲古書院,2006 年,484～511 頁。

〔註45〕顧琳:〈六朝時期的建康倉庫〉。

〔註46〕《建康實錄》卷 2〈太祖下〉。

之誤。其儲備來源路線應爲，自運瀆輸送三吳稅賦收入至臺城。太倉爲國庫象徵〔註47〕，地位尊顯，管理亦頗爲嚴格。《南齊書》卷41〈張融傳〉載：「倉曹又以『正月俗人所忌，太倉爲可開不？』融議『不宜拘束小忌。』」可知南朝一直保留著正月不開太倉之俗，此時因後廢帝時桂陽王休範舉兵之後，財政蕭條，方從權宜之計。

南塘倉，諸史無考，南塘其地在秦淮北岸，顧琳判斷應爲確切，《宋書》卷1〈武帝紀〉載：

> （盧循）設伏兵於南岸，使羸老悉乘舟艦向白石。……公先分軍還石頭，眾莫之曉。解甲息士，洗浴飲食之，乃出列陳於南塘。以赤特違處分，斬之。命參軍諸葛叔度、朱齡石率勁勇千餘人過淮。

劉裕時駐軍秦淮北岸，而列陣於南塘，可以判斷南塘在秦淮北岸，然南塘倉是否設於南塘，則無法判斷。

常平倉，宋文帝時沈曇慶建議立常平倉未果，齊武帝永明六年實施。《通典》卷12〈食貨十二‧輕重〉載：

> 齊武帝永明中，天下米穀布帛賤，上欲立常平倉，市積爲儲。六年，詔出上庫錢五千萬，於京師市米，買絲綿紋絹布。揚州出錢千九百一十萬，（揚州，理建業，今江寧縣也。）南徐州二百萬，（南徐州，理京口，今丹陽郡。）各於郡所市糴。南荊河州二百萬，（南荊河州，理壽春，今郡。）市絲綿紋絹布米大麥。江州五百萬，（江州，理潯陽，今郡。）市米胡麻。荊州五百萬。（荊州，理南郡，今江陵。）郢州三百萬，（郢州，理江夏，今郡。）皆市絹、綿、布、米、大小豆、大麥、胡麻。湘州二百萬，（湘州，理長沙，今郡。）市米、布、蠟。司州二百五十萬，（司州，理汝南，今義陽郡。）西荊河州二百五十萬，（西荊河州，理歷陽，今郡。）南兗州二百五十萬，（南兗州，理廣陵，今郡。）雍州五百萬，（雍州，理襄陽，今郡。）市絹綿布米。使臺傳並於所在市易。〔註48〕

齊武帝立常平倉之目的亦與其最初名稱由來相同，然南朝之常平倉似從未起

〔註47〕《晉書》卷76〈張闓傳〉載：「丹楊侯闓昔以勞役部人免官，雖從吏議，猶未掩其忠節之志也。倉廩國之大本，宜得其才。今以闓爲大司農。」
〔註48〕《通典》卷12〈食貨十二‧輕重〉，288頁。

到平穩市價的目的。《通典》卷 26〈職官八〉載：「梁亦日常平倉，而不糶糴，陳因之。」這大約與南朝財政匱乏有關〔註49〕，使之建立以後直接成爲建康所依賴的重要儲藏之一。臺城以外以其與石頭倉並列，前揭侯景亂時，進攻臺城，此二倉直接爲其利用。

　　餘東宮倉設於東宮無疑，顧琳對此有探討。另有東倉，此應爲《隋志》所載之東太倉，《宋書‧百官志》有東倉丞，其地位應與石頭倉、太倉相仿。《讀史方輿紀要》卷 24〈江南六‧蘇州府〉載：

　　　　太倉城，今州治。相傳孫權都吳，嘗置倉於此。或曰權求好於公孫淵，欲遣兵北出，故於此置倉也，亦謂之東倉。晉咸和三年，蘇峻反，遣其黨張健據吳。顧眾自海虞由婁縣東倉與賊戰，敗之。自宋、齊以後皆爲婁縣地。

據此可知東倉位置在吳郡婁縣，三吳財稅之地，因地處太倉城，亦得太倉之名，因其地在建康東面，遂有東太倉之稱，而建康之太倉則爲西太倉。然其倉亦不在建康範圍，《隋書‧食貨志》將其定爲內倉，恐有誤。

　　由以上可知，《隋書》所載建康諸倉應有訛誤，建康應爲五倉，即龍首倉（石頭倉、石頭津倉）、太倉（苑倉、臺城內倉、西太倉）、東宮倉、南塘倉及常平倉。自其地位及儲備而言，應以太倉、龍首倉爲首，其下爲常平倉，東宮倉即設於東宮，其規模應不會太大，而南塘倉諸史記載甚少，無以考量，東倉（東太倉）設於吳郡婁縣，不應歸爲建康內倉。

二、建康以外諸倉分佈

　　據前揭《隋書‧食貨志》記載與前文分析，外倉則有豫章倉、釣磯倉、東倉、錢塘倉四處。其中兩屬江州，東倉在吳郡，前文已述，錢塘倉位置不詳，應在錢塘，則亦在吳郡，下文分而論之。

　　釣磯倉，設於江州豫章郡，《水經注疏》卷 39〈贛水注〉載：

　　　　贛水又歷釣圻邸閣下，會貞按：《宋書‧臧質傳》，溢口、鈞圻

〔註49〕陳明光在《六朝財政史》中對五朝財政長期困頓的狀態有所涉及，中國財政經濟出版社，1997 年，其後他在〈試論東晉財力虛竭的原因〉一文中做出深入探討，然僅限於東晉。載於《中國社會經濟史研究》1996 年第 2 期，又收於氏著《漢唐財政史論》，嶽麓書社，2003 年。何德章對東晉南朝時期的財政緊張狀況亦有所涉及，《中國經濟通史》第三卷，401～404 頁。日本學者越智重明在《魏晉南朝の人と社會》對此亦有涉及，側重劉宋，日本研文出版，1985 年，196～208 頁。

米，輒散用之。《通鑑》宋孝建元年亦作鈞圻，胡《注》，鈞圻米，
南江之運所積也。鈞圻當依此作鈞圻。邸閣即倉，說見《洧水》篇。
《隋書・食貨志》，外有鈞磯倉，爲大貯備之處，即此也。其地在今
新建縣之東北，都昌縣之西南。或以今都昌南五里之鈞磯山當之，
誤矣。度支校尉治，太尉陶侃移置此也。

據熊會貞考辨，鈞磯倉即爲鈞圻倉，地處贛江邊，故運輸便利。案，胡三省
注稱：「湓口米，荊、湘、郢三州之運所積也。鈞圻米，南江之運所積也。水
經注：贛水自南昌歷郴丘城下，又歷鈞圻邸閣下，而後至彭澤。」〔註50〕鈞
磯倉在豫章郡下轄，如稱其來源爲南江所運，則豫章倉設於何地又來源於何
地？江州州治在東晉時在豫章與尋陽間轉換不定，最終定於尋陽，治所在湓
城〔註51〕。這裡提及另外一倉——湓口倉，瀕臨長江，胡三省稱其爲「荊、
湘、郢三州之運所積」，則其規模自應超過鈞磯倉。另豫章倉南朝諸史無考，
宋孝武帝下詔責臧質罪行時，亦未涉及此倉，恐《隋書》所載其爲大儲備
處不當，疑豫章倉爲湓口倉之訛，且自地理位置而言，豫章不應設立兩大倉
庫，其地雖水運便利，然自贛江入彭澤後方可入江，相對於湓口倉，各地糧
運彙集於此頗爲不便，且其並非州治所在，在南朝戰略地位相對於湓城有所
不及〔註52〕。故在豫章郡應只有鈞磯倉，豫章倉之名或即指鈞磯倉，或並不
存在。

湓口倉，應在湓口城，亦即湓城〔註53〕，地處尋陽郡，胡三省云「荊、
湘、郢三州之運所積」，恐未免誇張。梁武帝舉兵，曾對漢口戰略地位有過這
樣的評價：「漢口路通荊、雍，控引秦、梁，糧運資儲，聽此氣息，所以兵厭
漢口，連給數州。」〔註54〕可知荊州糧運並不以湓口爲聚，郢州治在漢口，
梁武帝頓兵漢口城下半年，足以證明其地位，郢州物資更不會順流而下至無
關痛癢之江州。事實郢州物資多屯於漢口與竟陵〔註55〕。湘州糧運多爲雍州

〔註50〕 《資治通鑑》卷128宋孝武帝孝建元年第5條，4011頁。
〔註51〕 詳參《宋書》卷36〈州郡志二〉及《南齊書》卷14〈州郡志上〉。
〔註52〕 《南齊書》卷14〈州郡志上〉載：「（庾翼）臨終表江州宜治尋陽，以州督豫
　　　　州新蔡、西陽二郡，治湓城，接近東江諸郡，往來便易。」此後在南朝各代，
　　　　湓城均體現了其突出的戰略地位。
〔註53〕 《建康實錄》卷15〈齊太祖高皇帝〉載：「元徽二年，江州刺史桂陽王休範舉
　　　　兵叛於尋陽，眾二萬發湓口。」
〔註54〕 《梁書》卷1〈武帝紀上〉。
〔註55〕 《梁書》卷1〈武帝紀上〉載蕭衍語：「郢城、竟陵間粟，方舟而下；江陵、

所取，雖湘江流域稱爲富饒，然江州之地位在南朝已遠不及東晉，荊州分割後逐步衰落，雍州隨即崛起，由之引發的長江中游戰略地位的變化即是江州地位的消退與漢口地位的突出，故江州倉庫儲存應以州境內收入爲主。湓口地位在江州範圍相對突出，宋文帝時江州軍府受到大規模裁撤，軍事地位陡降，其倉仍應以漕倉性質爲主。

　　錢塘倉，記載始見於《隋書》，《玉海》材料亦源於此〔註56〕。案，錢塘倉自應在錢塘，而其集聚來源應爲浙東地區，因路途較遠，故於江南水路南端立倉。南朝富春江入江口兩岸興起頗爲重要的兩大碼頭——西陵牛埭、柳浦埭，其中固然有商旅來往之因致其關卡收入頗爲可觀，會稽郡至建康的糧運恐亦成爲重要原因，而如果錢塘倉的確存在，其應爲會稽郡糧運之中轉站。

　　以上是建康以外的建康直轄倉庫，江州雖有兩倉，然其支配權卻並不屬於都督刺史，臧質起兵多由此因。而位於吳郡之東倉，設有倉丞，其直轄程度之高更在各倉之上。錢塘倉之有關記載均源於《隋書》，而《隋書》所載更無從溯源，故不能考其狀況。南朝另有各屯田倉，後文將於屯田部分詳述。

　　《隋書・食貨志》云：「自餘諸州郡臺傳，亦各有倉。」此史料頗爲重要，自東晉南朝各次災害及開倉放糧事跡可知，揚州境內三吳浙東諸郡應各有郡倉。較其規模自應超越建康儲備，故東晉南朝屢屢出現的兵犯建康，東土輸運遂成建康生命線。東晉時郗愔爲會稽太守時，火災延及山陰縣倉，損失數百萬斛，可知其規模之大〔註57〕，建康諸倉及吳郡東倉儲備總和亦不過五十餘萬石〔註58〕，而山陰一縣倉，遂有如此儲備，可知其規模之大。其他各郡不聞有開倉賑濟之舉，這或與南朝災害記載之地域性相關，然《南齊書》卷

湘中之兵，連旗繼至。糧食既足，士眾稍多，圍守兩城，不攻自拔。天下之事，臥取之耳。」
〔註56〕王應麟：《玉海》卷184〈食貨〉，江蘇古籍出版社、上海書店，1987年，3372頁。
〔註57〕《晉書》卷27〈五行志上〉載：「海西公太和中，郗愔爲會稽太守。六月大旱災，火燒數千家，延及山陰倉米數百萬斛，炎煙蔽天，不可撲滅。」
〔註58〕何德章認爲這應該是陳時的狀況，宋齊梁時不應如此之少，詳參《中國經濟通史》第三卷，384頁。南朝長期因北伐及內亂致財政空虛似需考慮，宋文帝元嘉二十七年至齊武帝永明元年，建康官員長期斷俸的狀況可見一斑。詳參《資治通鑑》卷135齊武帝永明元年第2條，4251頁。

14〈州郡志上〉載南豫州別駕殷瀰諫割廬江郡屬南豫州時語：「郡領灊舒及始新左縣，村竹產，府州採伐，為益不少。府州新創，異於舊藩。資役多闕，實希得廬江。」可知北面諸鎮財稅無託，本身即仰賴揚州輸送，所屬諸郡雖或有倉，其儲備蓋寡。大體各地郡縣均有倉庫，然亦因當地經濟所限，與三吳浙東諸郡倉庫儲備懸差頗大。

三、東晉南朝的倉庫管理

倉庫儲備直接成為財政乃至實力的表現，一旦倉儲空虛，在外則軍鎮無以駐守〔註59〕，在內則政權無以自立，這直接成為政權統治及軍鎮防守的命脈。

建康諸倉儲備似乎一直相對空虛，《隋書》記載各倉並吳郡東倉，總不過五十餘萬，也基本體現南朝政權長期財政匱乏的狀態，這在一定程度上直接影響其統治的穩定性。《梁書》卷 20〈陳伯之傳〉載鄧繕說陳伯之語云：「臺家府庫空竭，復無器仗，三倉無米……」〔註60〕，前文已述，梁代三部倉丞所統應與蕭齊時相差無幾，可知建康儲備太倉、石頭倉、常平倉三倉為主。京城倉庫的空虛，遂使軍鎮地區蠢蠢欲動。

倉庫的管理在五朝時期應為一項重要內容，對倉庫的管理，曹魏時期尚書省設有二十三郎，倉部郎居其一〔註61〕，其所執掌應為管理國內倉庫。然此時職官繁複，執掌重疊，尚書省職責一定程度上尚不能與九卿相較。眾所周知，曹魏時期屯田活動在中央由大司農掌管〔註62〕，而倉庫似亦為其職責所轄〔註63〕，此時倉部郎應僅為具名而已。至西晉尚書諸曹屢有變換，初置三十四曹郎，後改為三十五曹，然僅置二十三郎，倉曹始終在列，倉部依然

〔註59〕 《資治通鑑》卷 111 安帝隆安三年條載：「是歲，荊州大水，平地三丈，仲堪竭倉廩以賑饑民。桓玄欲乘其虛而伐之，乃發兵西上，亦聲言救洛……。3502頁。元嘉二十七年北魏太武帝南下，彭城亦因倉庫虛竭，險為劉義恭放棄，詳見《宋書·江夏王義恭傳》。

〔註60〕 《宋書》卷 84〈袁顗傳〉載：「又信往來之言，京師米貴，斗至數百，以為不勞攻伐，行自離散，於是擁甲以待之。」

〔註61〕 參《晉書》卷 24〈職官志〉。

〔註62〕 參鄭欣《魏晉南北朝史探索》，山東大學出版社，1989 年，68～71 頁。

〔註63〕 《三國志》卷 9〈魏書·曹真傳附曹爽傳〉載裴松之注引《魏略》：「(桓)範又謂(曹)羲曰：『卿別營近在闕南，洛陽典農治在城外，呼召如意。今詣許昌，不過中宿，許昌別庫，足相被假，所憂當在穀食，而大司農印章在我身。』」事亦見《通鑑》卷 75 魏邵陵厲公嘉平元年條。

置郎〔註64〕。至東晉，諸曹由二十五減爲十八又減爲十五，倉曹依然存在。隨著尙書省執掌的固定化，倉曹權力應有所提升。至南朝尙書諸曹雖屢有變化，倉部地位逐漸固定，倉部郎逐漸成爲淸顯之職。〔註65〕其機構設倉部郎或倉部郎中，〔註66〕屬員應有令史、都令史、書令史、書吏幹。〔註67〕《南齊書》卷33〈張緒傳〉對都令史執掌有槪括：「都令史諮郡縣米事，緒蕭然直視，不以經懷。」知倉部郎應總統全國糧食徵收及儲存問題，地位頗爲隆重。此時九卿地位已頗爲邊緣，大司農應不再執掌天下糧食問題。

　　以上爲東晉南朝尙書省倉庫系統職官，政權直轄倉庫另有職官系統，如前揭之太倉令及各倉丞，仍屬大司農。《宋書》卷39〈百官志〉載大司農轄太倉令、導官令、籍田令，《南齊書》卷16〈百官志〉亦同，太倉令轄太倉、東倉、石頭倉三丞，《唐六典》卷19〈司農寺〉載：「東晉有東倉、石頭倉、宋齊因之，梁司農統左、中、右三部倉丞，陳氏亦同。」〔註68〕胡三省稱：「三倉，太倉、石頭倉及常平倉。又按五代史志，梁司農卿主農功倉廩，統太倉等令，又管左、右、中部三倉丞。」〔註69〕蓋常平倉爲齊武帝時立，此後遂歸太倉令管轄，而東倉因地處吳郡，往來不便，另設主管，這應該是太倉令在宋齊之間的變化。案宋齊之間倉庫機構的重大轉變應僅爲東倉與常平倉的

〔註64〕此《晉書》卷24〈職官志〉無考，然《晉書》卷100〈陳敏傳〉載其「少有干能，以部廉吏補尙書倉部令史。」案，令史之職頗低，爲曹郎屬員，陳敏任倉部令史爲八王之亂時期，據此可知倉部郎依然在列。

〔註65〕考南朝有記載之倉部郎，東晉安帝時徐豁（《宋書》卷92〈徐豁傳〉），宋少帝時庾俊之（《宋書》卷5〈少帝紀〉）、宋明帝時范柏年（《南齊書》卷21〈文惠太子傳〉）、張緒（《南齊書》卷33〈張緒傳〉），齊之江柔之（《梁書》卷36〈江革傳〉），梁劉昭（《梁書》卷49〈劉昭傳〉）、孔奐（《陳書》卷21〈孔奐傳〉）。另有齊明帝時之江重欣（《南史》卷18〈蕭惠開傳附從孫琛傳〉），案其或即江柔之，無考。所涉及庾俊之、張緒、江柔之並爲南朝士族。

〔註66〕倉部郎中未見於《宋書》、《南齊書》〈百官志〉，然《宋書》卷5〈少帝紀〉有倉部郎中庾俊之；《陳書》卷34〈江德操傳〉載其祖江柔之爲齊尙書倉部郎中；卷21〈孔奐傳〉亦載其爲倉部郎中，《南齊書》卷16〈百官志〉載：「（尙書省）自令僕以下五尙書八座二十曹，各置郎中令史以下，又置都令史分領之。」未言曹郎，《梁書》卷36〈江革傳〉載其父柔之，爲齊倉部郎，蓋郎中爲郎另一稱謂。

〔註67〕《宋書》卷39〈百官志〉載：「郎以下則有都令史、令史、書令史、書吏幹。漢東京尙書令史十八人。」自注16《南齊書·百官志》，知都令史在令史以下。

〔註68〕李林甫：《唐六典》卷19〈司農寺〉，中華書局，1992年。

〔註69〕《資治通鑑》卷145梁武帝天監元年條，4522頁。此常平倉應爲齊明帝時所立，其最初資儲來自各州集資。亦見於《通典》卷12〈食貨十二·輕重〉，288頁。

隸屬問題，左中右三部倉丞應爲梁武帝設置。梁時在統轄出現另一變化，《隋書・百官志上》載：

> 司農卿，位視散騎常侍，主農功倉廩。統太倉、導官、籍田、上林令，又管樂遊、北苑丞，左右中部三倉丞，莢庫、荻庫、箬庫丞，湖西諸屯主。天監九年，又置勸農謁者，視殿中御史。

據此似梁時期三倉丞設立後已不屬太倉令管轄，未知其執掌是否對應宋齊時期的太倉、石頭等倉。至唐代政權直轄倉庫仍歸司農寺掌管，此制應爲延續傳統。案大司農轄下太倉令轄三倉丞，應主要掌管京師倉庫，外倉掌管不詳，其倉督監應亦屬大司農系統。這兩個系統同屬於度支尚書，「兩晉南朝，太倉一直由大司農屬下的太倉令管理，但仍由度支尚書統一支配。」〔註70〕故倉庫的最終管理仍然歸屬於尚書省。

外鎮軍府均有倉曹，設參軍，此應爲掌管地方倉庫而置。

> 凡公督府置佐：長史、司馬各一人，諮議參軍二人。諸曹有錄事，功曹，記室，戶曹，倉曹，中、直兵，外兵，騎兵，長流，賊曹，城局，法曹，田曹，水曹，鎧曹，集曹，右戶，十八曹。〔註71〕

亦即各都督府均有倉曹，地方倉庫由都督府直接管理，因東晉南朝時期外鎮不屬建康財政區，由府主全權統領，這樣便於軍府隨時開展及應對軍事事宜，然而也使都督擁有了地方財政權力。

東晉南朝倉庫的執掌是連貫的，且屬員完整，知其機構之重要。倉庫時有偷盜倉米行爲發生，對其懲戒亦在倉庫管理範疇。限於史料匱乏，僅以以下數例對比東晉與南朝時期懲戒偷盜官米之差別。《晉書》卷73〈庾翼傳〉載其爲殷浩開脫罪責時，援引倉庫管理弊端：

> 如往年偷石頭倉米一百萬斛，皆是豪將輩，而直打殺倉督監以塞責。

前文已述，石頭倉爲建康重要倉庫，因其地處石頭城，直接關係到整個建康城的防禦，故它的儲備成爲建康政權不得不關注的問題。然而東晉時期發生豪將盜賣行爲時，卻不能明正典刑，而僅以倉庫的直接管理者——倉督監抵罪，這恐不免與東晉政權本身之暗弱相關。石頭倉之管理尚如此，各地郡縣倉遂偷盜猖獗。這裡亦透漏另外一個信息：在南朝建康五倉與吳郡東倉總和

〔註70〕何德章：《中國經濟通史》第三卷，384頁。
〔註71〕《南齊書》卷16〈百官志〉。

不超過五十餘萬斛，而東晉時期石頭倉被盜已達一百萬斛，可以確定其儲量之巨。《晉書》卷80〈王羲之傳〉載其與謝安書：

> 倉督監耗盜官米，動以萬計，吾謂誅翦一人，其後便斷，而時意不同。近檢校諸縣，無不皆爾。餘姚近十萬斛，重斂以資奸吏，令國用空乏，良可歎也。

前文已述，揚州三吳浙東地區各郡縣倉規模頗大，餘姚一縣倉偷盜規模竟達十萬斛，知此時偷盜行為實為倉庫管理中不可忽略的問題。然雖懲戒弊端重重，自前庾翼上書及王羲之書信，知東晉時期，倉庫發生偷盜官米行為，則直轄長官——倉督監即處以死刑，此規定雖外地各郡縣倉亦不異。「(郭)默婦兄同郡陸嘉取官米數石餉妹，默以為違制，將殺嘉，嘉懼，奔石勒。」〔註72〕時郭默尚在北中國，知此制西晉已有。

相對於東晉，南朝對此類事件處罰更為嚴格。

> (大同)十一年，坐妾弟費慧明為導倉丞，夜盜官米，為禁司所執，送領軍府。時河東王譽為領軍將軍，敬容以書解慧明，譽即封書以奏。高祖大怒，付南司推劾，御史中丞張綰奏敬容挾私罔上，合棄市刑，詔特免職。〔註73〕

南朝政權相對於東晉之暗弱，已有較大程度提升，故對盜用倉庫官米行為懲戒更為嚴厲。費慧明時為導倉丞，據《宋書》卷39〈百官志〉，「導官令，一人。丞，一人。掌舂御米。」其職屬大司農系統，執掌即為直接向皇宮提供御米。何敬容時居尚書令、侍中、中權將軍、兼吏部尚書，地位之隆重無以復加，〔註74〕此時因為費慧明開脫而被判以死刑，雖未執行，究因此免官數年，知此時對盜用官米之懲戒力度與東晉已不可同日而語。

吳郡距建康較近，雖水路發達，然路途遙遠糧運艱辛，故吳會各地設倉，究其用途應為兩個方面，一為在建康財政危機時可以迅速調運；另在東部遭遇饑荒時，亦可開倉放糧，而建康之財政尚有運河南端錢塘倉可以源源補充，錢塘倉似乎在吳會饑荒時並不開倉放糧，三吳水旱災害時，政權乃至從較遠之會稽崎嶇運輸以賑濟。〔註75〕故南朝以建康為中心的揚州，糧食運輸的方

〔註72〕《晉書》卷63〈郭默傳〉。
〔註73〕《梁書》卷37〈何敬容傳〉。
〔註74〕《梁書》本傳載：「自晉、宋以來，宰相皆文義自逸，敬容獨勤庶務，為世所嗤鄙。」
〔註75〕《資治通鑑》卷136齊武帝永明六年條載西陵戍主杜元懿建言：「吳興無秋，

式應主要為梯級調運：三吳主要供應建康，浙東地區除部分供應建康外，其餘則儲存於浙江入海口之錢塘倉，作為江南糧食運輸的中轉站。然而對於三吳地區開倉賑濟之舉卻管理較為嚴格，大體需地方長官上報朝廷，待朝廷詔書下達方可開倉。《晉書》卷78〈陶回傳〉載：

> 時人饑穀貴，三吳尤甚。詔欲聽相鬻賣，以拯一時之急。回上疏曰：「當今天下不普荒儉，唯獨東土穀價偏貴，便相鬻賣，聲必遠流，北賊聞之，將窺疆場。如愚臣意，不如開倉廩以振之。」乃不待報，輒便開倉，及割府郡軍資數萬斛米以救乏絕，由是一境獲全。既而下詔，並敕會稽、吳郡依回振卹，二郡賴之。

三吳災荒，東晉建康政權乃至任憑人口販賣而不輕易動用倉儲，可見其地位之重要。往往吳會地區遇到災害，則建康財政即會陷於窘迫，分佈於東部諸郡之倉儲，遂成為維持建康財政的續命錢。據上文材料可知，三吳開倉濟民，需上書朝廷，待詔書下達方可執行，陶回為吳興太守時的開倉舉動，雖未受懲處卻已違背制度。同為吳興太守的王蘊則沒有陶回幸運，《晉書》卷93〈外戚·王蘊傳〉載：

> 補吳興太守，甚有德政。屬郡荒人飢，輒開倉贍卹。主簿執諫，請先列表上待報，蘊曰：「今百姓嗷然，路有饑饉，若表上須報，何以救將死之命乎！專輒之愆，罪在太守，且行仁義而敗，無所恨也。」於是大振貸之，賴蘊全者十七八焉。朝廷以違科免蘊官，士庶詣闕訟之，詔特左降晉陵太守。

同樣是開倉放糧，陶回為上書後不待詔書下達即開倉，而王蘊則未曾上書即擅自放糧，最終遭到降級，這是東晉因賑災而遭到貶官的唯一一例士族。

至南朝，東部諸郡遇水旱災害時，仍然在延續著東晉賑災的方式。

> 元嘉十三年，東土潦浸，民命棘矣。太祖省費減用，開倉廩以振之，病而不凶，蓋此力也。大明之末，積旱成災，雖敝同往困，而救非昔主，所以病未半古，死已倍之，並命比室，口減過半。〔註76〕

會稽豐登，商旅往來，倍多常歲。西陵牛埭稅，官格日三千五百；如臣所見，日可增倍。並浦陽南北津、柳浦四埭，乞為官領攝一年，格外可長四百許萬。」4281頁。自杜元懿所言，可見在吳興遇到災害時，會稽北上糧運數量規模極大。

〔註76〕《宋書》卷54史臣曰。自《宋書》卷5〈文帝紀〉載，此次水災在元嘉十二

與東晉不同的是，南朝賑災出現了遣使者至地方，隨宜賑濟的方式。這種方式始於桓玄〔註77〕，在南朝的吳會地區賑災中亦偶有出現〔註78〕，這從側面反映南朝政權對吳會地區倉儲管理的加強，即由建康直接支配吳會倉庫。並且南朝雖然在沿用東晉的詔書放糧，卻基本未見吳會地區太守自主開倉救災之舉，太守在地方遇到災害時，上書開倉的權力被剝奪。南朝政權亦逐漸注意到商旅在賑災中的作用，孝武帝時爲賑濟東境災害，明詔取消各水路雜稅以便於商旅通行〔註79〕，此舉促使糧食調運在各地區間協調，而無須動用倉庫儲備。自吳會糧運可知，吳地饑荒時，商旅往往由會稽調糧北上，而一旦兩地皆發生饑荒，則會稽受災更爲慘重〔註80〕。

　　相對於揚州諸倉，則外鎮倉庫管理頗爲鬆懈。東晉時范甯上書即稱「又方鎮去官，皆割精兵器杖以爲送故，米布之屬不可稱計。監司相容，初無彈糾。」〔註81〕精兵器杖自是軍鎮武庫儲存，米布之屬則應屬倉庫，東晉時期對軍鎮地區倉庫管理可見一斑。南朝時期軍鎮地區倉庫基本仍延續這一狀態，劉宋時期長沙王道憐都督荊州，「道憐素無才能，言音甚楚，舉止施爲，多諸鄙拙。高祖雖遣將軍佐輔之，而貪縱過甚，畜聚財貨，常若不足，去鎮之日，府庫爲之空虛。」〔註82〕荊州軍鎮在劉宋初年地位突出，軍府府庫在外鎮倉庫中亦舉足輕重，劉道憐離任時，席卷府庫盡爲私產，並未因此遭受彈糾。而對於賑災記載相對較寡，由於對倉庫管理的鬆懈，賑災則由地方官負責而無須上書待詔〔註83〕。

　　至齊梁時期，似乎對外鎮府庫管理有所加強，《南齊書》卷39〈陸澄傳〉

年，似乎並無開倉之舉，只是調集徐、豫、南兗三州、會稽、宣城二郡米數百萬斛。83頁。

〔註77〕《宋書》卷92〈良吏·王鎮之傳〉載：「時三吳饑荒，遣鎮之銜命賑恤，而會稽內史王愉不奉符旨，鎮之依事糾奏。」2262頁。其時間爲桓玄輔晉時期。

〔註78〕《宋書》卷45〈劉粹傳附族弟損傳〉載：「東土殘饑，太祖遣揚州治中沈演之東入賑恤，以損綏撫有方，稱爲良守。」

〔註79〕《宋書》卷6〈孝武帝紀〉載（大名）八年春正月孝武帝詔曰：「東境去歲不稔，宜廣商貨。遠近販鬻米粟者，可停道中雜稅。其以仗自防，悉勿禁。」

〔註80〕《宋書》卷25〈天文志三〉載「（晉安帝元興元年）七月，大饑，人相食。浙江東餓死流亡十六七，吳郡、吳興戶減半。又流奔而西者萬計。」729頁。

〔註81〕《晉書》卷75〈范甯傳〉。

〔註82〕《宋書》卷51〈長沙景王道憐傳〉。

〔註83〕呂思勉指出：「則偏遠之區，振貸亦未遂成爲具文也。」《兩晉南北朝史》，1138頁。

載褚淵列舉之彈糾案例：「左丞劉蒙彈青州刺史劉道隆失火燒府庫，免道隆官。」此因失誤火燒府庫，州刺史因此免官。梁武帝時蕭恭以宗室出鎮雍州「先高祖以雍爲邊鎮，運數州之粟，以實儲倉，恭後多取官米，贍給私宅，爲荊州刺史廬陵王所啓，由是免官削爵，數年竟不敘用。」〔註84〕由此可知對外鎮的倉庫管理，屬外官糾察系統，由尚書省和御史臺負責，並無單項規定。雖然看似對外鎮府庫管理有所加強，然此僅爲「網漏吞船，時掛一目」而已，梁代仍然有貪殘如魚弘者存在〔註85〕，鄧元起益州離任亦致府庫一空，〔註86〕若非爲蕭淵藻所殺，其至京師，恐亦無人彈糾。

由以上可知，東晉南朝時期倉庫存在兩個管理系統，即大司農與尚書倉曹，大司農管理直轄倉庫，尚書倉曹則掌管州郡縣倉。然由於東晉南朝時期外鎮不屬於建康財稅區，且主要供給地方軍府，故尚書倉曹對揚州以外地區基本不再管轄，而由軍府倉曹參軍管轄，這在一定程度上放任了都督府對地方財稅的支配，貪斂者離任時，府庫爲之一空，野心者乃據此以爲對抗建康政權的資本，後文詳述。外鎮倉庫管理的鬆懈致使軍府的自主性得到增強，整個南朝時期，軍隊相對於建康的半獨立狀態與此緊密相關。

四、結語

東晉南朝時期倉庫分佈狀況一定程度上體現了經濟地域性特徵，總體而言以揚州地區爲主，建康諸倉成爲建康政權直接掌控的財政基礎，另江州兩倉爲建康直轄，然其儲量無考，在南朝江州儲備多用於供應荊州及雍州防備。揚州區域作爲經濟重心，可考之政權直轄倉庫九所，七所居於揚州，建康則占其五。其於各州郡縣雖均有倉，然揚州以外各軍鎮區域龐大的軍費開支，如緣淮諸鎮乃須建康轉輸〔註87〕，可知其地方各倉儲量較小。揚州境內各郡縣倉相對於直轄倉庫則規模巨大，它們共同構成了建康堅強的財政後盾，故揚州境內的水路轉運因此直接成爲建康政權的生命線。京口的重鎮地位雖然

〔註84〕《梁書》卷22〈太祖五王傳・南平王偉傳附子恭傳〉。

〔註85〕《梁書》卷28〈夏侯亶傳附魚弘傳〉載魚弘語：「我爲郡，所謂四盡：水中魚鼈盡，山中獐鹿盡，田中米穀盡，村里民庶盡。」則郡庫恐亦不免爲其清空。

〔註86〕《梁書》卷10〈鄧元起傳〉載：「淵藻將至，元起頗營還裝，糧儲器械，略無遺者。」

〔註87〕《南齊書》卷44〈徐孝嗣傳〉載：「竊尋緣淮諸鎮，皆取給京師，費引既殷，漕運艱澀。」773頁。

不少學者指出其爲建康的最後屏障，然其主要目的恐出於保障東路轉輸之目的。同時，南朝經濟的地域性特點較爲突出，已爲學界公認，而通過倉庫的分佈狀況，益可知此特點之分明。由於經濟的地域性特徵，致使建康在倉庫管理上對吳會地區相對嚴格，往往太守因自主開倉賑災而免官，且至南朝上書賑災行爲基本絕跡。外地州郡縣倉庫則相對自主，按其主要爲軍鎮提供物質，即不爲建康提供財稅，管理基本處於放任狀態，這一定程度上鞏固了東晉南朝軍鎮自主性的地位。

政權輻射範圍的受限，使其主要局限於揚州區域，在經濟層面則體現爲建康政權對揚州境內的依賴，故對三吳浙東地區倉庫的管理完全由建康政權掌握，雖然揚州都督亦轄有倉曹參軍，然卻並不參與揚州境內倉庫的管理。而與此同時，建康以外除江州兩直轄倉庫，則均由都督府制下倉曹參軍掌握，換言之，亦即由軍鎮都督控制，以長江淮河一線軍鎮爲例，此或爲防禦北朝之需要，然卻在側面鞏固了地方軍事機構的經濟獨立性。由倉庫分佈及管理的地域性差異折射出的經濟地域性在一定程度上推動著南朝政治地域性的特點，在南朝政局演變中一次次的外鎮入主與這種獨立性的建立密不可分。

小　結

東晉南朝時期經濟以揚州地區獨重已爲不爭的事實，自人口的分佈狀況可知，揚州戶數所佔比例約爲 27.4%，口數比例爲 30.7%，江淮地區及長江流域各州戶口亦相對其他地區遠爲完備，所佔比例亦頗大。而從倉庫的分佈而言，政府直轄倉庫九所，揚州居其七，建康居其五，另外兩倉居於江州，乃出於鞏固荊雍地區防務所需，其餘地區除軍鎮府庫外，州郡縣或亦有倉，然其規模恐遠不及揚州下轄各郡縣。其所反映的南朝經濟布局狀況，恰如何德章論斷，即自東向西梯次遞減，〔註88〕長江以北各州因防務需要，賦稅收入基本留府，故其經濟收入在政府財政中並不佔據地位，這一地區的經濟開發，因戶口的不穩定亦遠不及揚州，同時南朝時期長江北岸及江淮之間又有偶發性屯田開展，然此主要作爲軍鎮財政補充，後文詳細論述。西南地區由益州始，向東經荊南、湘南、江州南部一線向南，交廣寧越地區均處於賦稅空白地區，而戶籍記載疏漏甚多。

〔註88〕《中國經濟通史》第三卷，71 頁。

第三章　揚州的經濟狀況及建康的財政困境

　　「三吳」的範圍歷來眾說紛紜〔註1〕，然基本都承認這是揚州乃至南朝經濟最爲發達的地區。自孫吳定都建業以後，就逐漸確立了「三吳」在經濟上拱衛建康的地位。東晉立國江東以後，直接繼承這一模式，東路水運路線的重要突出了京口與曲阿的地位〔註2〕。與北朝的對峙確定了長江防線各大軍鎮的穩定存在，大量的軍費支出促使東晉及南朝政權所在的中樞——建康的財政來源只能依賴揚州境內。東路運輸成爲建康的生命線，愈發突出「三吳」

〔註1〕 「三吳」之名，從古至今一直在考辨，大體分爲三類，《水經注》說：吳郡、吳興郡、會稽郡（《水經注疏》，江蘇古籍出版社，1989年，3323頁）；《通典》說：吳郡、吳興郡、丹陽郡（《通典》卷182〈州郡十二・古揚州下〉，4827頁）；《吳郡志》說：吳郡、吳興郡、義興郡（吳郡志）卷48〈考證〉，江蘇古籍出版社，1999年，629～630頁）。清人汪士鐸在《三吳考》（《清人文集・地理類彙編》第一冊，浙江人民出版社，1986年版，480頁）採《水經注》說，李吉甫在《元和郡縣圖志》卷26〈江南道二〉及王鳴盛在《十七史商榷》中採《通典》說，胡三省在《資治通鑑》卷94晉成帝咸和三年條注中採范成大說。中華書局，1956年，2956～2957頁。王鏗在〈東晉南朝時期「三吳」地理範圍〉（《中國史研究》2007年第1期），系統歸納了歷代說法，終採《水經注》說。案，三吳」之名未成制度建制，史家遂對此各有見解，其本既亂，遂無法溯源。然而對於五朝政權而言，這一地區的作用是整體的。《晉書》及南朝五史中亦頻有「東土」、「東境」及「東方諸郡」之稱。

〔註2〕 三吳水運路線詳見何德章〈魏晉南北朝時期南北水路交通的拓展〉（《武漢大學學報》（人文科學版）2004年第2期），京口之重要前人多有論述，曲阿的地位在於這是江南運河與破崗瀆匯合處，江南運河溯流而上至曲阿分途，一路北上至京口入江，一路由破崗瀆入建康。

的地位，其經濟在當時相對於其他地區高度發展。然而在這種形勢下也給「三吳」抑或揚州背上沉重負擔，促使這一地區的經濟一直處於曲折發展中，甚至在一定時期內出現停止乃至倒退的狀況，而以之爲基礎的建康財政也顯得越發捉襟見肘。終整個南朝時期，建康財政幾乎一直處於入不敷出的狀態，這一狀況對南朝的政局產生了深遠影響。所以考察南朝的政治，其經濟的地域性不可忽視，此中尤其是以「三吳」爲基礎的揚州經濟，直接關乎建康財政，更尤爲重要。

第一節　東晉南朝時期建康的財政狀況

經濟是社會穩定的基礎，與此相對應的國家財政則是政權平穩的條件。中國古代對歷史的記載與考察過於注重人的因素，遂使財政與政治的關係被長期掩蓋，從而忽略了財政對政權發展的無形操縱。東晉南朝時期政權的頻繁更替一直爲治史者所關注，與此相對應的恰是財政的長期困頓，兩者的相互作用王朝運轉的惡性循環直至朝代最終滅亡。

目前對六朝財政狀況的研究，目前主要爲陳明光的《六朝財政史》，然側重點在財政制度的演變，雖對五朝建康財政長期困頓的狀態有所提及，然並未深究〔註3〕。其後他在〈試論東晉財力虛竭的原因〉一文中對東晉建康財政困頓的原因做了較爲詳細的探討，然所涉亦僅爲東晉一代〔註4〕。另外日本學者越智重明對此亦有所涉及〔註5〕，所涉範圍側重於宋代。總體而言，目前對於五朝建康財政狀況的研究尚顯不足。

一、五朝建康的財政危機

五朝政權，雖割據江南半壁，其實際經濟來源唯有吳會地區。建康城之規模於南北朝時期應首屈一指，龐大的城市消費，外加龐大的宮廷開支、頻

〔註3〕陳明光在考察五朝財政困境的時候，主要從編戶減少的角度探究，然亦指出軍費開支在造成財政不足中的作用，同時涉及到皇帝奢侈生活造成的經濟負擔，在建康地域上的財政依賴問題置墨不多。《六朝財政史》，中國財政經濟出版社，1997年。

〔註4〕載於《中國社會經濟史研究》1996年第2期，又收於氏著《漢唐財政史論》，嶽麓書社，2003年。

〔註5〕他在《魏晉南朝の人と社會》一書中第四章第四節〈國家財政の窮乏と州鎮の自律性、民間の財力〉中對建康的財政困境有所描述，然主要側重於宋代。研文出版，1985年，196～208頁。

繁的北伐軍費開支及北面軍鎮防務的支出等，無不成爲五朝財政的重大包袱。經濟來源空間範圍狹小，而支出與日俱增，使得建康財政時時陷於捉襟見肘的境地。

自東晉立國江東，軍事依賴荆州，財政依賴東土〔註6〕，這就構成了整個五朝政權的基本格局。前揭陳明光文已全面考察了東晉的財力虛竭狀況，大體可以得知，東晉自朝代初創，直至爲劉宋取代，財政狀況一直極不景氣。孝武帝太元年間下詔云：「疆場多虞，年穀不登，其供御所須，事從儉約；九親供給，眾官廩俸，權可減半。凡諸役費，自非軍國事要，皆宜停省。」〔註7〕這應該即爲當時財政狀況的寫照。陳明光認爲晉安帝末年，經過劉裕的一系列整頓，財政狀況有所好轉〔註8〕，但事實上在軍旅不斷的情況下，這種好轉也極爲有限。

進入南朝，財政的運營模式並未改變，劉宋時期北伐仍一直是建康財政的沉重負擔，計劉宋一朝，少帝景平二年檀道濟北伐，文帝元嘉七年檀道濟、到彥之兩次北伐、元嘉二十七年王玄謨、柳元景東西同出，共計四次北伐，無不對建康財政造成沉重打擊。劉裕在位時間僅三年不足，隨後進入所謂元嘉之治時期，這是劉宋乃至整個南朝財政最爲好轉的時期。然元嘉七年到彥之北伐之失敗，仍給文帝政府造成沉重打擊。

> 元嘉七年，太祖遣到彥之經略河南大敗，悉委棄兵甲，武庫爲之空虛。後太祖宴會，有荒外歸化人在坐，上問琛庫中仗猶有幾許？琛詭辭答：「有十萬人仗」。舊武庫仗祕不言多少，上既發問，追悔失言。及琛詭對，上甚喜。〔註9〕

〔註6〕　《資治通鑑》卷128宋孝武帝孝建元年條載：「初，晉氏南遷，以揚州爲京畿，穀帛所資皆出焉；以荆、江爲重鎮，甲兵所聚盡在焉；常使大將居之。」中華書局，1956年。《吳郡志》卷10〈牧守〉載蕭子範《吳郡表》云：「全吳奧區，地迫都輦。譬彼西京，則扶風、馮翊；方之洛下，則潁川、河內。自非時雨之政，解繩之才，寧可奉共理之言，承河潤之旨。」江蘇古籍出版社，1999年，122頁。

〔註7〕　《資治通鑑》卷104晉孝武帝太元四年條，3290頁。

〔註8〕　陳明光：《六朝財政史》，142頁。

〔註9〕　《宋書》卷81〈顧琛傳〉，中華書局，1974年，2076頁。《資治通鑑》卷121宋文帝元嘉七年條對此亦有記載，3826～3827頁。然云「府藏、武庫爲之空虛」，《宋書》卷25〈到彥之傳〉亦云「府藏爲空」，《通典》卷7〈食貨七‧歷代盛衰戶口〉亦云「宋之財力，自此衰耗。」146頁。恐此次兵敗所損失的，不僅僅是武庫的兵器儲備，建康的財政應也受到極大的打擊，故應以《通鑑》

建康財力因此罄盡，故元嘉時期在南朝雖稱治世，政權財力並未完全好轉，而直到元嘉二十七年北伐，王玄謨再次慘敗，「玄謨軍眾亦盛，器械甚精，而玄謨專依所見，多行殺戮。……及託跋燾軍至，乃奔退，麾下散亡略盡。」〔註10〕損失亦不可謂不慘重。《宋書》卷95〈索虜傳〉載：

> 是歲軍旅大起，王公妃主及朝士牧守，各獻金帛等物，以助國用，下及富室小民，亦有獻私財至數十萬者。又以兵力不足，尚書左僕射何尚之參議發南兗州三五民丁，父祖伯叔兄弟仕州居職從事、及仕北徐兗為皇弟皇子從事、庶姓主簿、諸皇弟皇子府參軍督護國三令以上相府舍者，不在發例，其餘悉倩暫行征。符到十日裝束，緣江五郡集廣陵，緣淮三郡集盱眙。又募天下弩手，不問所從，若有馬步眾藝武力之士應科者，皆加厚賞。有司又奏軍用不充，揚、南徐、兗、江四州富有之民，家資滿五十萬，僧尼滿二十萬者，並四分換一，過此率計，事息即還。〔註11〕

《通鑑》記載與此頗異，三五發丁範圍為青、冀、徐、豫、二兗六州民戶。〔註12〕不但府庫耗盡，乃至向民間借貸，舉全國之財力於一役。此為王玄謨北伐時情景，近於舉全國之力傾巢出動，而隨後北伐失敗，所集物資自然消耗一空，北魏太武帝遂即南犯直趨瓜步，劉宋於興兵之後，疲於應對，乃至百官俸祿亦因此驟減，「（二十七年二月）辛亥，索虜寇汝南諸郡，陳南頓二郡太守鄭琨、汝陽穎川二郡太守郭道隱委守走。索虜攻懸瓠城，行汝南郡事陳憲拒之。以軍興減百官俸三分之一。」〔註13〕全國官吏俸祿皆為之驟減，可見打擊之深。劉宋元嘉年間為南朝前期最為穩定的時間，史稱「元嘉之治」〔註14〕，財政已然如此，其他時期可想而知。瓜步之役對南朝的打擊，甚至

所載為據。

〔註10〕《宋書》卷76〈王玄謨傳〉，1974頁。

〔註11〕《通典》卷11〈食貨十一·雜稅〉中亦略載此事，中華書局，1988年，249頁。

〔註12〕《通鑑》卷125宋文帝元嘉二十七年條載：「是時軍旅大起，王公、妃主及朝士、牧守，下至富民，各獻金帛、雜物以助國用。又以兵力不足，悉發青、冀、徐、豫、二兗六州三五民丁，倩使暫行，符到十日裝束；緣江五郡集廣陵，緣淮三郡集盱眙。又募中外有馬步眾藝武力之士應科者，皆加厚賞。有司又奏軍用不充，揚、南徐、兗、江四州富民家貲滿五十萬，僧尼滿二十萬，並四分借一，事息即還。」3947頁。

〔註13〕《宋書》卷5〈文帝紀〉。此次減俸，外官亦同例，同書同卷有載。

〔註14〕《資治通鑑》卷125宋文帝元嘉二十七年條。3959頁。

成爲南朝與北朝力量對比的轉折點〔註 15〕。沈約對宋文帝北伐於南朝財政之
影響做了全面概括：

> 至乃連騎百萬，南向而斥神華，胡旆映江，穹帳遵渚，京邑荷
> 檐，士女喧惶。天子內鎮群心，外禦群寇，役竭民徭，費殫府實，
> 舉天下以攘之，而力猶未足也。既而虜縱歸師，殲累邦邑，剪我淮
> 州，俘我江縣，喋喋黔首，跼高天，蹐厚地，而無所控告。強者爲
> 轉屍，弱者爲繫虜，自江、淮至於清、濟，戶口數十萬，自免湖澤
> 者，百不一焉。村井空荒，無復鳴雞吠犬。時歲惟暮春，桑麥始茂，
> 故老遺氓，還號舊落，桓山之響，未足稱哀。六州蕩然，無復餘蔓
> 殘攜，至於乳鷰赴時，銜泥靡託，一枝之間，連窠十數，春雨纔至，
> 增巢已傾。〔註16〕

經此一役，劉宋江淮之間經濟遭受毀滅性打擊，這直接影響淮河流域及徐兗
地區的軍鎮穩定。自此後形勢觀之，這一區域武力的衰弱正是以此次戰役爲
轉折點，「自茲至于孝建，兵連不息，以區區之江東，地方不至數千里，戶不
盈百萬，荐之以師旅，因之以凶荒，宋氏之盛，自此衰矣。」〔註 17〕孝武帝
無力發動北伐，至宋明帝時期，丟失淮西四鎮，從此防線退至淮陰，廣陵、
彭城、壽春等重鎮相繼落入北朝掌控。在這一變化趨勢中，經濟的嚴重破壞，
在其中自起到至關重要的作用。

隨後元兇弒逆，孝武帝舉江州入主，不旋踵而南郡王義宣舉北面數鎮起
兵。事後政變不斷，到明帝時，乃至「普天同逆」，百官斷俸〔註 18〕，建康財
政依賴賣官補充〔註 19〕。劉宋之經濟再未好轉。政權在兵連禍接中風雨飄

〔註 15〕詳參呂思勉《兩晉南北朝史》，上海古籍出版社，1983 年，390 頁。

〔註 16〕《宋書》卷 95〈索虜傳〉史臣曰。

〔註 17〕《宋書》卷 92〈良吏傳‧序〉。

〔註 18〕《宋書》卷 8〈明帝紀〉載：「（泰始五年六月癸酉）以軍興已來，百官斷俸，
　　　　並給生食。」164 頁。

〔註 19〕《宋書》卷 84〈鄧琬傳〉載：「時軍旅大起，國用不足，募民上米二百斛，錢
　　　　五萬，雜穀五百斛，同賜荒縣除。上米三百斛，錢八萬，雜穀千斛，同賜五
　　　　品正令史。滿報，若欲署四品在家，亦聽。上米四百斛，錢十二萬，雜穀一
　　　　千三百斛，同賜四品令史。滿報，若欲署三品在家，亦聽。上米五百斛，錢
　　　　十五萬，雜穀一千五百斛，同賜三品令史。滿報，若欲署內監在家，亦聽。
　　　　上米七百斛，錢二十萬，雜穀二千斛，同賜荒郡除；若欲署諸王國三令在家，
　　　　亦聽。」2138 頁。宋明帝即位，稅賦無託，只能藉此以解燃眉之急。《資治通
　　　　鑑》卷 131 宋明帝泰始二年條亦載此事，4108～4109 頁。

搖，財政一途更無從說起。《宋書》卷 9〈後廢帝紀〉載元徽四年五月（476）尚書右丞虞玩之表陳時事：

> 天府虛散，垂三十年。江、荊諸州，稅調本少，自頃以來，軍募多乏。其穀帛所入，折供文武。豫、兗、司、徐，開口待哺，西北戎將，裸身求衣。委輸京都，蓋爲寡薄。天府所資，唯有淮、海。民荒財單，不及曩日。

時間已是劉宋末年，以此上推 30 年，至元嘉二十三年，可知劉宋自文帝以後財政之大體狀況。此道上書也明確指出了劉宋時期財政分佈狀況，自此可知，政權的財政基本完全依賴揚州的實質。

蕭齊一朝，時日甚短，其財政狀況，承劉宋空乏的基礎，亦未能有所振興，齊武帝時，吳會地區檢籍之舉應正由於此，隨即導致唐寓之起義，終齊一代未曾北伐，其原因或亦由財政之不足。雖然齊武帝死時號稱富足〔註20〕，然隨後未久，自明帝後期又陷入財政困境，「（齊明帝時）時連年魏軍動，國用虛乏，孝嗣表立屯田。帝已寢疾，兵事未已，竟不行。」〔註21〕

梁武帝登基之初，又因齊末戰爭所耗，建康物資依然空虛，鄧繕說陳伯之舉兵時稱：「臺家府庫空竭，復無器仗，三倉無米，東境饑流，此萬世一時，機不可失。」〔註22〕於此內外交困之後，梁武帝遂重拾北伐之舉，天監四年以臨川王宏率眾北討，此次北討慘敗《梁書》卷 22〈臨川王宏傳〉未載，據《南史》卷 51〈臨川靖惠王宏傳〉載：

> 九月，洛口軍潰，宏棄眾走。其夜暴風雨，軍驚，宏與數騎逃亡。諸將求宏不得，眾散而歸。棄甲投戈，塡滿水陸，捐棄病者，強壯僅得脫身。宏乘小船濟江，夜至白石壘，款城門求入。臨汝侯登城謂曰：「百萬之師，一朝奔潰，國之存亡，未可知也。恐姦人乘間爲變，城門不可夜開。」

此次北討規模極大，「宏以帝之介弟，所領皆器械精新，軍容甚盛，北人以爲百數十年所未之有。」〔註23〕其耗資巨大自是可以推測，對建康財政之打擊史書未有明文，但遭受重創是一定的。天監之初，建康經濟即面臨不足，而此次出軍規模之宏大，「百數十年所未之有」，亦可知此時北伐爲困頓情況下

〔註20〕見《南齊書》卷 3〈武帝紀〉，中華書局，1973 年。
〔註21〕《南史》卷 15〈徐羨之傳附湛之孫孝嗣傳〉，中華書局，1975 年。
〔註22〕《梁書》卷 20〈陳伯之傳〉，中華書局，1973 年，312 頁。
〔註23〕《梁書》卷 22〈臨川王宏傳〉，340 頁。

之慘淡經營。出師之初，建康即開始大規模籌備物資，「是歲，以興師費用，王公以下各上國租及田穀，以助軍資。」〔註24〕可見府庫儲備已不足以支持如此規模的軍事行動。兵敗之後，臨川王宏孤身逃回，所攜物資自然一切蕩盡，自此以後，梁武帝再未組織如此規模的北伐。「普通中，大軍北討，京師穀貴，太子因命菲衣減膳，改常饌爲小食。」〔註25〕如此情形，建康之財政儲備自然又因此揮霍一空。梁武帝時期，雖然號稱五十餘年安定，財政上卻也屢屢不足〔註26〕。到太清年間，爲接應侯景南下致寒山之敗〔註27〕，隨後未久，侯景又據壽春舉兵，揚州宇內遂受到前所未有之打擊。恰於此時江南又遭到罕見災害：

> 時江南大饑，江、揚彌甚，旱蝗相係，年穀不登，百姓流亡，死者塗地。父子攜手共入江湖，或弟兄相要俱緣山岳。芰實荇花，所在皆罄，草根木葉，爲之凋殘。雖假命須史，亦終死山澤。其絕粒久者，鳥面鵠形，俯伏牀帷，不出戶牖者，莫不衣羅綺，懷金玉，交相枕藉，待命聽終。於是千里絕煙，人跡罕見，白骨成聚如丘隴焉。〔註28〕

這應該是南朝遭受的最嚴重的自然災害之一，所波及最爲嚴重的恰爲南朝的財稅核心之地，雖史書描述不免誇張，其影響自不在小。天災兵禍，陳霸先隨即所建立之王朝，已是支離破碎之河山。梁武帝一再興兵，於政權之財政，自是無疑加重負擔。梁武帝五十餘年的在位時間，建康仍未能擺脫財政匱乏的境地。

陳於五朝之中，疆域最小，吳會之財稅區域又經侯景摧殘，梁敬帝時北齊徐嗣徽、任約兵臨建康，「二年，徐嗣徽、任約引齊寇攻逼京邑，尋而請和，求高祖子姪爲質。時四方州郡並多未賓，京都虛弱，糧運不斷……」。〔註29〕

〔註24〕《梁書》卷2〈武帝紀中〉，42頁。

〔註25〕《梁書》卷8〈昭明太子傳〉，168頁。

〔註26〕《梁書》卷8〈昭明太子傳〉載昭明太子上書，亦指出建康財政的困境，168頁。

〔註27〕事見《南史》卷51〈長沙宣武王懿傳附獻弟明傳〉，1271～1272頁。

〔註28〕《南史》卷80〈賊臣・侯景傳〉，2009頁。

〔註29〕《陳書》卷14〈南康愍王曇朗傳〉，中華書局，1972年，210頁。此「二年」殊不可解，案北齊此次進攻在梁敬帝太平元年，《通鑑》卷166梁敬帝太平元年條胡三省注云：「是年九月方改元太平。」大約此條史料沿用梁敬帝紹泰二年年號。此處「糧運不斷」似有誤，據《陳書》卷21〈孔奐傳〉，則爲「糧運

這即是陳朝初年所面對的財政形勢。此時南方土著豪帥各擁兵自重，直至陳文帝時方才逐漸平定，然建康財政之危機仍相當嚴重。

> （天嘉元年（560））三月景辰，詔曰：「自喪亂以來，十有餘載，編戶凋亡，萬不遺一，中原岷庶，蓋云無幾。頃者寇難仍接，算斂繁多，且興師已來，千金日費，府藏虛竭，杼軸歲空。近所置軍資，本充戎備，今元惡克殄，八表已康，兵戈靜戢，息肩方在，思俾餘黎，陶此寬賦，今歲軍糧通減三分之一。尚書申下四方，稱朕哀矜之意。〔註30〕

龐大的軍費開支使本已捉襟見肘的建康財政更是雪上加霜，陳文帝初期雖在加強國內控制上有所成就，依然無法解決經濟上的困境。

建康的經濟困境到陳宣帝初期，仍然嚴重限制著政權的發展。

> 自梁末兵災，凋殘略盡，比雖務優寬，猶未克復，咫尺封畿，宜須殷阜。且眾將部下，多寄上下，軍民雜俗，極為蠹耗。自今有罷任之徒，許分留部下；其已在江外，亦令迎還，悉住南州津裏安置。〔註31〕

此記載在陳宣帝太建四年（572），建康政權仍處於財政困境中，隨後於太建五年宣帝即以吳明徹為帥大舉北伐，於呂梁之役幾近全軍覆沒，對於建康之儲備而言無疑又是一次沉重打擊。至後主禎明二年（588），「時後主與隋雖結好，遣兵度江，掩襲城鎮，將士勞敝，府藏空竭。」〔註32〕陳之財政始終保持在匱乏的狀態。次年隋軍南下，南朝政權徹底終結。

二、財政危機的原因

從東晉到南朝，建康的財政空罄乃成為常態，期間或有好轉，然亦為數年或十餘年光景，期間又因短暫的政治或軍事活動而突然虛竭。究其原因，自東晉始至陳，軍事活動的頻繁成為重要原因。

晉元帝過江伊始，即國力虛弱，東晉一朝近百年的荊揚之爭，一方面這直接削弱了建康財稅的來源，同時中下游競爭的形式即表現為北伐。建康政權雖已舉步維艱，為維持正統性的存在，仍不得不勉強北伐，殷浩北伐致倉

不繼」，應以〈孔奐傳〉為是。

〔註30〕《陳書》卷3〈文帝紀〉，49頁。

〔註31〕《陳書》卷5〈宣帝紀〉，83頁。

〔註32〕《隋書》卷22〈五行志上〉，中華書局，1973年，619頁。

儲虛竭乃至王羲之建議將淮河防線退至長江。此僅爲其中一次，此前謝萬、褚裒及此後桓溫，每次北伐均無建樹，徒廢財貨。淝水之戰雖東晉防衛成功，然北府建軍耗費之廣亦不可估量。

至南朝這一因素仍然成爲財政最爲重要的負擔，據前揭可知，幾乎每次軍事活動都會對建康財政造成沉重打擊。北伐一詞在南朝已經失去了東晉時期的意義，南方政權即無信心亦無決心更無能力光復中原，然而北伐事跡仍史書不絕，這對早已慘淡的南朝財政無疑雪上加霜。

南北政權的長期對峙，江南政權對北朝的防禦時刻不能鬆懈，江北各地軍鎮林立，這對南朝的財政支出而言也是沉重的負擔。前文已述，劉宋時期徐兗諸鎮在經歷北魏太武帝瓜步之役以後，經濟受到嚴重摧殘，到元嘉二十九年宋文帝欲再次北伐時，何偃指出：「然淮、泗數州，實亦彫耗，流傭未歸，創痍未起。」〔註33〕此後緣淮諸鎮軍費開支即主要依賴建康支持，前文所引劉宋後廢帝時虞玩之上書云：「豫、兗、司、徐，開口待哺，西北戍將，裸身求衣。」可知非但緣淮，乃至雍、梁諸鎮軍事開支亦仰仗建康。這一地區作爲與北朝對峙的前線，居民極少，戶口亦相當不穩定，何承天所云：「曹、孫之霸，才均智敵，江、淮之間，不居各數百里。」〔註34〕大抵南北對峙時期，邊境一般都不能保持穩定的居民，賴以徵收賦稅的戶籍制度自然亦是極不完善。到齊時緣淮諸鎮取給建康的狀況仍在延續，《南齊書》卷 44〈徐孝嗣傳〉載：

> 竊尋緣淮諸鎮，皆取給京師，費引既殷，漕運艱澀。聚糧待敵，每苦不周，利害之基，莫此爲急。臣比訪之故老及經彼宰守，淮南舊田，觸處極目，陂遏不脩，咸成茂草。平原陸地，彌望尤多。今邊備既嚴，戍卒增眾，遠資饋運，近廢良疇，士多飢色，可爲嗟歎。

緣淮諸鎮的糧餉成爲建康的重要負擔，非但如此，物資的輾轉運輸更是耗費大量的人力、物力和財力。徐孝嗣建議屯田正是爲了使建康的財政能夠擺脫這一沉重的包袱，時間在齊明帝晚期，此議並未實行，「時帝已寢疾，兵事未

〔註33〕《宋書》卷 59〈何偃傳〉，1608 頁。
〔註34〕《宋書》卷 64〈何承天傳〉，1707 頁。卷 35〈州郡志一・揚州〉亦載：「三國時，江淮爲戰爭之地，其間不居者各數百里，此諸縣並在江北淮南，虛其地，無復民戶。」1033 頁。魏吳對峙恰與南北朝對峙相似，江淮之間仍一直爲戰地，其居民之不穩定可知。

已，竟不施行。」〔註35〕對此蕭子顯曾有這樣一番感慨：

> 一夫不耕，或鍾飢餒，緣邊戍卒，坐甲千群。故宜盡收地利，
> 因兵務食。緩則躬耕，急則從戰。歲有餘糧，則紅食可待。前世達
> 治，言之已詳。江左以來，不暇遠策，王旅外出，未嘗宿飽，四郊
> 嬰守，懼等松菽。縣兵所救，經歲引日，凌風泙水，轉漕艱長。傾
> 窖底之儲，盡倉敖之粟，流馬木牛，尚深前弊，田積之要，唯在江
> 淮。郡國同興，遠不周急。故吳氏列戍南濱，屯農水右，魏世淮北
> 大佃，而石橫開漕，皆輔車相資，易以待敵。孝嗣當蹙境之晨，薦
> 希行之計，王無外略，民困首領，觀機而動，斯議殆爲空陳，惜
> 矣！〔註36〕

軍費的開支耗盡了建康的積蓄，蕭齊以後防禦收縮，緣淮地區舊屯田區直接
成爲臨敵區域，農業生產幾乎全面荒廢。建康政權一直都在勉強維持這一軍
事要區的財政，直至梁末侯景之亂以後完全失去這一地區。

　　以上所涉及僅爲南朝軍事一項，這固然是南朝財政開支的最主要部分，
然在此過程中，南朝各代自立國以後，宮廷耗費亦不斷增加，隨著皇權的士
族化，此項消費日趨成爲脆弱的建康財政不能忽視的內容。劉裕建國之初，
曾提倡節儉之風，至孝武帝時，態度乃爲之一變：

> 孝武大明中，壞上所居陰室，於其處起玉燭殿，與群臣觀之。
> 牀頭有土鄣，壁上挂葛燈籠、麻繩拂。侍中袁顗盛稱上儉素之德。
> 孝武不答，獨曰：「田舍公得此，以爲過矣。」〔註37〕

自文帝到孝武帝，在生活態度上發生了截然不同的轉變。袁顗之建言恰爲勸
諫其一改奢華之作風，而至孝武帝死後，仍有多項興造工程未能完工：

> 先是大明世，奢侈無度，多所造立，賦調煩嚴，徵役過苦。至
> 是發詔，悉皆削除，由此紫極殿南北馳道之屬，皆被毀壞，自孝建
> 以來至大明末，凡諸制度，無或存者。〔註38〕

前廢帝即位之初，雖做此姿態，而隨後亦重蹈其覆轍：

〔註35〕《南齊書》卷44〈徐孝嗣傳〉，774頁。

〔註36〕同上，781頁。

〔註37〕《宋書》卷3〈武帝紀下〉，60頁。《南史》卷1〈武帝紀〉多出「及文帝幸舊
宮，見而問焉，左右以實對，文帝色慚。」一句，恰可反映二帝在生活態度
上的不同。

〔註38〕《宋書》卷57〈蔡興宗傳〉，1575頁。

> 太宗即位，召覬爲太子詹事，遣故佐平西司馬庾業爲右軍司
> 馬，代覬行會稽郡事。時上流反叛，上遣都水使者孔璪入東慰勞。
> 璪至，說（孔）覬以：「廢帝侈費，倉儲耗盡，都下罄匱，資用已
> 竭。」〔註39〕

前廢帝之揮霍，乃至京師倉儲爲之一空。宋明帝所行亦復如此，「泰始、泰豫
之際，……時經略淮、泗，軍旅不息，荒弊積久，府藏空竭。內外百官，並
日料祿俸，而上奢費過度，務爲彫侈。」〔註40〕大體劉宋時期宮廷費用逐日
俱增。這無疑使本已空虛的國家財政背上沉重包袱。

齊朝仍在重演劉宋的歷史，雖然到文惠太子時：

> 風韻甚和，而性頗奢麗。宮內殿堂，皆雕飾精綺，過於上宮。
> 開拓玄圃園，與臺城北塹等。其中樓觀塔宇，多聚奇石，妙極山水。
> 慮上宮望見，乃傍門列脩竹，內施高鄣，造游牆數百間，施諸機巧，
> 宜須鄣蔽，須臾成立，若應毀撤，應手遷徙。善製珍玩之物，織孔
> 雀毛爲裘，光彩金翠，過於雉頭矣。〔註41〕

其後明帝雖提倡節儉，然不過掩人耳目而已，至後廢帝時，乃由於宮廷耗費
劇增而增加吳會地區財賦。梁武帝雖恭行節儉，然沉迷佛教，於京師大造寺
廟，同泰寺之建設耗費鉅資，數次捨身事佛，大臣爲其贖身之資更爲龐大。
陳武帝乃重蹈梁武帝覆轍，至後主時，奢華之費更是無以復加。

雖然宮廷消費在財政開支中，比例甚小，但南朝財政本即脆弱，龐大的
軍費早已不堪重負，宮廷開支雖然往往是史家批評執政者的口實，但無可否
認這幾乎已經成爲壓垮財政的最後稻草。

眾所周知，五朝政權的財政主要仰仗東土，具體而言即三吳、浙東地區，
或稱之爲揚州境內，而連接東境與建康的東道轉運，成爲維持建康財政及社
會生存的關鍵，一旦不能順暢，則建康立即陷入危機。〔註42〕《晉書》卷26
〈食貨志〉載：

〔註39〕《宋書》卷84〈孔璪傳〉，2156頁。
〔註40〕《宋書》卷8〈明帝紀〉，170頁。
〔註41〕《南齊書》卷21〈文惠太子傳〉。
〔註42〕何德章在〈魏晉南北朝時期南北水路交通的拓展〉一文中，對於南朝的東路
　　　　轉運道路有所考察，認爲破岡瀆的運輸能力極爲有限，大規模糧食運輸仍然
　　　　取京口入江湖江而上自秦淮河入建康。載於《武漢大學學報》（人文科學版）
　　　　2004年第2期。劉淑芬在〈六朝會稽士族〉一文中對會稽的轉運亦有所考察，
　　　　收入《六朝的城市與社會》，臺灣學生書局，1992年，278頁。

（成和）六年，以海賊寇抄，運漕不繼，發王公以下餘丁，各
運米六斛。是後頻年水災旱蝗，田收不至。咸康初，算度田稅米，
空懸五十餘萬斛，尚書褚裒以下免官。穆帝之世，頻有大軍，糧運
不繼，制王公以下十三戶共借一人，助度支運。升平初，荀羨為北
府都督，鎮下邳，起田於東陽之石鼈，公私利之。〔註43〕

東晉南朝時期海岸線距離建康頗近，故頻繁發生海水倒灌，濤水入石頭城事
件。海盜的頻繁出沒為東路轉運蒙上了陰影，直至京口軍鎮的穩定建立，很
大程度上保證了轉運的安全，東路生命線才得以穩定開展。事實上東路轉運
的規模，因材料的缺乏，至今仍難以清晰瞭解，大膽估計這並不是一條完全
能夠滿足建康需求的輸送路線。以浙東地區為例，入臺運輸北上渡浙江，經
西陵牛埭、柳浦埭運輸即極為艱辛，三吳地區一路逆流運輸亦困難重重。

三、財政的匱乏與政權的衰退

東晉南朝時期，吳會地區的經濟發展有目共睹，數百年時間這一區域遭
受兵禍甚少，我們大體可以估計其經濟一直處於穩定發展中。然而這又出現
另外的困境：據前揭建康倉儲在五朝時期一直相對匱乏，這與東境的經濟發
展形成鮮明對比。《隋書》卷24〈食貨志〉有相對全面的記載：

其倉，京都有龍首倉，即石頭津倉也，臺城內倉，南塘倉，常
平倉，東、西太倉，東宮倉，所貯總不過五十餘萬。

南朝建康總約五倉，前文有述，其儲備量竟不超過五十餘萬石，甚至遠遠不
及東部的一個郡倉的儲備。《宋書》卷 32〈五行志三〉載：「晉海西太和中，
郁愔為會稽。六月，大旱災，火燒數千家，延及山陰倉米數百萬斛。炎煙蔽
天，不可撲滅。」〔註44〕此僅為山陰一縣倉，雖記載或有誇大，但其儲備較
之京師五倉總和數倍應不至大謬。自此可知，東土的經濟發展與建康的財政
困境共存，導致這一狀況的無疑是東路轉運的嚴重不足。

建康財稅的不足從另一側面促使政權對東土的搜括，雜稅項目不斷增
多，頻繁的遣臺使入東催繳〔註45〕，又直接增加了編戶的經濟負擔。大量的

〔註43〕《通典》卷10〈食貨十·漕運〉對此亦略有記載，217 頁。《晉書》卷7〈成
帝紀〉載褚裒免官之事在咸康二年。中華書局，1974 年。《晉書》卷8〈穆帝
紀〉載借人助運在升平三年，借期為一年。
〔註44〕《晉書》卷 27〈五行志〉亦載此事。
〔註45〕詳參《南齊書》卷 40〈武十七王·竟陵文宣王子良傳〉。

財稅積壓在郡縣不能有效的輸送建康，建康的財政困頓導致吳會地區編戶負擔日益加重，破產流亡或依大戶蔭蔽〔註46〕，很大程度上限制了這一區域經濟的發展。

建康之財政因為多項開支而致入不敷出，面對這樣的困境，南朝的皇帝乃開始將目光盯向外任官的還資。《南史》卷 25〈垣護之傳附榮祖從父闐傳〉載：

> 闐字叔通，榮祖從父也。父遵，位員外常侍。闐為宋孝武帝南中郎參軍。孝武帝即位，以為交州刺史。時交土全實，闐罷州還，資財鉅萬。孝武末年貪慾，刺史二千石罷任還都，必限使獻奉，又以蒱戲取之，要令罄盡乃止。闐還至南州，而孝武晏駕，擁南資為富人。明帝初，以為司州刺史。北破薛道摽，封樂鄉縣男。出為益州刺史。蜀還之貨，亦數千金，先送獻物，傾西資之半，明帝猶嫌其少。及闐至都，詣廷尉自簿，先詔獄官留闐，於是悉送資財，然後被遣。凡蠻夷不受鞭罰，輸財贖罪，謂之賧，時人謂闐被賧刺史。〔註47〕

劉宋自孝武帝以後，外任官瘋狂聚斂擁還資進京者，皆須向帝王提供大量貢獻，此趨勢逐漸成為慣例，「上（宋孝武帝）末年尤貪財利，刺史、二千石罷還，必限使獻奉，又以蒱戲取之，要令罄盡乃止。」〔註48〕這樣以來，建康之財政從某種程度上說，開闢了另一來源。到宋後廢帝時，此風愈演愈烈。「元徽中，興世在家，擁雍州還資，見錢三千萬。蒼梧王自領人劫之，一夜垂盡，興世憂懼感病卒。欣泰兄欣華時任安成郡，欣泰悉封餘財以待之。」〔註49〕劉宋後廢帝乃親自領兵搶劫大臣財產。

帝王對於外任官還資的勒索，終宋齊兩朝一值得到貫徹。《南齊書》卷 37〈劉悛傳〉載：

> 悛既藉舊恩，尤能悅附人主，承迎權貴。賓客閨房，供費奢廣。

〔註46〕詳參唐長孺《三至六世紀江南大土地所有制的發展》，中華書局，2011 年，30～52 頁。

〔註47〕《南齊書》卷 51〈崔慧景傳〉載：「世祖即位，進號冠軍將軍。在州蓄聚，多獲珍貨。……慧景每罷州，輒傾資獻奉，動數百萬，世祖以此嘉之。」這種勒索還資的舉動在宋齊兩代中朝以後極為普遍。

〔註48〕《資治通鑑》卷 129 宋孝武帝大明八年條，4067 頁。

〔註49〕《南齊書》卷 51〈張欣泰傳〉。

　　罷廣、司二州，傾資貢獻，家無留儲。在蜀作金浴盆，餘金物稱是。
　　罷任，以本號還都，欲獻之，而世祖晏駕，鬱林新立，悛奉獻減少，
　　鬱林知之，諷有司收悛付廷尉，將加誅戮。高宗啓救之，見原，禁
　　錮終身。〔註50〕

還資的貢獻，既成為定制，一旦不再貢獻或貢獻轉少，幾乎會導致殺身之禍。
齊東昏侯時，曹虎恰因此而死〔註51〕，此類事跡乃不異於殺雞取卵，究其原
因仍然由建康財政嚴重不足造成。

　　皇帝為了彌補財政和宮廷花費的不足，除了勒索還資外，更會採取一些
其他非正常的手段。

　　　泰始五年，太宗訪求太子妃，而雅信小數，名家女多不合。后
　　弱小，門無強廢，以卜筮最吉，故為太子納之。諷朝士州郡令獻物，
　　多者將直百金。始興太守孫奉伯止獻琴書，其外無餘物。上大怒，
　　封藥賜死，既而原之。〔註52〕

皇太子立妃，而要求內外百官貢獻財物，宋明帝時期財政緊缺，前文已有論
述，此舉自然也是為了緩解財政的不足。

　　陳文帝時「太子中庶子虞荔、御史中丞孔奐以國用不足，奏立賣海鹽賦
及榷酤之科，詔並施行。」〔註53〕為了解決建康的財政危機，僅靠吳會地區
的財稅收入已經難以實現，孔奐乃另闢蹊徑，鹽稅在魏晉南北朝時期被提上
了政府財政收入的議程。

　　財政長期萎靡對南朝政治的影響是多重的，對吏治的影響尤為嚴重，致
使南朝外任官瘋狂聚斂，皇帝御外任官猶如盜賊的惡性循環。而這種政權由
上到下的腐化最終轉嫁到編戶，遂使平民的流亡與隱冒日益加重，而這些最
終限制了南朝經濟的發展。

〔註50〕《資治通鑑》卷138齊武帝永明十一年條亦載此事，4342頁。《南史》卷27
　　　　〈孔靖傳附靈符弟子琇之傳〉載：「出為臨海太守，在任清約。罷郡還，獻乾
　　　　薑二千斤，齊武帝嫌其少，及知琇之清，乃歎息。出監吳興郡，尋拜太守，
　　　　政稱清嚴。」727頁。《南齊書》卷51〈崔慧景傳〉亦載還資貢獻事跡，873
　　　　頁。
〔註51〕《南齊書》卷30〈曹虎傳〉載：「每好風景，輒開庫拍張向之。帝疑虎舊將，
　　　　兼利其財，新除未及拜，見殺。時年六十餘。」564頁。《資治通鑑》卷142
　　　　東昏侯永元元年條同載，4452頁。
〔註52〕《宋書》卷41〈后妃‧後廢帝江皇后傳〉，1297頁。
〔註53〕《陳書》卷3〈文帝紀〉，54頁。

　　東晉南朝時期，江南政權的財政困頓是一個長期現象，龐大的軍費開支成為南朝政權的沉重負擔。財政對吳會地區的過度依賴，受東路轉運規模限制，成為建康政權無法突破的瓶頸。大量的稅收積壓於郡縣無法送達建康，財政的困境迫使建康加大對三吳地區的搜括，編戶齊民在沉重的負擔下大量破產流亡以及隱冒，惡性循環遏制了揚州經濟的發展，又反作用與財政，遂使揚州境內經濟呈現兩端貧弱中部臃腫的雞蛋型結構。隨著政局的演變，政權積貧積弱，藩鎮伺機而起，推動整個南朝時期皇帝輪流坐莊的局面。在此過程中，建康政權的逐步衰弱恰與其財政惡化同步。

第二節　吳會地區的經濟負擔及影響

　　五朝時期經濟的地域性首先以揚州地區為代表，揚州作為支持建康財政的賦稅之地，吳會地區首先成為建康的財政支柱，保證這裡賦稅收入的穩定成為建康政權存在的基礎。到南朝梁時期，建康城居民總數達到 28 萬戶〔註54〕，人口超過 140 萬〔註55〕。自東晉中期以後的五朝時期，其人口應一直不低於 100 萬，政變造成的短暫性人口驟減狀況除外。吳會地區雖然號稱富足，然供養如此規模的城市以及政權的財政支出，其經濟負擔之重可想而知。

　　涉及南朝經濟，其地域性特點的分明一直為前人關注，首先就體現在揚州境內經濟的相對高度發展，因此三吳及浙東地區經濟及財政狀況一直是吸引治史者的亮點〔註56〕。不論從人口抑或城市規模等方面，這裡都不折不扣

〔註54〕《資治通鑑》卷 162 梁武帝太清三年第 21 條胡三省注引《金陵記》載：「梁都之時，戶二十八萬。」5018 頁。

〔註55〕此數據來源於嚴耕望〈南北朝三個都城人口數量之估測〉一文，載於《新史學》第 1 卷第 2 期。劉淑芬在〈六朝時代的建康——市釐、民居與治安〉一文中也做出類似規模的推斷，收於氏著《六朝的城市與社會》，135 頁。

〔註56〕對此唐長孺先生早在 60 年代就給予了突出重視，在《三至六世紀江南大土地所有制的發展》中對以揚州為中心的江南地區進行了詳細而全面的考察。另臺灣學者劉淑芬在〈六朝建康的經濟基礎〉一文中對建康的經濟來源作出分類考察。收於《六朝的城市與社會》，臺灣學生書局，1992 年。臺灣學者黃淑梅在《六朝太湖流域的發展》中對以太湖為中心的吳地也作出了較多的關注。臺北聯鳴文化有限公司，1982 年。而對浙東地區的研究以臺灣學者劉淑芬為主，她在〈三至六世紀浙東地區的經濟發展〉一文中，對浙東地區進行了詳細考察，收於《六朝的城市與社會》，臺灣學生書局，1992 年。

是六朝時期首屈一指的發達地區，因此隨著六朝建康都城地位的逐漸穩固，揚州區域成爲鞏固建康財政的支柱，三吳浙東地區賦稅對於建康的重要性，直接可以通過東路轉運路線的地位可知。

三吳地區人口眾多、賦稅收入可觀，使這裡呈現出一片欣欣向榮的景象，然在繁榮的背後卻是吳會地區居民沉重的賦稅負擔。對於五朝賦稅徵收情況，前人已有研究〔註57〕，然而吳會地區賦稅偏重，至目前仍極少有人關注。唐長孺先生在《三至六世紀江南大土地的發展》中對吳會地區賦稅名目及負擔的沉重有過較多關注，然由此引發的三吳浙東地區經濟的萎縮乃至大量流民的逃亡，對這一地區經濟的影響卻較少涉及。臺灣學者劉淑芬對此亦有一定程度的考辨〔註58〕，蔣福亞則分別從稅田租、戶調、雜稅、役和雜役四個方面闡述了當時這一地區編戶的沉重負擔〔註59〕，並開始關注這種負擔對經濟發展的反作用。然而對建康財政的危機考慮不足，同時對於這種沉重負擔的地域性也沒有足夠關注。

一、吳會地區的賦稅負擔

終整個五朝時期，三吳浙東地區經濟狀況一直倍受關注，這一地區的財稅收入在建康財政中的地位使其無可置疑的成爲江南政權經濟重心，人口數量的龐大，乃至一縣人口即已超過某些州之人口總數，其財稅收入之可觀由此可知。東晉初年元帝東渡以後，隨著政權的逐步穩固，對揚州境內的依賴也日益增強。這一方面推動這一地區經濟的發展，隨著負擔的逐步加重，逐漸成爲遏制東土經濟發展的重要因素。自東晉始江南政權財政既主要依賴揚州，尤其是政治中心建康，東路的轉運幾乎成爲支持這裡的唯一糧道。前人多提及京口的地位，以其作爲防禦建康的最後屏障，〔註60〕然而在東晉及宋齊梁三代威脅建康的勢力基本上並非由京口以北而來，亦即京口作爲重鎮，其所起之作用並非防衛建康，而是保障東路之轉運。其作爲吳會地區至建康

〔註57〕唐長孺在〈魏晉戶調制及其演變〉一文中有深入探討。收於《魏晉南北朝史論叢》，中華書局，2011年，55～80頁。

〔註58〕劉淑芬在〈六朝建康的經濟基礎〉一文中，對吳、會地區沉重的經濟負擔有所描述。收於《六朝的城市與社會》，83～86頁。

〔註59〕蔣福亞：《魏晉南北朝社會經濟史》。陳明光在《六朝經濟》中對南朝時期農民負擔也給予了較多關注。南京出版社，2010年，11～15頁。

〔註60〕詳參中村圭爾〈六朝時代江南的地域社會與地域性〉，收於《地域社會在六朝政治文化上所起的作用》，日本玄文社，1989年。

糧運之中轉站，地位極爲突出〔註61〕，同時吳會地區在建康財政中的地位亦可通過東晉南朝自然災害的記錄可知〔註62〕。這種依賴一方面突出了東土的地位，同時也加重了自然災害發生時，這一區域的受害程度〔註63〕，故東晉南朝時期財政長期的困頓，一方面加重了揚州境內編戶的負擔，而編戶的大量破產和逃亡乃至餓死也反作用於五朝政權的財政狀況。大體這種沉重的經濟負擔表現爲正稅、雜稅和勞役等幾個方面，下文分而論之。

　　正稅主要分爲地租和戶調，前人研究較多。〔註64〕早在東晉時期這種狀況產生的負面效果既已初露端倪。東晉南朝時期，地租的徵收方式大抵經歷了按田與按口的變化〔註65〕，直接描述地租沉重的記載不多。自東晉孝武帝

〔註61〕 何德章在〈魏晉南北朝時期南北水路交通的拓展〉一文中有較多論述，載於《武漢大學學報（哲學社會科學版）》2004 年第 2 期。

〔註62〕 何德章在《中國經濟通史》第三卷第二章中對東晉南朝自然災害狀況有統計，湖南人民出版社，2002 年，24～27 頁。其中發生於揚州境內的達 90 餘次，而五朝疆域內其它地區總和亦只 14 次。此中不排除這一時期自然災害東土偏重的可能，但主要恐因建康對揚州過於依賴，故這一區域每次自然災害，無論大小，均會或多或少影響建康財政，故得到完備記載。

〔註63〕 《晉書》卷7〈成帝紀〉載：「（咸康元年）是歲，大旱，會稽餘姚尤甚，米斗五百價，人相賣。」卷9〈孝武帝紀〉載：「（咸安二年）三吳大旱，人多餓死，詔所在振給。」諸如此類記載，南朝五史俯拾即是，三吳浙東稱爲富饒，而每遇災害則百姓死亡塗地，此恐不免與編戶負擔過重相關。

〔註64〕 唐長孺在〈魏晉戶調制及其演變〉一文中對東晉南朝的戶調發展狀況有較爲豐富的研究，並指出頻繁改變的折變已經成爲編戶的沉重負擔。收於《魏晉南北朝史論叢》，中華書局，2011 年。蔣福亞在《魏晉南北朝社會經濟史》第一章第三節中也對正稅中田租及戶調的狀況分別討論。

〔註65〕 《晉書》卷26〈食貨志〉載：「咸和五年，成帝始度百姓田，取十分之一，率畝稅米三升。……。升平初，荀羨爲北府都督，鎮下邳，起田於東陽之石鱉，公私利之。哀帝即位，乃減田租，畝收二升。孝武太元二年，除度田收租之制，王公以下口稅三斛，唯蠲在役之身。八年，又增稅米，口五石。」東晉時期的田租變化大抵如此，南朝田租詳細狀況記載不全，《隋書》卷24〈食貨志〉載：「其課，丁男調布絹各二丈，絲三兩，綿八兩，祿絹八尺，祿綿三兩二分，租米五石，祿米二石。丁女並半之。男女年十六已上至六十，爲丁。男年十六，亦半課，年十八正課，六十六免課。女以嫁者爲丁，若在室者，年二十乃爲丁。其男丁，每歲役不過二十日。又率十八人出一運丁役之。其田，畝稅米二斗。蓋大率如此。其度量，斗則三斗當今一斗，稱則三兩當今一兩，尺則一尺二寸當今一尺。」這大體爲南朝租調及役的徵發狀況，然此處頗有疑惑，「租米五石」應爲田租無疑，而徵收以口爲記，基本符合孝武帝太元八年改制，「祿米二石」東晉及南朝諸史無考，約爲南朝時期增加稅目，此即田租徵收項目，而這裡遺漏太元二年改制後之田稅變化：即由「口稅三斛」增至「租米五石」。然《隋書》所載「畝稅米二斗」又似度田收租之制未

太元二年改制，八年增稅米，南朝不知何時增祿米，其總計爲地租口稅三斛，稅米口五石，祿米口二石。眞正成爲編戶沉重負擔的是調及勞役。調，唐長孺先生已然指出，自曹魏始包含了東漢時期除地租以外的各項賦稅〔註66〕。南朝雖常有「賦」之稱謂，概爲調之內容。調的徵收以戶爲單位，以資產爲準，九品定戶。其嚴格程度乃至嚴重阻礙了南朝經濟的發展，在南朝最直面的材料反映戶調沉重的莫過於劉宋時周朗上書：

> 乃令桑長一尺，圍以爲價，田進一畝，度以爲錢，屋不得瓦，
> 皆責賣實。民以此，樹不敢種，土畏妄墾，棟焚榱露，不敢加泥。
> 豈有剝善害民，禁衣惡食，若此苦者。〔註67〕

此材料多爲前人所用，按周朗所云雖非直指，然此應爲江南狀態，而竟陵王子良所云則據其出任會稽經歷無疑。揚州境內戶調徵收達到如此嚴格的程度，其對生產的阻礙可知。

勞役方面《隋書》所載應爲常制，然現實中多不依此施行，吳會地區乃深受其害，唐長孺先生在其著作中亦未多著筆墨。役，主要分爲兵役和勞役，

除，唐長孺在《三至六世紀江南大土地所有制的發展》採此說（32～34頁），日本學者渡邊信一郎在《中國古代の財政と國家》中亦採此説（汲古書院，2010年，210～218頁），即丁租與田稅同徵，並考證出「二斗」爲「二升」之訛，即哀帝隆和以後度田收租之數量，孝武帝以後二稅同徵，則相對太元二年以前，田租增加數量翻倍有餘。若南朝地租如此徵收，則太元改制以後，地租增加幅度過大，恐與事實不符。馬端臨在《文獻通考》卷1〈田賦二〉中亦覺租稅過重，且東晉孝武帝太元二年明確記載「除度田收租之制」。渡邊採《初學記》卷27〈寶器部・絹第九〉所載之《晉故事》（657～658頁），憑空增加並無記載的丁租一項。丁租的存在唯《陳書》卷5〈宣帝紀〉載太建十二年詔最爲直接，「並諸署即年田稅、祿秩，並各原半，其丁租半申至來歲秋登。」案，田租亦稱田稅，則丁租亦可稱爲丁稅，《南齊書》卷26〈王敬則傳〉載：「建元初，狁虜游魂，軍用殷廣。浙東五郡，丁稅一千……。」此應爲丁稅之始，則屬雜稅一類，並非正稅，而《陳書》所云之丁租應爲丁稅。大抵田租自晉末改制，按丁徵收，故時而稱爲丁租，二名混用，而實爲一稅，《陳書》所載之丁租應爲丁稅，此爲南齊增加之雜稅。《隋書》記載恐有誤，故這裡仍採丁租即地租之說，因南朝稅制並無明確記載，其租額採《隋書》「口五石」之説。

〔註66〕唐長孺對調做出這樣的推斷：「我想曹魏的戶調綿絹乃是沿襲兩漢調的名稱與徵納方法，加上東漢賦錢折變之制，而將其固定化與普遍化。」〈魏晉戶調制及其演變〉，收於《魏晉南北朝史論叢》，61頁。

〔註67〕《宋書》卷82〈周朗傳〉。《南齊書》卷40〈武十七王傳・竟陵文宣王子良傳〉載竟陵王子良上書：「而守宰相繼，務在裒剋，圍桑品屋，以准貲課。致令斬樹發瓦，以充重賦，破民財產，要利一時。」

東晉政權自身的暗弱，建康政權可資利用之兵力有限，由於揚州地域性封閉的問題，不但財賦主要依賴這一地區，役的徵收更基本上完全限制在這一區域範圍內。《晉書》卷 100〈孫恩傳〉載：「及元顯縱暴吳會，百姓不安，恩因其騷動，自海攻上虞，殺縣令，因襲會稽，害內史王凝之，有眾數萬。」孫恩起義固然以五斗米道為中心，然其亦利用社會矛盾激化之契機。這裡恰恰司馬元顯的過激行為激化的社會危機直接為其利用，究其行為似亦與兵役相關。《晉書》卷 64〈會稽文孝王道子傳〉載：「又發東土諸郡免奴為客者，號曰『樂屬』，移置京師，以充兵役，東土囂然，人不堪命，天下苦之矣。」此次徵發兵役雖範圍只涉及免奴為客之人，然致「東土囂然，人不堪命，天下苦之」的地步，可知實施過程中牽涉頗廣，而不僅僅只部分的侵犯了大族利益。由以上的雜稅徵收狀況可知，往往政策推行過程中會不同程度的擴大乃至出現額外負擔。此次徵發既引發三吳起義，必然大量涉及到平民，其對象恐亦不僅僅只限制在客群體中的一小部分。蕭齊時竟陵王子良上書云：「東郡使民，年無常限，在所相承，准令上直。每至州臺使命，切求懸急，應充猥役，必由窮困。」〔註68〕可見編戶一旦身充勞役，則解役時間遙遙無期，而極少有「每歲不過二十日」之說，其嚴重者甚至數年乃至十年不返。《宋書》卷 53〈謝方明傳〉載：

> 前後征伐，每兵運不充，悉發倩士庶，事既寧息，皆使還本。而屬所刻害，或即以補吏。守宰不明，與奪乖舛，人事不至，必被抑塞。方明簡汰精當，各慎所宜，雖服役十載，亦一朝從理，東土至今稱詠之。

這裡所述為臨時性徵發，雖按制度「事既寧息，皆使還本」，然因地方守宰擅權，遂有服役十年不得返的狀況。這裡旨在表述謝方明執政之明，可知十年解役因謝方明之故，若非如此，則必終身受役。而此處所涉區域為會稽，蕭子良則直指「東郡」，自是三吳浙東地區大抵如此，勞役沉重狀況可知。

東晉南朝時期，對賦和役的泛指材料較多，東土此類材料均顯示其負擔過重的狀態。《晉書》卷 80〈王羲之傳〉載其出任會稽太守，「時東土饑荒，羲之輒開倉振貸。然朝廷賦役繁重，吳會尤甚，羲之每上疏爭之，事多見從。」這種沉重的經濟負擔在東晉初期就已露端倪，虞預任會稽主簿時上書陳時政云：

〔註68〕《南齊書》卷 40〈武十七王傳・竟陵文宣王子良傳〉。

軍寇以來，賦役繁數，兼值年荒，百姓失業，是輕繇薄斂，寬
刑省役之時也。自頃長吏輕多去來，送故迎新，交錯道路。受迎者
惟恐船馬之不多，見送者惟恨吏卒之常少。窮奢竭費謂之忠義，省
煩從簡呼爲薄俗，轉相放效，流而不反，雖有常防，莫肯遵修。加
以王塗未夷，所在停滯，送者經年，永失播植。一夫不耕，十夫無
食，況轉百數，所妨不訾。愚謂宜勒屬縣，若令尉先去官者，人船
吏侍皆具條列，到當依法減省，使公私允當。又今統務多端，動加
重制，每有特急，輒立督郵。計今直兼三十餘人，人船吏侍皆當出
官，益不堪命，宜復減損，嚴爲之防。〔註69〕

庾琛過江即爲會稽太守，據〈虞預傳〉，此在太興二年以前。虞預即爲會稽山
陰縣大族虞氏，其初任郡主簿便立即上書陳時政得失，這裡我們可以看出其
所述之弊政，主要爲揚州地區時政，且在此之前其並無出任其他地區經歷，
一直居住與山陰縣，可以推測其對東晉行政指弊端亦主要來自對其居住地
——山陰縣抑或會稽郡之瞭解。根據他的敘述，可以知道，在山陰乃至會稽
甚至整個吳會地區「賦役繁數，兼值年荒，百姓失業」，〔註70〕賦役的沉重成
爲大量百姓破產的最主要原因，〔註71〕正是因爲建康政權對這一地區的依
賴，使整個揚州境內呈現賦役偏重的狀況，雖然稱爲富庶，猶難堪其負。同
時他對雜稅的關注達到前所未有的高度，具體而言即迎新送故及臨時性徵
發，以及由此產生的額外負擔，據其敘述，這種因地方官及臨時建置的機構
導致的額外附加稅收，甚至有超過正稅的規模〔註72〕。

唐長孺先生在《三至六世紀江南大土地所有制的發展》第 3 部分〈東晉
南朝對農民的殘酷剝削和農民鬥爭〉中即曾提及東土編戶逃亡諸事。對於當
時農民的負擔他也進行了分類探討：租、調、祿絹、祿綿、祿米及臨時性徵
發，與此同時南朝頻繁變化的折變也成爲農民的沉重負擔。〔註73〕租、調、

〔註69〕《晉書》卷 82〈虞預傳〉。
〔註70〕《晉書》卷 26〈食貨志〉載：「（太元）八年，又增稅米，口五石。」南朝乃
　　　　繼之增加祿米。
〔註71〕這種狀況直至陳代依然如此，《陳書》卷 8〈周文育傳〉載：「義興人周薈爲壽
　　　　昌浦口戍主，見而奇之，因召與語。文育對曰：『母老家貧，兄姊並長大，困
　　　　於賦役。』」
〔註72〕《宋書》卷 6〈孝武帝紀〉載：「二月辛丑，特進朱修之卒。壬寅，詔曰：『去
　　　　歲東境偏旱，田畝失收。使命來者，多至乏絕。』」
〔註73〕唐長孺：《三至六世紀江南大土地所有制的發展》，30～53 頁。

祿絹、祿綿、祿米等雖相對沉重，然以其有定制可循，百姓尚能負擔，而臨時性徵發因無定制，遂至往返重複，其規模亦不可估量，而由其引發的附加徵發更是名目繁複，使之成為東土最具危害性負擔，以宋齊時期「臺使」為例，稍可見其一斑。

「臺使」一職在南朝五史中頻頻出現，然作為徵收賦稅性質之臺使，卻僅見於宋末昇明三年（479）竟陵王子良上書，案「臺使」之由來始於宋孝武帝，「宋世元嘉中，皆責成郡縣。孝武徵求急速，以郡縣遲緩，始遣臺使，自此公役勞擾。」〔註74〕其職責乃是督責拖欠賦稅，至宋末仍穩定的出現在會稽。南朝在新帝登基時多有「原除逋租」之舉，亦有區域性的蠲免以往拖欠之賦稅，而「臺使」穩定出現在會稽，至少可以說明在會稽地區的拖欠賦稅是不能免除的。由於「臺使」的親臨，又會增加各種不同名目的雜稅，「或尺布之逋，曲以當匹；百錢餘稅，且增為千。或誑應質作尚方，寄繫東冶，萬姓駭迫，人不自固。」〔註75〕會稽督責如此急切，距離更近的吳地（太湖附近各郡），自然更是如此。「愚謂凡諸檢課，宜停遣使，密畿州郡，則指賜敕令，遙外鎮宰，明下條源，既各奉別旨，人競自罄。」〔註76〕蕭子良想當然的以為天下各郡皆如此，事實恰與此相反。上流及北面軍鎮頻頻受到蠲免，而嶺南各州一直都不在建康賦稅徵收範圍之內，所以督責拖欠租稅的「臺使」只會出現在難以獲得租稅蠲免的吳會地區。這次上書齊高帝並未答覆，想來「臺使」一職並未取消〔註77〕。

如果說東晉政權一定程度上依賴三吳舊族的配合而得以建立，故在政策實施中會較多照顧到吳姓舊族的利益，雖時有侵犯其利益之舉，亦較為有限，正如前文司馬元顯之徵發對象亦只免奴為客之人。「元帝南渡，調兵不出三吳，大發毋過三萬，每議出討，多取奴兵。」〔註78〕然而到了南朝，政權的獨立性獲得長足的發展，在對三吳的依賴更一步加強的背景下，吳姓舊族乃不能獨善其身。

至於水路關口、行商課稅亦以吳會地區最為繁雜，齊武帝永明六年西陵

〔註74〕《南齊書》卷40〈武十七王・竟陵文宣王子良傳〉。

〔註75〕同上。

〔註76〕同上。

〔註77〕鄭欣就蕭齊一朝對三吳地區的沉重的剝削亦有所關注，見《魏晉南北朝史探索》，山東大學出版社，1989年，468～471頁。

〔註78〕馬端臨：《文獻通考》卷151〈兵制〉。

戍主杜元懿建言，吳會地區水路關口設有「官格」，而吳地災害頻繁，糧食的供應則主要來自會稽，從而在饑荒發生時，使得此項稅收蔚然可觀，乃使杜元懿起增稅之念，而齊武帝亦因此有所動心〔註79〕，雖最終未能實行，原稅自然照常課收。《宋書》卷 6〈孝武帝紀〉載：「（大明）八年春正月甲戌，詔曰：『東境去歲不稔，宜廣商貨。遠近販鬻米粟者，可停道中雜稅。其以仗自防，悉勿禁。』」在東土遭受自然災害的情況下，孝武帝並未開倉賑濟，而僅僅取消了這一區域的部分商稅，這裡我們可以看到，其所取消的只是糧食貿易的稅收。到王敬則出鎮會稽時，乃於民間自發集資興修水利之「塘役」錢亦加收賦稅，「會土邊帶湖海，民丁無士庶皆保塘役，敬則以功力有餘，悉評斂爲錢，送臺庫以爲便宜，上許之。」〔註80〕事經竟陵王子良諫阻而仍然實施。

到齊後期，關津雜稅乃成爲宮廷費用的重要補充，《南齊書》卷 7〈東昏侯紀〉載：

> 潘氏服御，極選珍寶，主衣庫舊物，不復周用，貴市民間金銀寶物，價皆數倍。虎魄釧一隻，直百七十萬。京邑酒租，皆折使輸金，以爲金塗。猶不能足，下揚、南徐二州橋桁塘埭丁計功爲直，斂取見錢，供太樂主衣雜費。由是所在塘瀆，多有隳廢。又訂出雉頭鶴氅白鷺縗，親幸小人，因緣爲奸利，課一輸十，郡縣無敢言者。

建康政權之財政依賴吳會，隨著消費水平的不斷提高，東境的雜稅數量亦日趨增加〔註81〕，且在建康，吳會雜稅有了專門的用途——宮廷消費，從而確立了雜稅的固定化，而其徵收過程中亦如虞預所言，另增許多名目，且在數額上亦又很大提高。在財稅短缺時，乃至出現幾近殺雞取卵的舉動，這仍然要歸結於建康經濟基礎的單一性，亦即對吳會地區的過度依賴。

自以上我們可以看到，南朝的財稅區域以吳會地區爲首。由於與北朝的

〔註79〕《南齊書》卷46〈陸慧曉傳附顧憲之傳〉載：「世祖敕示會稽郡：『此詎是事？宜可訪察即啓。』」807 頁。

〔註80〕《南齊書》卷26〈王敬則傳〉，482 頁。此段史料亦見於《通典》卷11〈食貨十一·雜稅〉，249 頁。

〔註81〕《梁書》卷2〈武帝紀中〉載：「（天監二年五月）壬申，斷諸郡縣獻奉二宮。惟諸州及會稽，職惟獄牧，許薦任土，若非地產，亦不得貢。」39 頁。《資治通鑑》卷145 梁武帝天監二年條亦載，胡三省注云：「會稽，東土大郡也。故使之同於諸州。」4530 頁。在宮廷消費的支持上，會稽郡乃與各州比肩，這裡所指僅爲土貢，論及賦稅收入，則遠遠過之。

對峙，使得上流北面軍鎮必須具備穩定的物資後盾，從而使湘贛地區之收入未嘗東下建康。吳會地區作為南朝境內最為富庶的區域，並且與建康水路交通發達，這種先天的背景，使得五朝政權在定都建康的前提下，注定財政完全依賴吳會。

二、沉重的經濟負擔對揚州經濟的影響

東晉南朝揚州境內編戶相對眾多，目前對於南朝戶口狀況，僅劉宋大明八年有較為完整的記載，見於《宋書》卷35〈州郡志〉，據統計，揚州戶數為143296，口數為1455685，相對於其他州郡，稱為殷實。然而整個東晉南朝時期，建康財政的長期困頓，則直接轉嫁於這一地區，使之在沉重的經濟負擔下，經濟曲折發展，甚至在一定時期內出現倒退的狀況。這裡僅就編戶數量的變化，聊加探尋。

戶口的損耗主要表現在死難及逃亡，《晉書》卷73〈庾亮傳附弟翼傳〉載：

> 時東土多賦役，百姓乃從海道入廣州，刺史鄧嶽大開鼓鑄，諸夷因此知造兵器。翼表陳東境國家所資，侵擾不已，逃逸漸多，夷人常伺隙，若知造鑄之利，將不可禁。〔註82〕

這裡突出提到「東土多賦役」，在五朝境內這樣遠距離大規模的逃亡並不多見，並且自海道逃入廣州之荒蠻之地，亦是不得不行的亡命之舉〔註83〕，其原因恰在於賦稅沉重。正稅之外，雜稅亦極為頻繁，所謂「侵擾不已」應即指此。〔註84〕而這種在吳會地區徵收諸多雜稅之舉，五朝相承一直沿用。

《晉書》卷80〈王羲之傳〉載其與謝安書：

> 自軍興以來，征役及充運死亡叛散不反者眾，虛耗至此，而補

〔註82〕劉淑芬在〈三至六世紀浙東地區的經濟發展〉中指出：「早在東晉時，就有浙東人民遷居廣東，但這僅是少數避役百姓。浙東人民真正大批移民福建、廣東，始於梁末。」58頁。《臺灣學者中國史研究論叢──經濟脈動》，中國大百科全書出版社，2005年。

〔註83〕見前揭何德章〈六朝建康的水陸交通──讀《宋書‧州郡志》札記之二〉一文。葛劍雄在《中國移民史》第2冊中對北方移民的繼續南遷及自然災害和戰亂以及流放所指的移民有研究，但是對因賦稅負擔所致的三吳浙東地區的流民並未關注。福建人民出版社，1997年，375～387頁。

〔註84〕《建康實錄》卷9〈烈宗孝武皇帝〉載：「（太元四年三月）詔曰：「又年穀不登，百姓多匱。其詔御所供，事從儉約，九親供給，眾官廩俸，權可減半。凡諸役，自非軍國事要，皆宜停省，以周時務。」266頁。

> 代循常，所在凋困，莫知所出。上命所差，上道多叛，則吏及叛者
> 席卷同去。又有常制，輒令其家及同伍課捕。課捕不擒，家及同伍
> 尋復亡叛。百姓流亡，戶口日減，其源在此。〔註85〕

案，此時王羲之任會稽太守，其所謂「軍興以來」，應即指殷浩北伐之事。這
裡闡述的百姓逃亡狀況，主要源於北伐及由之引發的勞役負擔。會稽郡逃亡
如此嚴重，可以推知三吳地區更甚，兵役及勞役的沉重導致的編戶損耗已經
到了不可忽視的地步，這裡不擬探究東晉時期鄉村管理制度，但一旦出現逃
亡，同伍即受波及，由此引發的鏈式反應遂使逃亡的規模不斷擴大。東晉時
期一直困於荊揚之爭，而荊州與揚州競爭的方式即為北伐，殷浩的北伐已然
造成如此影響，則此前與此後的多次北伐，雖或不能與之相較，恐亦對建康
財政造成極大影響，而這種影響必然轉嫁揚州全境。「徭役的殘酷壓迫直接破
壞了農村經濟，妨害了農民的生產，威脅了農民的生存。」〔註86〕加之雜稅
及臨時性徵發，對東境經濟的發展起到了突出的阻礙作用。自淝水之戰以後，
戰爭的耗費仍然延續著最初的方式。《晉書》卷69〈劉隗傳附孫波傳〉載其上
書云：「今政煩役殷，所在凋弊，倉廩空虛，國用傾竭，下民侵削，流亡相屬。
略計戶口，但咸安已來，十分去三。」〔註87〕雖然戶口的損耗或不會如此嚴
重，但財政的空虛造成的急劇補給必然轉嫁於編戶，由此造成的流亡規模必
不在小。

晉孝武帝以後，桓玄內變〔註88〕，又經孫恩之亂，對農業生產造成的影
響極大，隨後揚州的一次饑荒遂成滅頂之災。《晉書》卷13〈天文志下〉載：
「元興元年七月，大饑，人相食。浙江以東流亡十六七，吳郡、吳興戶口減
半，又流奔而西者萬計。」〔註89〕揚州經濟經此一擊，呈現急劇倒退狀況。
此後戰爭不斷，桓玄敗後，盧循起義再次席卷揚州，直至宋初，期間近20年

〔註85〕《全晉文》卷26〈王羲之雜貼〉載其書信云：「山海間民逃亡殊異，永嘉乃以
五百戶去。深可憂，深可憂！此間不乃至此。糧運日廣遠，恐此弊不止。」

〔註86〕唐長孺：《三至六世紀江南大土地的發展》，45頁。

〔註87〕《魏書》卷97〈島夷桓玄傳〉載：「玄大賦三吳富室，以賑饑民，猶不能濟也。
東郡既由兵掠，因以飢饉，死者甚眾。三吳戶口減半，會稽則十三四，臨海、
永嘉死散殆盡。諸舊富室皆衣羅縠，佩金玉，相守閉門而死。」

〔註88〕《魏書》卷97〈島夷桓玄傳〉載：「玄大賦三吳富室，以賑饑民，猶不能濟也。
東郡既由兵掠，因以飢饉，死者甚眾。三吳戶口減半，會稽則十三四，臨海、
永嘉死散殆盡。諸舊富室皆衣羅縠，佩金玉，相守閉門而死。」

〔註89〕《宋書》卷25〈天文志三〉作：「浙江以東餓死流亡十六七」。

時間兵連禍接，可以判斷東晉後期自淝水之戰以後，揚州經濟一直呈現衰退狀況，戶口急劇損耗，如前揭劉波上書，國庫空於上，編戶罄於下，繼以兵災饑荒，劉宋繼承的是滿目瘡痍的河山。

　　自然災害造成的逃亡在南朝規模頗大，而由前揭大明七年及八年之旱災而論，自然災害所造成之人口損耗亦可與晉末相較。史稱「餓死十有六七」雖不免有誇大之嫌，然所造成之衝擊自是不可忽視。唐長孺先生就曾指出：「絕大多數的農民已經赤貧化，連少數的富裕家庭也不能不憂慮落在他們頭上的徭役。」〔註90〕在沉重的稅賦及勞役負擔下，編戶在正常狀況下生存已頗為吃力，遭遇自然災害，則只能坐以待斃。宋孝武帝大明七年（463）十一月，「東諸郡大旱，壬寅，遣使開倉貸卹，聽受雜物當租。」〔註91〕蔣福亞認為，「所以如此，起因在於該年浙東一帶大旱，農民根本繳不起租米。」〔註92〕然「東諸郡」恐非單指浙東地區，《宋書》卷7〈前廢帝紀〉載：「（大明八年）去歲及是歲，東諸郡大旱，甚者米一升數百，京邑亦至百餘，餓死者十有六七。」建康受到如此大的衝擊，三吳地區自然也是旱災嚴重。農民無以繳租，則以雜物相抵，而並未蠲免，可知此次旱災在建康財政上產生的影響甚劇。建康政權欲維繫平穩，則吳會地區雖餓死遍地，猶不得不罄家資以繳稅，這對「東土」經濟的打擊可知。此類饑荒在梁末也曾出現一次，其打擊亦不下於此。「時江南大饑，江、揚彌甚，旱蝗相係，年穀不登，百姓流亡，死者塗地。父子攜手共入江湖，或弟兄相要俱緣山岳。」〔註93〕平民的貧困化使財政的收入受到嚴重限制，而這直接加重了自然災害的嚴重後果。

　　進入南朝，東土賦稅偏重的局面仍然延續，逃亡依然繼續。《宋書》卷53〈謝方明傳〉載：

　　　　永初三年，出為丹陽尹，有能名。轉會稽太守。江東民戶殷盛，
　　　風俗峻刻，強弱相陵，奸吏蜂起，符書一下，文攝相續。又罪及比
　　　伍，動相連坐，一人犯吏，則一村廢業，邑里驚擾，狗吠達旦。

時間已是劉裕登基後第三年，江東局勢已完全穩定，期間亦並無大規模軍事

〔註90〕唐長孺：《三至六世紀江南大土地所有制的發展》，46頁。

〔註91〕《宋書》卷6〈孝武帝紀〉。

〔註92〕蔣福亞：《魏晉南北朝社會經濟史》，75頁。

〔註93〕《南史》卷80〈侯景傳〉。《陳書》卷35〈陳寶應傳〉載：「侯景之亂，……
　　　是時東境饑饉，會稽尤甚，死者十七八，平民男女，並皆自賣，而晉安獨豐
　　　沃。寶應自海道寇臨安、永嘉及會稽、餘姚、諸暨，又載米粟與之貿易，多
　　　致玉帛子女，其有能致舟乘者，亦並奔歸之，由是大致貲產，士眾強盛。」

活動及自然災害。政局穩定之時，堪稱江東大郡的會稽，既已出現如此紛擾不已的狀況，恰因是賦稅大郡，前後徵發不斷，比伍連坐之法直接推動編戶的逃亡。雖然在此後爲謝方明取消，但南朝時期揚州區域的經濟仍處於緩慢發展狀況〔註94〕。

此後至孝武帝時期，逃亡仍在繼續，《宋書》卷 82〈沈懷文傳〉載：「上又壞諸郡士族，以充將吏，並不服役，至悉逃亡，加以嚴制不能禁。乃改用軍法，得便斬之，莫不奔竄山湖，聚爲盜賊。」孝武帝此次徵發乃將士族免役之特權取消，這在南朝頗值得關注，一直以來眾多前輩學人均指出南朝寒人汲汲於進入士族範圍，其重要原因之一就是免役的特權，這裡孝武帝不但取消了其特權，更使其從事爲其所歧視的武人事業，至由此引發的逃亡雖嚴刑峻法不能止。

三、江南的「亡命」與「逋逃」

在沉重的經濟負擔下，大量編戶選擇逃亡，自以上諸上書可知，逃亡在揚州境內基本上從未間斷。在這整個過程中，一方面是編戶數量的減少，另一方面則是流亡人群的增加，在三吳浙東地區，「亡命」群體的存在不是一個偶然現象，逐漸成爲社會無法忽略的問題，並逐漸威脅到地方的治安。

《晉書》卷 75〈范汪傳附子寧傳〉載范寧上書云：「凡荒郡之人，星居東西，遠者千餘，近者數百，而舉召役調，皆相資須，期會差違，輒致嚴坐，人不堪命，叛爲盜賊。是以山湖日積，刑獄愈滋。」這裡明確指出役調造成的叛逃問題，雖然所指爲荒郡，然在「東土役重」的情況下即可推知揚州境內的狀況，這裡聊舉數條，藉以說明揚州境內的亡命與逋逃狀況。

東陽郡	《晉書》卷 83〈江逌傳〉：「以家貧，求試守，爲太末令。縣界深山中，有亡命數百家，恃險爲阻，前後守宰莫能平。」
會稽郡	《梁書》卷 3〈武帝紀〉：「山賊聚結，寇會稽郡所部縣。」〔註95〕
	《梁書》卷 44〈太宗十一王傳·南郡王大連傳〉：「三年，會稽山賊田領群聚黨數萬來攻，大連命中兵參軍張彪擊斬之。」

〔註94〕《宋書》卷42〈王弘傳〉載其元嘉六年上書云：「閭伍之防，亦爲不同。謂士人可不受同伍之謫耳，罪其奴客，庸何傷邪？」據此可知，比伍連坐爲當時通行之法，謝方明雖以自身地位更改一郡之法，也必然隨其調任而恢復。
〔註95〕唐長孺先生指出此山賊應爲聚居山林的逃亡農民武裝組織，詳見《三至六世紀江南大土地所有制的發展》，49 頁。

臨海郡	《南齊書》卷 29〈周山圖傳〉：「初，臨海亡命田流，自號「東海王」，逃竄會稽鄞縣邊海山谷中，立屯營，分佈要害，官軍不能討。」
新安郡	《宋書》卷 83〈吳喜傳〉：「昔大明中，黟、歙二縣有亡命數千人，攻破縣邑，殺害官長，劉子尚在會稽，再遣主帥，領三千精甲水陸討伐，再往失利。」
	《梁書》卷 15〈謝朓附弟子覽傳〉：「九年夏，山賊吳承伯破宣城郡，餘黨散入新安，叛吏鮑敘等與合，攻沒黟，歙諸縣，進兵擊覽。」
永嘉郡	《梁書》卷 53〈良吏傳・范述曾傳〉：「出為永嘉太守。為政清平，不尚威猛，民俗便之。所部橫陽縣，山谷嶮峻，為逋逃所聚，前後二千石討捕莫能息。述曾下車，開示恩信，凡諸凶黨，繈負而出，編戶屬籍者二百餘家。」
吳興郡	《宋書》卷 48〈朱齡石傳〉：「喪亂之後，武康人姚係祖招聚亡命，專為劫盜，所居險阻，郡縣畏憚不能討。」
	《宋書》卷 100〈自序・雲子弟田子傳〉：「既兵荒之後，山賊競出，攻沒城郭，殺害長吏，田子隨宜討伐，旬日平殄。」

此類記載眾多，範圍遍佈吳會地區，可知，幾乎在整個揚州境內，除丹陽郡為都城所在外，其他地區郡存在此類大大小小的屯聚。這種動輒數百家的「亡命」，其規模應均在千人以上，究其由來，應誠如唐長孺先生論斷來自編戶。其性質僅為據險自保，然因無穩定生產條件，抄略之事在所難免。此類屯聚的廣泛存在，一方面直接導致編戶數量的減少，同時不但危及附近社會的穩定，亦一定程度上影響了正常的社會生產。與淮河流域及北面的「亡命」不同，他們較少出現主動攻擊郡縣，甚至產生主宰地方行政的欲求。也正因如此，雖然其分佈地點距離建康密邇，在一定時期內的能夠穩定存在。

東晉時期，揚州境內的豪強蔭蔽狀況極為嚴重，此點前人多有論述，這種狀況對於編戶流失所起的作用亦不容忽視。

> 晉自中興以來，治綱大弛，權門并兼，強弱相淩，百姓流離，
> 不得保其產業。桓玄頗欲釐改，竟不能行。公既作輔，大示軌則，
> 豪強肅然，遠近知禁。至是會稽餘姚虞亮復藏匿亡命千餘人。公誅
> 亮，免會稽內史司馬休之。〔註96〕

這種千餘人規模的蔭庇，在東晉時期有理由相信是較為常見的，大量編戶因於私門，從戶籍中憑空消失，直接削弱政權的財政收入。但這僅是東晉時期的狀況，南朝劉宋自劉裕殺虞亮始，政治實力有了長足的提高，而對東晉「治綱大弛」的狀況加以釐正是可以確定的，豪門的蔭蔽自是不可能杜絕，然亦

〔註96〕《宋書》卷 2〈武帝紀中〉。

絕不能如東晉時期之猖獗。

　　沉重的稅賦勞役負擔，導致編戶的赤貧化〔註97〕，隨之在揚州境內的頻繁的自然災害，所導致的大量在籍戶口死亡或流移，在東晉南朝時期幾乎從未斷絕，甚至在一定時期內直接導致經濟的停頓。梁武帝時期賀琛上書抨擊時政就曾指出這一點：

> 東境戶口空虛，皆由使命繁數。夫犬不夜吠，故民得安居。今大邦大縣，舟舸銜命者，非惟十數。復窮幽之鄉，極遠之邑，亦皆必至。每有一使，屬所搔擾；況復煩擾積理，深為民害。駑困邑宰，則拱手聽其漁獵；桀黠長吏，又因之而為貪殘。縱有廉平，郡猶掣肘。故邑宰懷印，類無考績，細民棄業，流冗者多，雖年降復業之詔，屢下蠲賦之恩，而終不得反其居也。〔註98〕

南朝梁武帝時期50餘年稱為安定，眾多治史者均指出，這一時期江南經濟應獲得長足的發展。然賀琛上書指出了當時江南核心區域——揚州的經濟狀況，《通鑑》記此事在梁武帝大同元年（535）〔註99〕，此正為武帝在位最為穩定的時期。這裡明確指出由於使命往來對「東境」騷擾，官吏藉此增加額外稅收成為「細民」的沉重負擔，由此流亡遂至戶口空虛的程度，這裡所說的「東境」在南朝頻繁提及，其區域基本涵蓋三吳浙東地區。這裡賀琛所說為使者往來的擾民，具體應屬於雜稅一項。而南齊後期梁武帝舉兵時，〈東昏侯紀〉所載則基本關注勞役一項：

> 上自永元以後，魏每來伐，繼以內難，揚、南徐二州人丁，三人取兩，以此為率。遠郡悉令上米準行，一人五十斛，輸米既畢，就役如故。又先是諸郡役人，多依人士為附隸，謂之「屬名」，又東境役苦，百姓多注籍詐病，遣外醫巫，在所檢占諸屬名，並取病身。凡屬名多不合役，止避小小假，並是役蔭之家。凡注病者，或已積年，皆攝充將役。又追責病者租布，隨其年歲多少。銜命之人，皆給貨賂，隨意縱捨。又橫調徵求，皆出百姓。〔註100〕

〔註97〕　《南齊書》卷64〈陸慧曉傳附顧憲之傳〉載：「山陰一縣，課戶二萬，其民貲不滿三千者，殆將居半，刻又刻之，猶且三分餘一。」

〔註98〕　《梁書》卷38〈賀琛傳〉。

〔註99〕　《資治通鑑》卷159梁武帝大同元年條。

〔註100〕　《南史》卷5〈廢帝東昏侯紀〉。《宋書》卷64〈鄭鮮之傳〉載：「前年劫盜破廣州，人士都盡。三吳心腹之內，諸縣屢敗，皆由勞役所致。」

東昏侯在位自永元元年（499）到三年，亦即在此三年時間揚州及南徐州境內勞役之苦已經達到前所未有的程度。〔註101〕此前東晉時即曾指出「東境役苦」，百姓逃難至廣州的事跡，這裡雖未描述逃亡，想來由此引發的逃亡亦不在少，而這裡卻突出了另外一個現象：注籍詐病，然雖注入病籍，猶難逃勞役，基本可以據此得知，在揚州、南徐州境內，詐病的現象極為普遍，而病身仍需赴役亦可知，正常編戶所受勞役之苦。此項負擔之沉重在揚州終五朝未變，相對於賀琛所說之雜稅，勞役引發的逃亡恐遠過之。

　　三吳及浙東地區，一直是建康的財政根基。這種單一性的財政寄託，無疑加重了當地居民的負擔，雖然這一區域相對富足，然由此導致的編戶赤貧化及生活的困苦是難以避免的。蕭齊武帝時期，竟陵王子良上書云：

> 三吳奧區，地惟河、輔，百度所資，罕不自出，宜在蠲優，使其全富。而守宰相繼，務在哀剋，圍桑品屋，以准訾課。致令斬樹發瓦，以充重賦，破民財產，要利一時。東郡使民，年無常限，在所相承，准令上直。每至州臺使命，切求懸急，應充猥役，必由窮困。乃有畏失嚴期，自殘軀命，亦有斬絕手足，以避徭役。生育弗起，殆為恒事。守長不務先富民，而唯言益國，豈有民貧於下，而國富於上邪？〔註102〕

竟陵王子良在這裡首先突出了三吳地區的地位，這裡其所指之三吳，應為廣義之三吳，即吳地與浙東地區統稱。「百度所資，罕不自出」，突出了建康幾乎所有的財政及生活需求均依賴此地，同時也指出了使這一地區保持富足的必要性。然而徵稅之苛刻乃至「圍桑品屋，以准訾課」，此為正稅，在南朝此屬「調」的範疇，九品定課乃至如此，宋時周朗對徵稅之法有更形象的描述：

> 又取稅之法，宜計人為輸，不應以訾。云何使富者不盡，貧者不蠲。乃令桑長一尺，圍以為價，田進一畝，度以為錢，屋不得瓦，皆責訾實。民以此，樹不敢種，土畏妄墾，棟焚榱露，不敢加泥。

〔註101〕《宋書》卷54史臣曰：「荊城跨南楚之富，揚部有全吳之沃，魚鹽杞梓之利，充仞八方，絲綿布帛之饒，覆衣天下。而田家作苦，役難利薄，亙歲從務。」

〔註102〕《南齊書》卷40〈武十七王傳‧竟陵文宣王子良傳〉。《宋書》卷82〈周朗傳〉載：「重以急政嚴刑，天災歲疫，貧者但供吏，死者弗望埋，鰥居有不願娶，生子每不敢舉。」

> 豈有剝善害民，禁衣惡食，若此苦者。方今若重斯農，則宜務削茲
> 法。〔註103〕

此為南朝徵調之法，可知九品相通以定資產，並據此定調，達到何種程度。前揭竟陵王子良所述勞役部分，乃至編戶福手福腳以避之，而東昏侯時期注籍詐病恰與之呼應，只是這種方式並不能逃脫勞役，遂不得不斬手足。〔註104〕

揚州及南徐州均為都城建康直接依賴地區，〔註105〕這種單一性的依賴遂至賦稅偏重，勞役日增。賦稅之重乃至貧民磬其家，勞役之繁乃至編戶廢其業。自殘軀體、生子弗育事跡可以推斷已經成為現象，而如此困苦的狀態對於戶口的增加經濟的發展無疑起到嚴重的阻礙作用。為求生存，百姓逃亡從未間斷，或嘯聚山林或流為浮浪人。究其根源，皆出於建康對這一區域的過分依賴，這直接成為阻礙揚州經濟發展的暗礁。「八屬近縣，既在京畿，發借徵調，寔煩他邑，民特尤貧，連年失稔，草衣藿食，稍有流亡。今農政就興，宜蒙賑給，若逋課未上，許以申原。」〔註106〕終整個南朝時期，這種依賴狀況未變，而三吳浙東地區的經濟發展亦只能蹣跚前進，偶遇自然災害，甚至出現急劇倒退的狀況。

涉及東晉南朝經濟，莫不首稱三吳浙東，自《宋書·州郡志》留下大明八年記載，亦可知此地戶口較之其他地區遠為稠密。然而正是這種富足及地處京郊，使其直接成為都城建康的財政依託，沉重的賦稅雜稅，頻繁的勞役促使此地居民急劇走向赤貧化，加之頻繁的自然災害，百姓死傷塗地、流離失所。建康的城市規模及居民數量與日俱增，耗費亦有增無減，故對這一區域的徵發亦不斷增加，編戶數量的減少只會增加在籍戶口的經濟負擔，這種惡性循環推動著揚州居民的逃亡規模。逃亡的持續，一方面反映了負擔的沉重，同時，嘯聚山林的「亡命」也一定程度的影響周邊的農業生產。這裡並非指出揚州經濟因為這種經濟負擔的沉重而倒退，只是指出其經濟發展的困

〔註103〕《宋書》卷82〈周朗傳〉。
〔註104〕《梁書》卷8〈昭明太子傳〉載：「吳興郡屢以水災失收，有上言當漕大瀆以瀉浙江。中大通二年春，詔遣前交州刺史王弁假節，發吳郡、吳興、義興三郡民丁就役。」
〔註105〕《晉書》卷77〈諸葛恢傳〉載：「臨行，（元）帝為置酒，謂曰：『今之會稽，昔之關中，足食足兵，在於良守。以君有莅任之方，是以相屈。四方分崩，當匡振圮運。政之所先，君為言之。』」
〔註106〕《南齊書》卷40〈竟陵王子良傳〉永明四年上書。

難與緩慢〔註107〕。而這些均源於建康政權對這一區域的依賴，而這種依賴又源於建康政權的揚州地方化及其政治輻射範圍受限制所致。財政來源的單一嚴重限制了江南的經濟發展，編戶的逃亡直接促使了經濟負擔的進一步加重，東晉南朝時期建康政權持續的財政困境皆源於此。三吳依然貧罄，建康自不可能獨富，這種經濟的內循環使南朝政權的發展在很大程度上受到限制，外有北朝虎視，內有軍鎮躁動，頻繁的政變，加之財政的長期困頓，建康政權在蹣跚中尋求生存，舉步維艱，而經濟的危機每每直接成為軍鎮舉兵顛覆建康政權的契機。

第三節　南朝建康的社會危機
——以建康士族貧困問題為中心

　　自東晉立國江東，北方南下之士族，紛紛進入建康及其附近地區。經東晉跨南朝，門戶制度逐漸嚴格化〔註108〕，定居於建康的士族，依賴社會地位獲取政治地位的出仕途徑，已經為社會乃至各政權所接受，也正是這一背景，使定居於建康的士族逐漸放棄了其它謀生手段而完全依賴於為官取俸。這樣東晉從社會結構上出現了一個特殊群體——建康僑姓貴族社會，他們遠離鄉里，漢末以來依賴鄉里基礎出仕的狀況被改變，在政治結構中，晉元帝政權對僑姓的依賴，使他們直接成為皇帝藉以與吳姓士族抗衡與聯合的砝碼。雖然進入南朝士族在政權中的地位有所改變，但不可迴避官僚群體中士族的比例仍然較高，這就促使這樣一個特殊群體在建康長期存在，沒有鄉里基礎，雖然東晉為之僑置舊郡；沒有財富基礎，還鄉占田不再為其關注。由此演變為一群職業官僚群體，以出仕為其終極價值，以獵官為其生活主要內容。

　　南朝時期由於頻繁發生的內亂和北伐，致使建康財政受到極大影響，東晉時俸祿穩定的狀態在這一時期難以維持，財政的長期困頓直接影響到百官俸祿，而這又間接影響到士族生活來源。在這樣的背景下，賴俸祿而食的高

〔註107〕唐長孺在《三至六世紀江南大土地所有制的發展》中指出：「經過了三百年，江南戶籍上戶口雖有一些增加，但增加是很微的。這主要是由於人民的逃亡和依附於私門。」31頁。

〔註108〕詳見唐長孺〈南朝寒人的興起〉，收於《魏晉南北朝史論叢續編》，中華書局，2011年，107～140頁。

門，在生活上逐漸走向貧困，這一狀況同時又導致政治的腐化並影響到士族的政治態度，在南朝的政治生活中產生極深遠的影響。

目前學界對士族群體的研究已相對較多，但對其生活狀況的關注不足，僅呂思勉先生在《兩晉南北朝史》中對其貧困狀況稍有涉及，指出因生活靡費造成之不足，提出士族厚自封殖乃至流於吝嗇均出於此因，而對這一群體生活來源的單一著墨不多，及由此產生的影響亦缺乏關注。〔註109〕日本學者吉川忠夫在〈梁の徐勉の「誡子書」〉一文中，〔註110〕以徐勉之「誡子書」為中心，對南朝士族治產業之態度做了一定考察，並對還資狀況亦有置墨，然對建康士族之俸祿狀況、生活狀態、貧困狀況以及由此引起的南朝吏治上的問題涉及不足。中村圭爾在〈六朝貴族制與官僚制〉一文中探討了東晉南朝「家貧」與「外任」間的關係。〔註111〕目前對南朝俸祿狀況研究較多的，國內主要以黃惠賢、陳鋒主編的《中國俸祿制度史》為主，〔註112〕其中魏晉南北朝時期的俸祿狀況，何德章在其中都給予了較為詳細的考察。日本學者中村圭爾對東晉南朝俸祿狀況也給予了較多關注，並在〈晉南朝における官人の俸祿について〉（上、下）對這一時期的俸祿狀況作出較為詳細的探討。〔註113〕在考察俸祿問題上，對於俸祿與生活消費之間的聯繫，及官僚倚俸祿而食，具體的生活狀況都未能深入。

在南朝士族觀念中，「清」成為其價值觀念中最具主題的部份，而對於「清」的重要評價標準就是對物質欲望的態度，日本學者渡邊信一郎指出，「清」具有重要的三個標準：1、俸祿的賞賜與散施；2、產業的經營上表現為不營產業；3、家無餘財。〔註114〕這固然體現士族對「清」名的獲得，並與其出仕目的直接相關，以及居官後的名聲，但卻產生一個不可迴避的問題──生活狀況的慘淡，即貧困問題。

〔註109〕呂思勉：《兩晉南北朝史》，上海古籍出版社，1983 年，1051～1052 頁。

〔註110〕（日）吉川忠夫：〈梁の徐勉の「誡子書」〉，《東洋史研究》第 54 卷第 3 號，387～410 頁。

〔註111〕（日）中村圭爾：〈六朝貴族制與官僚制〉，收於谷川道雄主編《魏晉南北朝隋唐史學的基本問題》，中華書局，2010 年，162 頁。

〔註112〕黃惠賢、陳鋒主編，《中國俸祿制度史》，武漢大學出版社，2005 年。

〔註113〕（日）中村圭爾：〈晉南朝における官人の俸祿について〉（上、下），分別載於《人文研究》第 30 卷第號 9 與第 31 卷第 8 號。

〔註114〕渡邊信一郎：《中國古代國家の思想構造》第三章〈清──六朝隋唐國家の社會編成論〉，校倉書房，1994 年，122 頁。

　　士族一直以來是建康最受關注的群體，他們的奢靡生活以及規模龐大的莊園經濟成爲吸引歷來研究者的亮點，〔註115〕然極少有人關注過建康士族的生活來源問題，在這種繁榮的背後，是大量士族日常生活貧困的狀況。對於南朝建康士族賴俸祿爲生而致貧困之狀況，褚淵之經歷尤爲顯著：

> 　　南齊褚淵，初仕宋爲中書令，與尚書令袁粲同輔幼主。淵同心
> 理庶事，當奢侈之後，務弘儉約，百姓賴之。武帝時，歷司空、錄
> 尚書。及薨，家無餘財，負債至數十萬。〔註116〕

褚淵的仕途經歷，於南朝官僚等級中幾無以復加，在建康奢侈之風盛行之背景下，獨「務弘儉約」，而至其死時尤「負債數十萬」，以褚淵官位之顯赫、生活之儉樸，猶不能免於負債累累，則其餘士族之生活狀況可知。

　　東晉初年，士族南下多定居於建康，然星羅於東土之士族亦大有人在，這裡所討論之士族，僅爲定居於建康之群體，題中指出研究對象爲建康士族，此一名稱頗難界定，這裡姑且採用前人看法，而將研究主要確定在僑姓士族定居於建康者，部份吳姓舊族出仕建康後，數代定居建康並逐漸與原籍疏遠者亦可納入其中。考察他們的生活狀況，貧困問題及其成因乃至對南朝吏治的影響，以及由此引起的在南朝士族親友範圍內的救濟問題。

一、南朝建康士族生活貧困的狀況

　　東晉初年中原衣冠南下，規模龐大，直接成爲東晉立國江東的基礎，正因如此，晉元帝充分吸收此類人進入政權。隨著時間的推移，建康僑姓士族規模也逐漸壯大，圍繞建康建立起一個穩固的士族社會。此前諸前輩學人在涉及士族社會時，往往關注其奢華的聚會活動，食必方丈的生活以及牛羊成群、閉門而生活所需已足的莊園經濟一面，卻較少關注居於建康衣不蔽體、食不果腹的另一群士族。而在南朝社會，由於士族群體的龐大，此類掙扎於生存線的貧困士族相對於東晉比例逐步增大，其中亦不乏王謝諸高門貴族。

〔註115〕對此呂思勉在《兩晉南北朝史》第十九章第二節〈豪貴侈靡〉中有較多論述，1024～1045 頁。另王伊同在《五朝門第》第八章第三節〈奢汰之風〉中亦有涉及。中華書局，2006 年，265～272 頁。

〔註116〕宋‧王欽若著：《冊府元龜》卷 310〈宰輔部三‧清儉〉，中華書局，1960年，3661 頁。另《南齊書》卷 33〈張緒傳〉載：「緒口不言利，有財輒散之。清言端坐，或竟日無食，門生見緒飢，爲之辨澹，然未嘗求也。」602頁。張緒爲吳郡張茂度之子，於蕭齊時期地位頗顯，而猶至「竟日無食」之狀況。

東晉南朝諸史中頻頻出現對此類人貧困狀況的記載，這使治史者乃不能忽略其存在。

士族生活中的貧困狀況自東晉時期就已露端倪，西晉時幾乎從未有過的高門顯貴居貧的狀況在逐漸出現。王蒙貴為晉哀帝岳父，仍然「居貧，帽敗，自入市買之，嫗悅其貌，遺以新帽，時人以為達。」〔註117〕到南朝遂更為嚴重，宋文帝時，袁皇后家族亦不免如此。「上待后恩禮甚篤，袁氏貧薄，后每就上求錢帛以贍與之，上性節儉，所得不過三五萬、三五十匹。」〔註118〕袁氏為南朝高門，位為后族尚不免貧困。

> 袁粲字景倩，陳郡陽夏人，太尉淑兄子也。父濯，揚州秀才，蚤卒。祖母哀其幼孤，名之曰愍孫。伯叔並當世榮顯，而愍孫饑寒不足，母琅邪王氏，太尉長史誕之女也，躬事績紡，以供朝夕。〔註119〕

這裡描述了南朝部分高門的生活狀況。陳郡袁氏之顯貴，袁粲母更出自琅邪王氏，猶貧寒至此。現略舉數條南朝士族貧困事例如下：

> 宋（孔琳之任御史中丞）又領本州大中正，遷祠部尚書。不治產業，家尤貧素。〔註120〕

> （孔覬）不治產業，居常貧罄，有無豐約，未嘗關懷。〔註121〕

> 江湛，為吏部尚書。家甚貧約，不營財利，餉饋盈門，一無所受，無兼衣餘食。〔註122〕

> 齊（劉）善明家無遺儲，唯有書八千卷。太祖聞其清貧，賜滌家葛塘屯穀五百斛。〔註123〕

> （王）延之清貧，居宇穿漏。〔註124〕

〔註117〕唐・房玄齡等：《晉書》卷93〈外戚・王蒙傳〉，中華書局，1974年，2418頁。卷92〈文苑・李充傳〉載：「征北將軍褚裒又引為參軍，充以家貧，苦求外出。」2390頁。對於東晉士族的貧困，晉書中多有記載，不一一列舉。

〔註118〕梁・沈約：《宋書》卷41〈后妃・文帝袁皇后傳〉，中華書局，1974年，1284頁。

〔註119〕《宋書》卷89〈袁粲傳〉，2229頁。

〔註120〕《宋書》卷56〈孔琳之傳〉，1564頁。

〔註121〕《宋書》卷84〈孔覬傳〉，2155頁。孔覬孝武帝世長期外任軍府長史。

〔註122〕《宋書》卷71〈江湛傳〉，1849頁。《冊府元龜》卷462〈臺省部六・清儉〉對此亦有記載，5499頁。《宋書》本傳記載江湛「嘗為上所召，值浣衣，稱疾經日，衣成然後赴。」1849頁。

〔註123〕梁・蕭子顯：《南齊書》卷28〈劉善明傳〉，中華書局，1973年，527頁。

〔註124〕《南齊書》卷32〈王延之傳〉，585頁。

　　　　梁（任）昉不治生產，至乃居無室宅。世或譏其多乞貸，亦隨
　　復散之親故。〔註125〕

　　　　（沈）顗素不治家產，值齊末兵荒，與家人並日而食。〔註126〕
其餘若宋之王弘、羊玄保、顏延之、劉延孫等，齊之庾杲之、周顒、蕭坦之、
王智深、張融、〔註127〕裴昭明等，梁之范雲、張稷、周捨、王僧孺、江革等，
陳之蔡景歷、殷不害、顏晃等，這種貧困至難以度日之士族並非個案，可以
認爲在建康士族中爲貧窮所困之人已具備一定規模。永初元年夏六月劉裕下
詔：「百官事殷俸薄，祿不代耕。雖國儲未豐，要令公私周濟。」〔註128〕正常
狀況下俸祿即難以支持官員的日常生活，這裡可知「祿不代耕」的狀況在晉
末宋初是一個相對普遍的狀況。爲官領俸爲士族唯一認可的生存途徑，而俸
祿的不穩定更使此中部分人面臨生存危機，這裡並非指此時建康士族生活均
難以度日，只是認爲其中很大部分人在仕途獲得保障而生活並未因此得到保
障的情況下，出現了生存危機。張榮強曾指出：「但是在東晉南朝財政困窘的
情況下，最貧困的莫過於那些中央官員，他們所能依賴的僅是國家發放的微
薄俸祿，即使連貴爲宰相的尚書令、僕射也有『祿不代耕』之虞。」〔註129〕
徐勉誡子書云：

　　　　吾家世清廉，故常居貧素，至於產業之事，所未嘗言，非直不
　　經營而已。薄躬遭逢，遂至今日，尊官厚祿，可謂備之。〔註130〕
值得注意的是，徐勉雖稱其「尊官厚祿，可謂備之」的榮顯，然卻無法迴避
「常居貧素」的尷尬。據此亦可知，建康官員若僅依俸祿而食，則無法擺脫
窮困私門的狀況。

　　　　江泌字士清，濟陽考城人也。父亮之，員外郎。泌少貧，晝日
　　斫屧，夜讀書，隨月光握卷升屋。性行仁義，衣弊，恐虱饑死，乃
　　復取置衣中。數日間，終身無復虱。母亡後，以生闕供養，遇鮭不

〔註125〕唐・姚思廉：《梁書》卷 14〈任昉傳〉，中華書局，1973 年，254 頁。
〔註126〕《梁書》卷 51〈處士傳・沈顗傳〉，745 頁。
〔註127〕《南齊書》卷 41〈張融傳〉載齊高帝即位後賜張融衣詔：「見卿衣服粗故，
　　　　誠乃素懷有本。交爾藍縷，亦虧朝望。今送一通故衣，意謂雖故，乃勝新也。
　　　　是吾所著，已令裁減稱卿之體。並履一量。」727 頁。此處所列舉其餘諸人，
　　　　均詳見宋齊梁陳各書本傳。
〔註128〕《宋書》卷 3〈武帝紀下〉，54 頁。
〔註129〕張榮強：〈梁陳之際的「祿米」制度〉，《中國農史》2009 年第 3 期，64 頁。
〔註130〕《梁書》卷 25〈徐勉傳〉，383 頁。

忍食。食菜不食心，以其有生意也。〔註131〕

這是對建康居官士族貧困生活比較形象的描述，濟陽考城江氏於南朝齊時頗爲貴顯，江亮之尚居員外郎之職，而其子江泌竟貧至借月光以夜讀。從這裡可以得知，在建康部分士族過著奢侈浮華的生活時，另外卻也存在很大一群掙扎在生存線的高門。

建康百官之生活狀態以齊之門下省爲例，生活均極爲貧困。齊初張瓌爲侍中時，「時集書每兼門下，東省實多清貧，有不識瓌者。常呼爲散騎。」〔註132〕案在南朝齊時「東省」即爲散騎省，〔註133〕亦即集書省，時門下省機構已頗爲簡略，設侍中、侍中祭酒、給事黃門侍郎，〔註134〕集書省設散騎常侍、散騎侍郎、給事中、奉朝請、駙馬都尉等職，南朝時期門下省與散騎省均爲內省，設于禁中，故與皇帝頗爲親近，門下省諸職亦因此頗受看重，爲士族趨騖之所。時散騎省雖已分離於門下省，然亦多兼領，故於此合而論之。二省諸職在整個南朝時期多用以爲加官，獲此類加官者，一般均爲朝中頗具地位及影響之人：以侍中爲例，南朝四代此職爲執政所領，《十七史商榷》卷60〈到漑顯貴〉：

> 梁書論云：「漑遂顯貴。」案漑官至侍中、散騎常侍。黃門侍郎
> 與散騎常侍侍郎，當時以爲黃散，徐羨之委蔡廓典選，令其專主，
> 不必關白，則非顯貴，其顯貴在侍中耳。〔註135〕

侍中之職一直爲南朝士族所趨騖，爲「清官」職位中近於無以復加之地位，然貴爲門下省眾官之首的侍中，在「東省實多清貧」之背景下，張瓌猶不免爲清貧所困。集書省其餘諸職，亦基本均爲宰相加官，透過集書省亦可得知南朝高層官僚的生活水平。齊武帝時期，這種狀況甚至大面積影響建康百官，「永明中，御史中丞沈淵表百官年登七十，皆令致仕，並窮困私門。」〔註136〕齊建康的百官致仕之後均不免貧困，也指出了建康士族貧困狀況之規

〔註131〕《南齊書》卷55〈孝義傳·江泌傳〉，965頁。

〔註132〕唐·李延壽：《南史》卷31〈張裕傳附永子瓌傳〉，中華書局，1975年，813頁。該史料《冊府元龜》卷462〈臺省部·清儉〉亦有記載，5223頁。

〔註133〕《南齊書》卷16〈百官志〉載：「自二衛、四軍、五校已下，謂之『西省』，而散騎爲『東省』。」326頁。

〔註134〕《南齊書》卷16〈百官志〉載：「（給事黃門侍郎）亦管知詔令，世呼爲小門下。」

〔註135〕清·王鳴盛：《十七史商榷》卷60〈到漑顯貴〉，上海書店，2005年，475頁。

〔註136〕《南齊書》卷6〈明帝紀〉，86頁。同書卷32〈張岱傳〉載張岱語：「若以家

模。呂思勉在論及南朝士族吝嗇之風時指出：「案當時士夫，家口率多，江南士夫，又無田業，惟資俸祿以爲食，其患不足，理固宜然。」〔註137〕這裡所指貧困，並非指所有建康士族均如此，然自其收入狀況而言，可知其中不少人生活爲貧窮所困。

二、士族生活陷入貧困的原因

自晉室遷居江東，南下士族或定居於建康，或散落於三吳浙東地區，這種居住空間上的不同，導致其生活取向的差異。定居於三吳浙東地區之士族，都或多或少佔有一定量的土地，往往對於資產較爲關注；生活於建康之士族則更注重仕途發展，而對產業的經營較少，同時對產業的追求也會影響其「清」名得獲得，由此間接影響其仕途的發展。〔註138〕他們對占田失去興趣，倚俸祿而食成爲其生活的可靠來源。東晉時官僚士族之俸祿亦相對較穩定，《晉書》卷75〈范汪傳附子寧傳〉載范甯上書云：

> 夫人性無涯，奢儉由勢。今并兼之士亦多不贍，非力不足以厚身，非祿不足以富家，是得之有由，而用之無節。蒱酒永日，馳騖卒年，一宴之饌，費過十金，麗服之美，不可貲算，盛狗馬之飾，營鄭衛之音，南畝廢而不墾，講誦闕而無聞，凡庸競馳，傲誕成俗。〔註139〕

這裡范甯僅涉及士族生活的奢靡問題，突出了這一時期俸祿的豐厚與穩定。仕途既獲得保證，且起家即爲清顯之職，這就確定其生活來源渠道的穩定。在這種背景下，使這一群體演變爲職業官僚，靠俸祿爲生的特殊人群。〔註140〕而這裡他指出另一狀況，即在高消費的情況下「并兼之士亦多不贍」，因兼併而佔據大量產業者，猶無力維持，則世居於建康以出仕爲務的高門，則更捉襟見肘。

進入南朝，俸祿狀況因受政權財政影響，極爲不穩定，甚至出現長期斷

貧賜祿，此所不論：語功推事，臣門之恥。」581頁。此中雖然有身爲士族自矜的語氣，卻也不能掩蓋貧困的現實。
〔註137〕呂思勉：《兩晉南北朝史》，1051頁。
〔註138〕詳見渡邊信一郎《中國古代國家の思想構造》第三章〈清──六朝隋唐國家の社會編成論〉。
〔註139〕《晉書》卷75〈范汪傳附子寧傳〉，1987頁。
〔註140〕對於東晉南朝時期的俸祿等級及內容，詳見黃惠賢、陳鋒主編《中國俸祿制度史》第三章〈魏晉南北朝時期的俸祿制度〉。

俸的現象，且南朝時期內外官俸祿存在較大差距：「（趙倫之）久居方伯，頗覺富盛，入爲護軍，資力不稱，以爲見貶。」〔註141〕趙倫之所遇之情況恰反映南朝時期內外官俸祿上的差別。久居於建康之士族因習於京師之悠閒，多不願外任，〔註142〕這樣，微薄的俸祿也遏制了他們的生活來源。〔註143〕不僅如此，往往又因爲建康財政的困境，俸祿不能穩定發放。宋文帝時期就因爲軍事危急，而內外百官減俸現象。《資治通鑑》卷135齊武帝永明元年條載：「詔以邊境寧晏，治民之官，普復田秩。」〔註144〕胡三省注云：

> 宋文帝元嘉二十七年（450），有魏師，以軍興減百官奉祿。淮
> 南太守諸葛闡求減俸祿，比內百官，於是諸州郡縣丞尉並悉同減。
> 至明帝時，軍旅不息，府藏空虛，內外百官，並斷奉祿。〔註145〕

從宋文帝減俸到齊武帝恢復田秩三十餘年，長期斷俸必使百官生活陷入窘境。且永明元年恢復俸祿的僅僅爲治民之官，這裡明確指出爲「田秩」，可知恢復俸祿的僅爲外官，據此詔令，似建康百官並未恢復俸祿。於建康有爵位者，其在封國的收入也不免受建康財政影響，「（天監四年）冬，十月，丙午，上大舉伐魏，以揚州刺史臨川王宏都督北討諸軍事，尚書右僕射柳惔爲副，王公以下各上國租及田穀以助軍。」〔註146〕這裡提供了兩個信息：一是國租，即諸有爵位者封地地租收入助軍，雖未名言全部上繳，其比例應不在小；一爲田穀，此即爲外任官的田秩，亦即永明元年恢復的外官田秩亦被收回，此處並未涉及百官俸祿，恰可反證齊武帝時期並未恢復百官俸祿，則建康百官自宋明帝泰始五年至梁武帝天監四年，實行的仍然是宋明帝時期的按

〔註141〕《宋書》卷46〈趙倫之傳〉，1389頁。

〔註142〕《宋書》卷43〈傅亮傳〉載劉裕以傅亮爲東陽太守時，傅亮答云：「伏聞恩旨，賜擬東陽，家貧忝祿，私計爲幸。但憑蔭之願，實結本心，乞歸天宇，不樂外出。」1336頁。

〔註143〕對於南朝的官俸，可參見何德章《中國俸祿制度史》第三章第一節、第二節。

〔註144〕宋・司馬光：《資治通鑑》卷135齊武帝永明元年條，中華書局，1956年，4251頁。

〔註145〕《資治通鑑》卷133宋明帝泰始七年條載：「時淮、泗用兵，府藏空竭，內外百官，並斷俸祿。」4157頁。《宋書》卷8〈明帝紀〉載：「（泰始五年六月）以軍興已來，百官斷俸，並給生食。」164頁。可知自泰始元年至五年，百官在完全斷俸的狀態下，政府連口糧亦不提供。唐・許嵩，《建康實錄》卷14〈太宗明皇帝〉對此亦有記載，中華書局，1986年，513～514頁。

〔註146〕《資治通鑑》卷146梁武帝天監四年條，4552頁。

月領口糧的制度。「大抵自侯景之亂，國用常褊。京官文武，月別唯得廩食，多遙帶一郡縣官而取其祿秩焉。」〔註147〕這是對南朝侯景之亂以後至陳，百官生活狀況的概括，僅外官可獲得俸祿，建康百官則只能按月領口糧，恰映證齊武帝永明元年恢復外官田秩之令，期間未聞復內官俸祿，至此或可推斷自宋明帝斷內外百官俸祿，齊武帝永明元年恢復了外官俸祿，至梁武帝天監四年，內官一直無俸。侯景之亂後縱整個陳代，建康百官僅按月領口糧。很難想像長期斷俸情況下建康士族的生活狀況，貧困的種子在這一群體中逐漸萌芽並蔓延。

士族生活來源俸祿之外，土地收入前者前輩學人探討較多，然在描述士族占田及莊園經濟之龐大時，又不免以點概面之嫌，即以個別莊園主之奢華生活概括整個士族群體，故仍有必要對東晉南朝士族占田及莊園狀況聊加敘述。

自東晉至南朝，定居於建康的士族最初既並不汲汲於東部占田，這一看法或與前人相左，後文將對此量加論證。門戶的優勢確保了其出仕道路的平坦，賴俸祿爲生逐漸成爲他們的習慣。也正因如此，士族於外地占田的行爲並不多見。

東晉南朝仍沿用晉之占田令，前人對此早有研究，此一制度保障了士族在土地佔有上的優越性。〔註148〕東晉時定居於建康的士族，大多在東晉政權中出仕，而此類人仍汲汲於東土營田者較少，〔註149〕最爲典型者莫過於王羲之事跡，其與謝萬書云：「比當與安石東遊山海，並行田視地利，頤養閑暇。」〔註150〕此史料多爲前人所採，用以證明建康士族之占田行爲。唐長孺先生曾云：「永嘉亂後許多北方士族遷來江南，他們當然力圖重建田園。」〔註151〕所舉諸例王鑒「無田那得食」之論已遭其弟王惠反駁。謝靈運乃是在建康仕途不如意後退職會稽，不難看出「非田無以立」的想法乃於其仕途無望背景下的逆反心理，且其山墅原型本爲其祖謝玄之遺業。當我們看到謝混「一

〔註147〕唐·魏徵：《隋書》卷24〈食貨志〉，中華書局，1973年，675頁。

〔註148〕唐長孺先生在〈西晉占田制試釋〉一文中對占田制對士族在土地佔有上的特權有詳細論述，收於氏著《魏晉南北朝史論叢》，34～54頁。

〔註149〕詳參唐長孺《三至六世紀江南大土地所有制的發展》。另他在《魏晉南北朝隋唐史三論》中對此亦有涉及，中華書局，2011年，100～109頁。

〔註150〕《晉書》卷80〈王羲之傳〉，2102頁。

〔註151〕唐長孺：《三至六世紀江南大土地所有制的發展》，57頁。

門兩封、田業十餘處」時，其中亦存在謝安、謝琰之遺產。據此知道，江南士族遺產繼承爲單支繼承方式，故同爲謝安之後的謝弘微，父早卒，幼年貧困。在這裡唐先生也承認確實存在很多一直沒有獲得土地的僑人士族。〔註152〕然而在高門占田事跡上，如謝玄的占田，即劉宋時期謝靈運之山墅，實已是謝氏在受到東晉孝武帝排擠，擬退出建康政爭後的行爲。王羲之事跡爲東晉時期主動於外地占田之特例。前揭范甯上書在描述建康士族生活奢靡的同時，亦指出「南畝廢而不墾」的狀況，建康主流士族群體之營田意識已經退化。對於建康士族的這一觀念，毛漢光對此有傑出論斷：「僑姓南渡，與吳姓在南方建立東晉，至隋統一全國，一直離本籍而僑居江南。本身已失去社會基業，從此成爲依附中央政權的官僚人物。以功能主義而言，他們所能貢獻出的力量，是以文才干祿。」〔註153〕他第三篇〈中古家族之變動〉引 Eberhard《征服者與統治者》語：「一個縉紳家族通常有一個鄉村家和一個城市家。」並指出北方大族多屬此種類型。而對於南朝僑姓士族他的概括卻是：「支葉稀疏的家族，一旦加入了統治階層，常常舉家遷入城市，久而久之，與其原籍斷絕關係。這種家族漸漸喪失其原有社會力量及社會性，其子孫僅能憑藉才能干祿時主。若能延綿若干代，則僅爲官僚家族而已，一旦政局轉移，其政治地位影響甚劇。」〔註154〕並列舉數家走向官僚士族的事例。

定居於建康之士族拋棄產業南下以後找到另一生存途徑——爲官。顏之推在論述生活之理想狀態時指出：「生民之本，要當稼穡而食，桑麻以衣。蔬果之畜，園場之所產；雞豚之善，塒圈之所生。爰及棟宇器械，樵蘇脂燭，莫非種殖之物也。至能守其業者，閉門而爲生之具以足，但家無鹽井耳。」〔註155〕然而他在批判南朝士族社會時，指出其弊端恰在於士族的不營產業。「晉朝南渡，優借士族；故江南冠帶，有才幹者，擢爲令僕已下尚書郎中書舍人已上，典掌機要。」〔註156〕士人可以僅憑藉其門戶背景獲得出仕，遂使這一生活來源得到保證，從而使他們放棄了前往外地佔領土地的行爲。

〔註152〕同上，59 頁。

〔註153〕毛漢光：《中國中古社會史論》第四篇〈中古士族性質之演變〉，世紀出版集團，2002 年，100 頁。

〔註154〕毛漢光：《中國中古社會史論》，55 頁。

〔註155〕顏之推：《顏氏家訓》卷 1〈治家第五〉，中華書局，1993 年，43 頁。

〔註156〕《顏氏家訓》卷 4〈涉務第十一〉，317 頁。

〔註157〕顏之推對此總結道：

> 江南朝士，因晉中興，南渡江，卒為羇旅，至今八九世，未有
> 力田，悉資俸祿而食耳。假令有者，皆信僮僕為之，未嘗目觀起一
> 墢土，耘一株苗；不知幾月當下，幾月當收，安識世間餘務乎？故
> 治官則不了，營家則不辨，皆優閒之過也。〔註158〕

顏之推生於梁代，對當時建康士族的生活深有體會，而他所描述的建康士族
生活狀態，實沿襲於東晉之舊習。據此可知，生活於建康之士族到梁代已經
蛻化為近於完全依賴俸祿生存的群體，擁有土地之士族止偶而有之。〔註159〕
日本學人守屋美都雄在論及《顏氏家訓》時亦指出對於顏之推而言，當官才
是唯一生存手段。〔註160〕這種現象並非至梁代方出現，《宋書》卷 92〈良吏
傳‧江秉之傳〉載：「人有勸其營田者，秉之正色曰：『食祿之家，豈可與農
人競利。』」〔註161〕江秉之為晉末宋初時人，依賴官俸生存的觀念已然穩固，
建康士族已經開始將自身定位為「食祿之家」，其觀念恰將居官士族與農人分
離為不可逾越之兩類人。劉宋時荀赤松彈劾顏延之強佔民田云：「求田問舍，
前賢所鄙。延之唯利是視，輕冒陳聞，依傍詔恩，拒捍餘直，垂及周年，猶
不畢了，昧利苟得，無所顧忌。」〔註162〕此事在宋文帝後期，值得注意的是
「求田問舍，前賢所鄙」，即在道德上對顏延之營田行為加以貶斥，可知劉宋
時期這已是士族所鄙夷之舉動。據顏延之本傳，此事源於「坐啓買人田，不
肯還直」，然彈糾之辭卻聚焦於其營田行為，而較少關注其強佔之舉。到劉宋
時期建康的高門士族更不能隨意於揚州境內占田，雖然田制規定允許其多占

〔註157〕《顏氏家訓》卷 3〈勉學第八〉載：「梁朝全盛之時，貴遊子弟，多無學術，
　　　　　至於諺云：『上車不落則著作，體中何如則祕書。』」148 頁。這也從另一側
　　　　　面反映，南朝高門出仕途徑是有穩固保障的，他們甚至無需勤加學習即可獲
　　　　　得清顯職務。
〔註158〕《顏氏家訓》卷 4〈涉務第十一〉，324 頁。
〔註159〕呂思勉先生在論及此時，亦稱：「然則江南士夫，其於田業，實遠在北方之
　　　　　下。」《兩晉南北朝史》，1060 頁。
〔註160〕守屋美都雄：《中國古代的家族與國家》，上海古籍出版社，2010 年，387 頁。
　　　　　據他分析，顏之推在〈治家篇〉中指出：「江南的朝士僅依存俸祿，而不擁有
　　　　　土地上的基礎，尤其不熱心土地上的經營，他自己所擁有的，也不過只有二
　　　　　十口、二十奴隸、十頃，一旦離開仕途，家族生活就無法維持。」另日本學
　　　　　者吉川忠夫在《六朝精神史研究》第八章〈顏之推論〉一文中，亦對士族占
　　　　　田狀況及貧困狀況有論述。同朋社，1984 年。
〔註161〕《宋書》卷 92〈良吏傳‧江秉之傳〉，2270 頁。
〔註162〕《宋書》卷 73〈顏延之傳〉，1902 頁。

土地。

東晉南朝時期，大抵東部諸郡土地兼併嚴重，此由於建康經濟過分依賴三吳會稽而致數據記載上的偏重，唐長孺先生在〈南朝的屯、邸、別墅及山澤佔領〉及《三至六世紀江南大土地所有制的發展》中多有論述。〔註163〕他曾指出：湘贛、淮南乃至鎮江、常州一帶均不為東晉南朝禮法士族所青睞，故其占田所限之範圍僅在三吳浙東地區〔註164〕。這裡討論建康士人占田思想及行為，故仍以這一區域為探討之對象。此時於東土佔領土地之人群，其成分相對較為複雜，前人在論及南朝大族占田行為時，多將之統稱士族，遂致難以洞悉其原貌，為此須對南朝揚州境內土地兼併問題做一定考察。

南朝時期於東土占田者主體約可分為以下幾類：帝室宗族、吳會地區舊姓、定居於東土之僑姓、地方豪右及朝中倖倖。而定居建康之士族，其占田行為則極為稀見。《宋書》卷57〈蔡興宗傳〉對會稽豪富侵漁百姓狀況做了大體概括：

> 會稽多諸豪右，不遵王憲。又幸臣近習，參半宮省，封略山湖，妨民害治。興宗皆以法繩之。會土全實，民物殷阜，王公妃主，邸舍相望，橈亂在所，大為民患，子息滋長，督責無窮。〔註165〕

其中恰涉及三類人：地方豪右、幸臣近習與王公妃主，在這裡我們沒有看到建康士族高門的身影，以下依次對此數種人加以討論。南朝時期會稽地區土地兼併狀況日益嚴重，梁任昉〈為齊竟陵王世子臨會稽郡教〉云：「富室兼并，前史共蠹；大姓侵威，往哲攸嫉。而權豪之族，擅割山林，勢富之家，專利山海，至乃水稱峻嚴，嚴我君后。」〔註166〕這裡也指出了四種人：富室、大姓、權豪之族、勢富之家。可以確定前兩種均指地方豪右，此類史料俯拾即是，這裡所指出之「權豪之族」則或指南朝得勢之武人，後文詳述，而「勢富之家」亦基本可以確定為會稽郡之地方大族，若孔靈符、虞悰等均於會稽佔有大片土地。〔註167〕《宋書》卷54〈羊玄保傳附兄子希傳〉載揚州刺史西

〔註163〕唐長孺：〈南朝的屯、邸、別墅及山澤佔領〉，收於氏著《山居存稿》，中華書局，2011年，1～26頁。

〔註164〕唐長孺：《魏晉南北朝隋唐史三論》，101～102頁。

〔註165〕《宋書》卷57〈蔡興宗傳〉，1583頁。

〔註166〕唐・歐陽詢：《藝文類聚》卷50〈職官部・太守〉，上海古籍出版社，1982年，905頁。《梁書》卷3〈武帝紀下〉亦載武帝大同七年詔：「如聞頃者，豪家富室，多占取公田，貴價僦稅，以與貧民，傷時害政，為蠹已甚。」86頁。

〔註167〕虞悰事跡見《南齊書》卷37〈虞悰傳〉載：「悰治家富殖，奴婢無游手，雖

陽王子尚上言：

> 山湖之禁，雖有舊科，民俗相因，替而不奉，燒山封水，保為
> 家利。自頃以來，頹弛日甚，富強者兼嶺而占，貧弱者薪蘇無託，
> 至漁採之地，亦又如茲。〔註168〕

唐長孺在採用此條史料時，將「富強者」定位為豪強，〔註169〕則基本可以確定其本土之性質。可以看出，此類史料所指均為地方豪強，無論豪強抑或地方舊族，均屬地方勢力一類，他們才是吳會地區土地兼併的主流，而這其中較少涉及建康貴族，當然這裡不排除建康士族或有於三吳會稽占田之舉，然此類事例相對較少。〔註170〕

「幸臣近習」即為宮省中之佞倖群體，〔註171〕此類人在南朝也具備突出的地域性特點。這一點在《宋書》〈恩倖傳〉、《南齊書》〈幸臣傳〉及《南史》〈恩倖傳〉中都有反映。這裡對南朝史書記載之比較重要的幸臣本籍地稍作統計〔註172〕：

宋	秋當	（南兗州）海陵郡〔註173〕
	周赳	無考
	戴法興	（揚州）會稽山陰
	戴明寶	（南徐州）南東海丹徒

在南土，而會稽海味無不畢致焉。」654 頁。虞氏本為會稽山陰舊族，這裡亦可窺見其產業多布於會稽境內。

〔註168〕《宋書》卷 54〈羊玄保附兄子希傳〉，1537 頁。

〔註169〕唐長孺：《魏晉南北朝隋唐史三論》，103～104 頁。

〔註170〕如盧江何氏之何胤，《梁書》卷 51〈何胤傳〉載其於會稽秦望山起學舍，「山側營田二頃，講隙從生徒遊之。」738 頁。而此前其在若邪山時亦有田產，《南史》卷 30〈何敬容傳〉載：「胤在若邪山嘗疾篤，有書云：『田疇館宇悉奉眾僧，書經並歸從弟敬容。』」799 頁。此皆為何胤隱退東土後之舉動，於建康之士族並不典型。而劉宋時期王鑒占田之舉亦深為弟王惠詬病，《宋書》卷 58〈王惠傳〉載：「兄鑒，頗好聚斂，廣營田業，惠意甚不同，謂鑒曰：『何用田為？』鑒怒曰：『無田何由得食！』惠又曰：『亦復何用食為。』」1590 頁。

〔註171〕張莉莉：《南朝恩倖研究——以南朝正史〈恩倖傳〉（〈幸臣傳〉）為中心》，河北大學歷史系碩士論文，2005 年，文中對南朝恩倖有較多關注。

〔註172〕所據為《宋書》卷 94〈恩倖傳〉、《南齊書》卷 56〈幸臣傳〉及《南史》卷 77〈恩倖傳〉，一些相對重要卻沒有立傳的恩倖，則以其它數據補充。

〔註173〕據《南齊書》卷 46〈陸慧曉傳〉，805 頁。

	徐爰	（南徐州）南琅琊開陽
宋	阮佃夫	（揚州）會稽諸暨
	王道隆	（揚州）吳興烏程〔註174〕
	華願兒	無考〔註175〕
	巢尚之	（兗州）魯郡〔註176〕
	奚顯度	（南徐州）南東海
	楊運長	（南豫州）宣城懷安
齊	紀僧眞	（揚州）丹陽建康
	劉係宗	（揚州）丹陽
	茹法亮	（揚州）吳興武康
	杜文謙	（揚州）吳郡錢塘
	呂文顯	（揚州）臨海
	呂文度	（揚州）會稽
	茹法珍	（揚州）會稽
	徐世標	（豫州）新蔡〔註177〕
	梅蟲兒	（揚州）吳興〔註178〕
梁	周石珍	（揚州）建康
	陸驗	（揚州）吳郡
	徐驎	（揚州）吳郡
	司馬申（跨梁陳兩代）	（北朝）河內〔註179〕
	朱异	（揚州）吳郡

〔註174〕《宋書》卷94〈恩倖傳〉載宋明帝時期幸臣尚有于天寶、壽寂之、姜產之、李道兒諸人，然於宋明帝時期掌權者主要爲阮佃夫、王道隆、楊運長三人，故於表中未列其餘。

〔註175〕華願兒屬地無考，但據記載，他爲閹人，則他本來就在宋宮廷之中，在地域上，應亦歸於建康區域。

〔註176〕據《宋書》卷94〈恩倖・戴法興傳〉，2303頁。

〔註177〕對於徐世標所屬地區，南朝史書未記載，此據《資治通鑑》卷142東昏侯永元元年條，4452頁。

〔註178〕《南史》卷77〈恩倖・茹法珍傳〉，1933頁。

〔註179〕姚思廉：《陳書》卷29〈司馬申傳〉，司馬申亦是數世居於建康，父祖俱任職梁朝。中華書局，1972年。

陳	沈客卿	（揚州）吳興武康
	施文慶	（揚州）吳興烏程〔註180〕
	孔範	（揚州）會稽山陰

從中可以看到南朝諸主政恩倖在地區上的大體分佈。上表總計 28 人，其中屬揚州、南徐州 21 人，另華願兒與司馬申二人亦可歸入揚州區域，這樣掌機要之寒人出於建康基礎區域（揚州、南徐州）所佔比例超過 82%。可知南朝之佞倖群體多出於揚州境內，而此類人多爲地方豪右或與地方豪右相聯繫。

> 陸驗、徐驎，並吳郡吳人。驗少而貧苦，落魄無行。邑人郁吉卿者甚富，驗傾身事之。吉卿貸以錢米，驗借以商販，遂致千金。因出都下，散貲以事權貴。朱异，其邑子也，故嘗有德，遂言於武帝拔之，與徐驎兩人遞爲少府丞、太市令。〔註181〕

郁吉卿之類的地方富家與陸驗這樣的恩倖，即唐長孺先生定位之寒人階層，〔註182〕雖郁吉卿有向建康朝中謀取出仕的取向，然不可否認此類人在建康得勢會出現《宋書》〈蔡興宗傳〉中所指出之封山占湖之舉。

帝室宗族在南朝時期外地占田行爲則最爲突出，前者〈蔡興宗傳〉所載之「王公妃主，邸舍相望」，可知在劉宋中期宗室在東土佔領產業之舉既已頗受關注。齊高帝建元元年詔云：「二宮諸王，悉不得營立屯邸，封略山湖。」〔註183〕可知此時這種情況已相對較爲嚴重。隨後齊武帝時竟陵王子良即有大規模佔領土地之舉，「時司徒竟陵王於宣城、臨成、定陵三縣界立屯，封山澤數百里，禁人樵採，憲之固陳不可，言甚切直。」〔註184〕南朝特別是齊梁以後，宗室占田規模之龐大，齊高帝雖立詔書，猶不能禁止。

建康高門在南朝四代占田之舉可見於史者蓋寡，蕭齊時何胤事跡雖爲一例，然此時何胤已然退出建康，實已定居東土，《南齊書》收其入〈高逸傳〉，

〔註180〕《南齊書》卷 31〈任忠傳附施文慶傳〉明確載其地域，415 頁。《南史》卷 77〈恩倖‧施文慶〉中云「不知何許人」，不知爲何。

〔註181〕《南史》卷 77〈恩倖傳‧陸驗傳〉，1936 頁。

〔註182〕唐長孺在〈南朝寒人的興起〉一文中論述頗詳，收於氏著《魏晉南北朝史論叢續編》。

〔註183〕《南齊書》卷 2〈高祖紀〉，33 頁。

〔註184〕《南史》卷 35〈顧憲之傳〉，924 頁。此後若梁之蕭正德等亦有廣占土地之舉，詳見及《南史》卷 51〈蕭正德傳〉。

其自與建康岌岌於出仕之高門不同。東晉時期諸高門之田業在南朝亦多得繼承，若謝靈運之山墅，梁王騫之田業更是承自東晉王導之賜田，〔註 185〕延續二百餘年左右仍然存在。然東晉之高門進入南朝支系龐大，此類祖業則在建康龐大的士族群體中亦並不典型。

對於東晉南朝之莊園經濟，最為典型且多為前人論及的是謝靈運與孔靈符的莊園。建康之士族群體極為龐大，雖前人早已指出頗治園宅的情況，以及士族莊園生活的奢靡，但士族群體中擁有莊園者卻屬少數，劉淑芬在〈六朝建康的園宅〉一文中對園林狀況及史書明文之園宅總數有統計，根據她的統計，東晉南朝共計園宅 46 處。〔註 186〕雖然其中只涉及位於建康之園宅，但建康士族於吳會地區設立園宅者，亦只謝靈運、孔靈符等聊聊數人，且建康士族自東晉以來已枝繁葉茂，其群體之龐大，已成為建康社會不容忽視的力量，故園宅生活在士族中並不普遍。且園宅分為兩類，一類為奢侈生活之內容，並無出產，此類大多分佈於建康及其附近；另一類則以田地為主，此類大多分佈於吳會地區。謝靈運在〈山居賦〉中區分了兩種莊園性質上的區別：「今所賦既非京都宮觀遊獵聲色之盛，而敘山野草木水石穀稼之事，才乏昔人，心放俗外，詠於文則可勉而就之，求麗，邈以遠矣。」〔註 187〕謝靈運也已指出建康附近之莊園盡為遊玩之所的性質，而劉淑芬所統計之莊園基本上均屬此類，並不以出產為主。這一方面反映建康士族生活的奢華，同時也指出了定居建康的士族，與居住於吳會地區之士族觀念上之差異。南朝時期開殖土地之建康士族亦只沈慶之，其所開創婁湖田園規模極大。以上數人謝靈運自東晉去祖謝玄遷居會稽，已並非長期居住於建康，而孔靈符本為會稽山陰大族，沈慶之為南朝將門，在劉宋時期之建康，他並未進入士族序列。

建康政權頻由藩鎮入主，而軍鎮之武將階層亦隨駕入都，轉而成為新朝勳貴，前人學者多將此類人之驕奢淫逸、聚斂無度並歸於士族群體，則不免

〔註 185〕《梁書》卷 7〈皇后傳・太宗王皇后傳附父騫傳〉，159 頁。

〔註 186〕劉淑芬：〈六朝建康的園宅〉，收於氏著《六朝的城市與社會》，臺灣學生書局，1992 年，123～126 頁。

〔註 187〕《宋書》卷 67〈謝靈運傳〉，1754 頁。另《梁書》卷 25〈徐勉傳〉載其〈誡子書〉云：「中年聊於東田間營小園者，非在播藝，以要利入，正欲穿池種樹，少寄情賞。」384 頁。此亦可看出建康士族領袖徐勉與謝靈運追求上的不同。

偏離事實，呂思勉先生對此加以區分：「武人不知禮儀，所欲者不出於聲色貨利之間，故開創之後，不繼之以文教者，敝俗必不能革……此後貴戚、武人之倫，抑更不足論矣。」〔註188〕實為目光獨到之舉，劉宋時期婁湖營田之沈慶之，恰亦屬此類。

> （柳）元景起自將帥，及當朝理務，雖非所長，而有弘雅之美。時在朝勳要，多事產業，唯元景獨無所營。南岸有數十畝菜園，守園人賣得錢二萬送還宅，元景曰：「我立此園種菜，以供家中啖爾。乃復賣菜以取錢，奪百姓之利邪。」以錢乞守園人。〔註189〕

柳元景雖占田規模有限，然於建康德以占田，亦非一般士族所能為。此時在朝勳貴多為隨孝武帝入都之軍鎮勢力，這裡應可歸入「武人」群體，其廣營產業之舉應較為普遍，故柳元景之特例遂得以記載。居於建康之武將所行既已如此，出於外鎮則更為猖獗，自吳喜事蹟恰可窺知。

> （吳喜）所使之人，莫非姦猾，因公行私，迫脅在所，入官之物，侵竊過半，納資請託，不知厭已。西難既殄，便應還朝，而解故槃停，託云捍蜀。實由貨易交關，事未回展。又遣人入蠻，矯詔慰勞，賧伐所得，一以入私。又遣部下將吏，兼因土地富人，往襄陽或蜀、漢，屬託郡縣，侵官害民，興生求利，千端萬緒。從西還，大艑小艒，爰及草舫，錢米布絹，無船不滿。自喜以下，迨至小將，人人重載，莫不兼資。〔註190〕

吳喜之西討，侵奪公物，剝虐下民，廣行貨貿，聚斂之手段莫不用其極，梁鄧元起之事蹟恰亦與此相似，詳見《梁書》卷10〈鄧元起傳〉。

由以上可知，南朝頻頻出現之占田、治產業、聚斂之舉，其中自是較少見到建康士族。僑族定居建康後對土地的追求實已退化，士族可以憑藉不同的家族地位在政權中直接獲得與之相稱的職務，依賴社會地位獲取政治地位的出仕途徑也逐步穩定。士族的主流價值已開始鄙視營田，並對其他任何修治產業的行為加以抵制。

經商行為這一時期亦為士所抵制，雖然前人對南朝貴族經商行為多有記

〔註188〕呂思勉：《兩晉南北朝史》，1048頁。他將徐湛之、何勗、孟靈休、到撝具歸於功臣之後，而沈慶之、沈攸之、張敬兒、魚弘、羊侃、夏侯夔、孫瑒諸人歸於武人之流。
〔註189〕《宋書》卷77〈柳元景傳〉，1990頁。
〔註190〕《宋書》卷83〈吳喜傳〉，2117～2118頁。

述，然完全正面直指士族之證據較少。〔註191〕目前所存之有限資料雖已難窺其全豹，然零落收之亦可稍見一斑。

> （孔）覬弟道存，從弟徽，頗營產業。二弟請假東還，覬出渚迎之，輜重十餘船，皆是綿絹紙席之屬。覬見之，僞喜，謂曰：「我比因乏，得此甚要。」因命上置岸側，既而正色謂道存等曰：「汝輩忝預士流，何至還東作賈客邪。」命左右取火燒之，燒盡乃去。〔註192〕

孔覬在這裡明確的將士流與賈客對立，呂思勉先生自此事蹟評價道：「當時士大夫，鄙視商業之情形，可以想見。」〔註193〕觀孔覬之態度，亦稍可瞭解士族正統觀念對經商行爲的抵制。此中值得注意之材料爲孝武帝元嘉三十年秋七月詔：「其江海田池公家規固者，詳所開馳。貴戚競利，悉皆禁絕。」〔註194〕此中似指朝中頗具勢力之人，而隨後謝莊遂具此詔更做一上書：

> 詔云「貴戚競利，興貨廛肆者，悉皆禁制」。此實允愜民聽。其中若有犯違，則應依制裁糾。若廢法申恩，便爲令有所屈。此處分伏願深思，無緣明詔既下，而聲實乖爽。臣愚謂大臣在祿位者，尤不宜與民爭利，不審可得在此詔不？拔葵去織，實宜深弘。〔註195〕

呂思勉在論及此事時云：「則當時朝臣逐利之情形，亦與藩王無異也。」〔註196〕而據此史料實不能判斷此制爲盡指朝臣，更重要的是，這裡呂思勉先生將「貴戚」等同於朝臣，恐不免有所偏頗。南朝諸史中對高門從事商賈之行爲記載頗少，而宗王之事例頗多，且此處名言「貴戚」，恐亦有所確指。齊武帝時豫章王嶷上言曰：

> 伏見以諸王舉貨，屢降嚴旨，少拙營生，已應上簡。府州郡邸舍，非臣私有，今巨細所資，皆是公潤，臣私累不少，未知將來罷

〔註191〕呂思勉先生在《兩晉南北朝史》第二十章第三節中對此有論述，另王伊同在《五朝門第》第五章第三節亦對此類史料詳加匯總。

〔註192〕《宋書》卷84〈孔覬傳〉，2155頁。《南史》卷23〈王誕傳附瑩子實傳〉載：「實從兄來郡，就求告。實與銅錢五十萬，不聽於郡及道散用。從兄密於郡市貨，還都求利。及去郡數十里，實乃知，命追之。呼從兄上岸盤頭，令卒與杖，搏頰乞原，劣得免。」623頁。時王實爲新安太守。

〔註193〕呂思勉：《兩晉南北朝史》，1093頁。王伊同在論及此處時亦稱：「蓋豪家巨室，標異立奇。既名忝於士流，肯同乎賈客？」（《五朝門第》，139頁）。

〔註194〕《宋書》卷6〈孝武帝紀〉，112頁。

〔註195〕《宋書》卷85〈謝莊傳〉，2169頁。

〔註196〕呂思勉，《兩晉南北朝史》，1094頁。

州之後，或當不能不試學營覓以自贍。〔註197〕

「屢降嚴旨」恰可見當時宗王營商風氣之猖獗，而在朝廷嚴制之下，蕭嶷猶上書求乞，可知宗王之氣焰。

南朝多有高門外任還京而攜大量實物以求牟利之舉，「（王筠）尋出爲臨海太守，在郡侵刻，還資有芒屩兩舫，他物稱是。」〔註198〕此種貨販卻屬還資一例，東晉南朝時期並未將之歸爲商貿範疇。相對於貧病交加之士族，小規模貨販以求自存的行爲，並非志在鑽營。「（賀琛）伯父瑒，步兵校尉，爲世碩儒……瑒卒後，琛家貧，常往還諸暨，販粟以自給。」〔註199〕呂思勉先生在論及此類事例時將之歸爲「販夫、販婦之倫」。〔註200〕

南朝時期建康士族交遊、談論爲務，以優雅之風相尙，早已放棄修治產業的行爲，諸史對士族不治產業的事跡多有記載，〔註201〕在南朝所謂產業，多以屯、邸、別墅、莊園之類爲主，對此類產業唐長孺在〈南朝的屯、邸、別墅及山澤佔領〉一文中論述已詳，然自其所採史料中亦極少見到久居於建康之高門士族身影。貪斂者亦因此爲士族群體所譏，「（謝）朏居郡每不治，而常務聚斂，眾頗譏之，亦不屑也。」〔註202〕定居建康，仕途平坦使士族在生存途徑上亦發生很大改變，爲官領俸成爲其謀生的正途。而俸祿的微薄甚至長期的斷俸，乃使其最基本之生活亦難以維持，在這種背景下，乃使大量的建康高門生活陷入貧困。

三、俸祿的微薄對南朝吏治的影響

由於士族群體的逐漸增大，自是不能均被吸收入統治序列，南朝百官分

〔註197〕《南齊書》卷22〈豫章文獻王嶷傳〉，412頁。

〔註198〕《南史》卷22〈王筠傳〉，610頁。另《晉書》卷79〈謝安傳〉載：「鄉人有罷中宿縣者，還詣安。安問其歸資，答曰：『有蒲葵扇五萬。』安乃取其中者捉之，京師士庶競市，價增數倍。」2076頁。

〔註199〕《梁書》卷38〈賀琛傳〉，540頁。《梁書》卷33〈王僧孺傳〉載：「僧孺幼貧，其母鬻紗布以自業。」470頁。

〔註200〕呂思勉：《兩晉南北朝史》，1096頁。

〔註201〕劉宋時期之孔琳之、孔覬、顧覬之，齊之丘靈鞠、虞願、裴昭明、劉善明，梁之任昉、蕭琛、沈顗、庾詵、周舍、徐勉、江革、到溉、顧憲之、孫謙、夏侯亶等，呂思勉將之盡歸於清德之士，而其中亦不免爲當時士族風習所染。

〔註202〕《梁書》卷15〈謝朏傳〉，262頁。《晉書》卷79〈謝安傳附萬弟石傳〉載：「石在職務存文刻，既無他才望，直以宰相弟兼有大勳，遂居清顯，而聚斂無饜，取譏當世。」2089頁。士族社會對追名逐利行爲頗爲不屑。

清濁二途，〔註 203〕士族卻只以「清」官爲起家釋褐之起點，則更限制其選擇空間，故建康之在野士族要遠多於居官者。缺少生活來源的他們只有忍饑受餓以保其士族門風，在此過程中他們更須投入大量時間與高門之在位者交遊以獲得聲望，以期實現出仕目標，建康之居官士族已頗受貧窮困擾，而此類在野士族生活狀況自可推知。

前人在研究南朝士族生活時，多涉及其生活之悠閒、奢華，而自諸史所載，自亦不乏此類事例。我們不能否認建康士族中此類人群的存在，然而他們的奢侈生活與建康士族俸祿的微薄卻存在極大矛盾，建康士族僅依賴俸祿生活是無法實現其奢華生活的。那麼他們在不治產業、鄙視經商的背景下，自然必須找到其它生活來源。在這一背景下，可將建康士族分爲三類：固守建康依俸祿而食者，此類人多不免生活貧困；固守建康而廣納饋遺或蓄養門生者，此類人多居於顯官或要職，且生活奢華；居於建康，貧困時即求外任者，此類人多生活豪侈、揮金如土。第一類人此前探討較多，而以褚淵之例最爲突出，以下分別探討後兩類人。

南朝長期定居於建康之高門，一般非爲形勢所困，多不願外任，而貧困往往成爲其外任之重要原因。地方官之收入相對京官要豐厚，故在正史中頻頻出現因家貧求外任的情況，這一現象從東晉至南朝未改。東晉時，「（羅企生）以家貧親老，求補臨汝令。」〔註 204〕至南朝此風更盛，有此經歷者聊舉數例如下：（宋）何尙之、劉斌、王僧達、劉秀之、劉勔、王弘之，（齊）褚炫、沈沖、張融、卞彬、關康之，（梁）蕭介，（陳）張種等，詳見各人本傳。中村圭爾指出：「當時似乎存在一種家貧即可爲郡守的共識，這一共識似乎對獵官活動很起作用，而且可以作爲自己謀求郡守的託詞。」〔註 205〕《南齊書》卷 4〈鬱林王紀〉載永明十一年九月詔云：「東西二省府國，長老所積，財單祿寡，良以矜懷。選部可甄才品能，推校年月，邦守邑丞，隨宜量處，以貧爲先。」〔註 206〕選任外官以貧困者優先，這不免與當時建康士族官僚生活狀

〔註 203〕對於南朝官分清濁的狀況，周一良在〈《南齊書・丘靈鞠傳》試釋兼論南朝文武官位及清濁〉一文有論述，收於《周一良集》第 1 卷《魏晉南北朝史論》，遼寧教育出版社，1998 年。

〔註 204〕《晉書》卷 89〈羅企生傳〉，2322 頁。

〔註 205〕中村圭爾：〈六朝貴族制與官僚制〉，谷川道雄主編，《魏晉南北朝隋唐史的基本問題》，中華書局，2010 年，162 頁。

〔註 206〕《南齊書》卷 4〈鬱林王紀〉，70 頁。

況密切相關。

　　對外任官俸祿之內容及優厚程度，何德章在《中國俸祿制度史》中論述頗詳，總體可分爲祿田、雜供給、送故迎新等方面，〔註207〕其收入較京官豐厚。另因各地的不同，尚有額外收入，梁天監十七年傅昭出任臨海太守時，「郡有蜜巖，前後太守皆自封固，專收其利。」〔註208〕貪婪聚斂之舉在南朝亦較爲普遍。「（蕭）惠開妹當適桂陽王休範，女又當適世祖子，發遣之資，應須二千萬。乃以爲豫章內史，聽其肆意聚納，由是在郡著貪暴之聲。」〔註209〕豫章爲江州首郡，蕭惠開尚得如此肆意聚斂，其它地區可知。

　　在揚州受士族價值之限制，經商尚受到鄙夷，而在其它地區則往往不受此限。《南齊書》卷22〈豫章文獻王傳〉載蕭嶷出任荊州時規定：「二千石官長不得與人爲市，諸曹吏聽分番假。」〔註210〕可知在荊州，地方太守經商行爲較爲普遍。

> （王僧孺）梁天監初，除臨川王後軍記室，待詔文德省。出爲
> 南海太守。南海俗殺牛，曾無限忌，僧孺至便禁斷。又外國舶物、
> 高涼生口歲數至，皆外國賈人以通貨易。舊時州郡就市，回而即賣，
> 其利數倍，歷政以爲常。僧孺歎曰：「昔人爲蜀部長史，終身無蜀物，
> 吾欲遺子孫者，不在越裝。」並無所取。〔註211〕

南海郡地處廣州，此地海外貿易頻繁，地方官據此以爲利者更爲普遍，南朝齊時即有傳言：「廣州刺史但經城門一過，便得三千萬。」〔註212〕然建康之一等高門外任時，亦多不敢涉此途，東海之王僧孺及琅琊王琨均如此。

　　大抵外任官還京述職，多攜鉅額還資。〔註213〕還資，顧名思義乃是外

〔註207〕黃惠賢、陳鋒主編：《中國俸祿制度史》，98～116頁。
〔註208〕《梁書》卷26〈傅昭傳〉，394頁。
〔註209〕《宋書》卷87〈蕭惠開傳〉，2200頁。《宋書》卷81〈劉秀之傳〉載：「梁、
　　　　益二州土境豐富，前後刺史，莫不營聚蓄，多者致萬金。所攜賓寮，並京邑
　　　　貧士，出爲郡縣，皆以茍得自資。」2074頁。
〔註210〕《南齊書》卷22〈豫章文獻王傳〉，407頁。
〔註211〕《南史》卷59〈王僧孺傳〉，1460頁。
〔註212〕《南齊書》卷32〈王琨傳〉，578頁。
〔註213〕對於還資，臺灣學者劉淑芬在〈六朝建康的經濟基礎〉一文中有所論述，並
　　　　將其作爲建康財政來源的重要一源。然而，還資只是以私人的形式彙集建康，
　　　　它所拯救的並不是建康政權的財政，而是建康士族的貧困。收於《六朝的城
　　　　市與社會》。另日本學者吉川忠夫在〈梁の徐勉の「誡子書」〉一文中以廣州
　　　　爲中心，對還資問題做較多研究。

任官在卸任後回京述職所攜之財產，究其來源最初或來自外任官的貪斂，〔註214〕在東晉南朝這一現象普遍存在，〔註215〕地方行政之各單位乃為卸任官預備固定限額的還資——送故錢，〔註216〕這種形式遂為南朝制度所允許，《冊府元龜》卷942〈總錄部・黷貨〉將王僧達兄弟事例收於其中，亦可見還資之性質。「（大明五年八月）庚寅，制方鎮所假白板郡縣，年限依臺除，食祿三分之一，不給送故。」〔註217〕在南朝送故主要分為兩種形式：一為故吏，一為鉅額財產，〔註218〕而這種財富形式的送故則成為外任官還資的重要部分，其數額之龐大遠非定額俸祿可比。然而面對建康的奢華生活，鉅額的還資亦僅使其短暫的擺脫貧困。梁武帝時期賀琛上書云：

> 今天下宰守所以皆尚貪殘，罕有廉白者，良由風俗侈靡，使之然也。淫奢之弊，其事多端，粗舉二條，言其尤者。夫食方丈於前，所甘一味。今之燕喜，相競誇豪，積果如山岳，列肴同綺繡，露臺之產，不周一燕之資，而賓主之間，裁取滿腹，未及下堂，已同臭腐。又歌姬儛女，本有品制，二八之錫，良待和戎。今畜妓之夫，無有等秩，雖復庶賤微人，皆盛姬姜，務在貪污，爭飾羅綺。故為吏牧民者，競為剝削，雖致賞巨億，罷歸之日，不支數年，便已消散。〔註219〕

賀琛對外任官貪斂狀況的概括，亦可推知地方官鉅額還資的來源。士族生活的奢華，使得擁大量財產的外任官仍然「罷歸之日，不支數年，便已消散。」故對於士族而言，富裕只是暫時的幸福，貧困卻是長久的惡夢，他們仍需繼續外任，以彌補這種匱乏。這裡更重要的是賀琛一語道破還資的實質：「為吏

〔註214〕《宋書》卷 87〈蕭思話傳附子惠開傳〉記載：「惠開妹當適桂陽王休範，女又當適世祖子，發遣之資，應須二千萬。乃以為豫章內史，聽其肆意聚納，由是在郡著貪暴之聲。」2200～2201 頁。

〔註215〕《南史》卷 18〈蕭思話傳附子惠開傳〉（498 頁）、卷 22〈王曇首傳附志弟子筠傳〉（610 頁）、《南齊書》卷 22〈豫章文獻王傳〉（418 頁）、卷 32〈王琨傳〉（578 頁），還資在南朝已成為一種現象，極為普遍。

〔註216〕《宋書》卷 75〈王僧達傳〉載：「兄錫罷臨海郡還，送故及奉祿百萬以上，僧達一夕令奴輦取，無復所餘。」1951 頁。《梁書》卷 53〈良吏傳・范述曾傳〉載：「郡送故舊錢二十餘萬，述曾一無所受。」770 頁。

〔註217〕《宋書》卷 6〈孝武帝紀〉，128 頁。

〔註218〕詳見周一良〈《晉書》札記・送故〉一文，收於《魏晉南北朝史札記》，中華書局，1985 年，82 頁。

〔註219〕《梁書》卷 38〈賀琛傳〉，544 頁。

牧民者，競爲剝削」。在內官收入微薄的情況下，外任求祿成爲建康士族比較
重要的方式。〔註220〕

　　大抵官員每經外任，還京後即可過上富裕生活，因居建康收入較低，而
困守俸祿者更不免飢寒交迫，外任成爲他們自我拯救的重要途徑，故建康社
會對於外任貪斂不置褒貶，而外任官偶有清廉者，遂稱爲廉吏。「（顧）憲之
雖累經宰郡，資無擔石，及歸，環堵，不免飢寒。」〔註221〕然而一二廉吏並
不能改變南朝外任官的舊俗。

　　　　鬱林王即位廢，掌中書詔誥，出爲荊州別駕。仍遷西中郎諮議
　　　　參軍，復爲州別駕。前後綱紀，皆致富饒，篳再爲之，清身率下，
　　　　杜絕請託，布被蔬食，妻子不免飢寒。明帝聞而嘉焉，手敕褒美，
　　　　州里榮之。〔註222〕

自此可知外任官之富足，多源自於請託，實爲吏治腐化之一端，這裡更可推
知外任官俸祿狀況。同卷載其外任會稽時：「唯守公祿，清節逾屬，至有經日
不舉火。」〔註223〕可知南朝外任官豐厚還資之來源並非源自俸祿，外任官雖
俸祿相對優厚，若「唯守公祿」，則猶不免於飢寒，建康百官寄祿而食者狀況
可知。而外任官廉潔如此在南朝相對較少，故齊明帝乃下詔褒獎，梁時劉杳
任餘姚令，〔註224〕事跡亦與此相類。

　　對於外任官之聚斂前人多有論述，〔註225〕這裡不擬贅言，而重點敍述內

〔註220〕《南史》卷 77〈恩倖・呂文顯傳〉載：「舍人茹法亮於眾中語人曰：『何須
　　　　覓外祿，此一戶內年辦百萬。』蓋約言之也。」1932 頁。亦從另一側面反映
　　　　了士族作爲建康之寄生群體，在遇到貧困時，「覓外祿」是他們最主要的途
　　　　徑。
〔註221〕《梁書》卷 52〈止足傳・顧憲之傳〉，760 頁。《宋書》卷 65〈申恬傳〉載：
　　　　「性清約，頻處州郡，妻子不免飢寒，世以此稱之。」1724 頁。另《梁書》
　　　　卷 21〈王瞻傳〉載其在南朝齊時出爲晉陵太守，「瞻潔己爲政，妻子不免飢
　　　　寒。」318 頁。
〔註222〕《梁書》卷 52〈良吏傳・庾篳傳〉，766 頁。《梁書》卷 41〈蕭介傳附從父兄
　　　　洽傳〉載：「出爲南徐州治中，既近畿重鎮，吏數千人，前後居之者皆致巨富，
　　　　洽爲之，清身率職，饋遺一無所受，妻子不免飢寒。」589 頁。這裡更是明
　　　　確指出其貧困之由出於「饋遺一無所受」。
〔註223〕《梁書》卷 53〈良吏傳・庾篳傳〉，767 頁。
〔註224〕《梁書》卷 50〈文學傳下・劉杳傳〉載：「出爲餘姚令，在縣清潔，人有饋
　　　　遺，一無所受，湘東王發教褒稱之。」716 頁。
〔註225〕中村圭爾認爲，此時的地方長官，尤其是郡守，縣令，已經成爲聚斂的手段，
　　　　乃至代名詞。詳見《六朝貴族制研究》，第四編第二章第三節及第四節，日本

官納賄及蓄養門生之舉。前文已涉及建康士族僅依賴俸祿是不能適應建康社會奢侈生活的，這就推動建康社會饋遺現象的頻繁出現。饋遺分爲兩種：親友之間的相互接濟，這將在後文中涉及；另一種則爲官員的納賄行爲。

> （何尚之）告休定省，傾朝送別於冶渚。及至郡，叔度謂曰：「聞汝來此，傾朝相送，可有幾客？」答曰：「殆數百人。」叔度笑曰：「此是送吏部郎耳，非關何彥德也。昔殷浩亦嘗作豫章定省，送別者甚眾，及廢徙東陽，船泊征虜亭積日，乃至親舊無復相窺者。」〔註226〕

南朝吏部官尤爲隆重，因其掌握官員選舉事宜，而欲於仕途有所發展者遂多有求告。何尚之時僅居吏部郎，於朝中即有如此影響力，我們常於史料中看到何氏一門奢侈行跡，若何戢「家業富盛，性又華侈，衣被服飾，極爲奢麗。」〔註227〕以及何胤飲食之靡費，〔註228〕廬江何氏何尚之一支，其子何偃、孫何戢三代任吏部尙書，齊鬱林王時，何胤爲外戚，出任中書令，亦地位隆重，究其奢侈之由，恐亦與其家世代任吏部相關。江湛元嘉二十七年出任吏部尙書，「家甚貧約，不營財利，餉饋盈門，一無所受，無兼衣餘食。」〔註229〕這裡雖主要表現江湛之廉潔，然亦反映出其擔任吏部尙書後「餉饋盈門」的狀況。而梁武帝時期范雲出任吏部則頻有納賄之舉：「初，云爲郡號廉潔，及貴重，頗通饋遺。」〔註230〕雖《南史》本傳載其散財救濟親友之美舉，然其資產由來卻並非完全得自官俸。這種納賄收入其規模亦不下於外任還資，「四方守宰餉遺，一年咸數百萬。舍人茹法亮於眾中語人曰：『何須覓外祿，此一戶內年辦百萬。』」〔註231〕茹法亮之語恰反映建康士族在微薄俸祿下的兩種取向：一爲覓外祿；一爲通饋遺。

南朝揚州境內廣泛的存在大量的地方豪門及富於資財卻門第頗低之人，唐長孺先生將此類人定位爲庶族、寒人。他在〈南朝寒人的興起〉一文中指出大量的寒人在建康之低級職位上任職，此類人欲獲得升遷，對長官之趨附

風間書店，1987 年。

〔註226〕《南史》卷 30〈何尚之傳〉，782 頁。

〔註227〕《南齊書》卷 32〈何戢傳〉，584 頁。

〔註228〕《南史》卷 30〈何胤傳〉載：「初，胤侈於味，食必方丈，後稍欲去其甚者，猶食白魚、䱉脯、糖蟹，以爲非見生物。」793 頁。

〔註229〕《宋書》卷 71〈江湛傳〉，1849 頁。

〔註230〕《南史》卷 57〈范雲傳〉，1420 頁。

〔註231〕《南史》卷 77〈恩倖傳・呂文顯傳〉，1932 頁。

在所難免，而此中實物或金錢上的饋贈遂屢見不鮮，這在建康士族蓄養門生事例中可以看出。

在南朝建康存在一個特殊群體——門生，其中較多人爲三吳富人或土豪。〔註232〕門生之名後漢亦有之，然至南朝，其與主人之關係已發生實質改變。〔註233〕他們依附在勢族左右以獲種種特權，〔註234〕這種趨附關係自然以利益相交換。何尚之彈劾庾炳之書云：「虞秀之門生事之，累味珍肴，未嘗有乏，其外別貢，豈可具詳。」〔註235〕門生事主多有饋贈，在南朝建康極爲常見。

> 有門生始來事協，知其廉潔，不敢厚餉，止送錢二千，協發怒，
> 杖二十，因此事者絕於饋遺。〔註236〕

因顧協之廉潔，門生雖不敢厚贈，然亦送錢二千，可知門生投主須有所贈送以爲見面之禮。南朝建康士族及在朝官僚幾乎皆有門生，一方面可以作爲私人勢力，而同時亦可成爲其收入的重要部分，自顧協事跡可知，當時門生對主人之饋贈已成慣例。而此類饋贈規模之龐大乃令人瞠目，宋明帝下詔揚沈勃罪行時即云：「周旋門生，競受財貨，少者至萬，多者千金，考計贓物，二百餘萬，便宜明罰敕法，以正典刑。」〔註237〕而此類門生在此過程中自是獲得經商等種種特權，前人早有研究，而這種關係更重要的是在仕途上的快捷通道。

寒人以門生身份出仕建康之事跡頗多，門生事主其主要動機仍在出仕。

> （吳喜）初出身爲領軍府白衣吏。少知書，領軍將軍沈演之使
> 寫起居注，所寫既畢，闇誦略皆上口。演之嘗作讓表，未奏，失
> 本，喜經一見，即便寫赴，無所漏脫，演之甚知之。因此涉獵《史》、
> 《漢》，頗見古今。演之門生朱重民入爲主書，薦喜爲主書書史，進

〔註232〕建康士人之門生多以三吳地區豪富爲主，《宋書》卷71〈徐湛之傳〉載：「門生千餘人，皆三吳富人之子，姿質端妍，衣服鮮麗。」1844頁。

〔註233〕對於南朝門生的狀況，日本學者越智重明在〈南朝の門生〉一文中有較爲深入的研究。載於《社會經濟史學》第28卷第4號。

〔註234〕南朝諸史中對門生受主人庇護事例多有記載，《宋書》卷51〈宗室傳・長沙景王道憐傳附義融弟義宗傳〉載：「元嘉八年，坐門生杜德靈放橫打人，還第內藏，義宗隱蔽之，免官。」1468頁。

〔註235〕《宋書》卷53〈庾登之傳附弟炳之傳〉，1519頁。

〔註236〕《梁書》卷30〈顧協傳〉，446頁。《陳書》卷27〈姚察傳〉載：「嘗有私門生不敢厚餉，止送南布一端，花練一匹。」351頁。此亦與顧協事例相似。

〔註237〕《宋書》卷63〈沈演之傳附演之子勃傳〉，1687頁。

爲主圖令史。〔註238〕

朱重民以沈演之門生身份出仕，而他亦可另薦舉舊主門生，以此可知，充當門生實爲庶族、寒門出仕之重要一途。宋孝武帝使御史中丞庾徽之陳顏竣罪惡諸條罪名中，既有「多假資禮，解爲門生，充朝滿野，殆將千計。」〔註239〕門生投主直接獲得出仕機會，而此過程中亦不免須「多假資禮」。劉宋時期制度規定尚書省諸官可攜門生入內，「尚書寺門有制，八座以下門生隨入者各有差，不得雜以人士。」〔註240〕種種優越條件促使三吳豪富紛紛納資投入建康官僚門下充當門生。士族爲門生請託在南朝已成普遍之勢，宋孝武帝時，王琨爲吏部郎，「吏曹選局，貴要多所屬請，琨自公卿下至士大夫，例爲用兩門生。」〔註241〕而這種行爲恰爲收入慘淡之建康士族提供一重要生活來源。甚者高門雖不居官亦多有門生爲其勞作，劉宋時期王微既有攜門生入草採藥之舉。〔註242〕《梁書》卷37〈何敬容傳〉載其免官以後，「敬容舊時賓客門生喧嘩如昔，冀其復用。」〔註243〕自此亦可窺知門生投主之目的。

蓋南朝之建康士族均有畜門生之舉，究其主要目的或出於種種原因，但獲取饋贈恐不免爲其重要因素，他們之間的這種經濟關係已經不同於漢時的師生關係，對此越智重明有深入研究。〔註244〕此實爲士族在面對俸祿不穩定局面下之非常手段，而此逐漸成爲常態。「（傅昭）居朝廷，無所請謁，不畜私門生，不交私利。」〔註245〕將畜門生與營私利直接相關，傅昭不畜門生乃成爲其廉潔之重要標誌，此史料恰可反映南朝士族普遍畜門生之實質。

〔註238〕《宋書》卷83〈吳喜傳〉，2114頁。《宋書》卷85〈王景文傳〉載明帝詔答王景文云：「悠悠好詐貴人及在事者，屬卿偶不悉耳，多是其周旋門生輩，作其屬託，貴人及在事者，永無由知。非徒止於京師，乃至州郡縣中，或有詐作書疏，灼然有文迹者。」2182頁。此雖明帝責王景文之語，但亦可知當時用事者多爲門生開仕途之實。

〔註239〕《宋書》卷75〈顏竣傳〉，1966頁。

〔註240〕《宋書》卷81〈顧琛傳〉，2076頁。

〔註241〕《南齊書》卷32〈王琨傳〉，577頁。另《南齊書》卷46〈陸慧曉傳〉載：「尚書令王晏選門生補內外要局，慧曉爲用數人而止，晏恨之。」806頁。

〔註242〕《宋書》卷62〈王微傳〉載：「家貧乏役，至於春秋令節，輒自將兩三門生，入草采之。」1669頁。

〔註243〕《梁書》卷37〈何敬容傳〉，532頁。

〔註244〕詳見越智重明《南朝の門生》。《社會經濟史學》第28卷第4號，355～375頁。

〔註245〕《梁書》卷26〈傅昭傳〉，394頁。

南朝官吏督察之責主要寄於御史中丞一人，而其對此類事跡亦多不糾彈，前陸徽之彈沈演之之舉爲孝武帝所授意。「先是庾徽之爲御史中丞，性豪麗，服玩甚華，覬代之，衣冠器用，莫不粗率。蘭臺令史並三吳富人，咸有輕之之意，覬蓬首緩帶，風貌清嚴，皆重迹屏氣，莫敢欺犯。」〔註246〕御史中丞爲蘭臺長官，其下層僚佐均爲三吳富人，此類人恐亦不免由門生仕進。督察機構既已如此，則由門生仕進之途自不能受限制。

在俸祿不穩定的背景下，建康士族面對生存所需，部分人選擇外任獲取還資，部分人選擇蓄養門生，更有人貪污納賄，然這些均爲個人行爲，在制度規定的俸祿不足以維持正常生存的前提下，貧困群體的存在就會成爲必然。非正常收入成爲南朝政權中默認的常態，其所導致的貧富兩極分化推動建康社會矛盾的加劇。

四、家族親友間的救濟

當建康士族中產生嚴重的貧富兩極分化，貧困就成爲士族群體中不可忽略的現象，儘管兩極中之另一極生活奢靡。政權自身屢屢的財政危機，使百官俸祿既不能得以保障，更無暇他顧。居官領俸之士族對於親友的接濟遂時有發生。據渡邊信一郎的研究，這固然與士族「清」名的獲得有關，然而也無可迴避建康存在一群貧困士族的問題，而從其散施的範圍可知，又基本局限於家族與親友，這裡的家族並非指宏觀家族，如琅琊王氏，而是家門的支系，一般不會超過自己直系三代、母系三代及外親三代，而友則顧名思義以自己爲中心的交往群體，故自此可知，此類散施，仍然以救濟爲主而兼顧「清」名的獲得。

蕭齊時王智深免官後，「家貧無人事，嘗餓五日不得食，掘莧根食之。司空王僧虔及子志分其衣食。卒於家。」〔註247〕貴爲琅琊王氏，王智深最終貧困而死，這在南朝貴冑中雖較爲鮮見，亦可藉此瞭解在野士族生活狀況。這裡王僧虔父子對他的救助頗值得關注，南朝士族對家族觀念較爲淡漠現已基本定論。

> 又教之不敦，一至於是。今士大夫以下，父母在而兄弟異計，
> 十家而七矣。庶人父子殊產，亦八家而五矣。凡甚者，乃危亡不相

〔註246〕《宋書》卷84〈孔覬傳〉，2155頁。
〔註247〕《南齊書》卷52〈文學傳・王智深傳〉，897頁。

知，飢寒不相卹，又嫉謗讒害，其間不可稱數。宜明其禁，以革其

風，先有善於家者，即務其賞，自今不改，則沒其財。〔註248〕

歷來對於南朝高門家族史研究均以此爲據，然這僅爲一宏觀概念，因南朝高門支系龐大，雖各支系之間聯繫較少，甚至較爲冷漠，如琅邪王氏烏衣巷與馬糞巷之間及謝氏諸支與烏衣巷之關係。但每一支系內部卻往往聯繫較多，甚至多有扶助。晉末於建康一直風靡的謝氏烏衣之遊，即爲由謝混引領烏衣巷支系的活動。當然這裡並不排除前揭袁粲之事例，雖叔伯均貴顯，而對幼弱之袁粲並無資助舉動，然亦並非完全不相提攜。「愍孫少好學，有清才，有欲與從兄顗婚者，伯父洵即顗父，曰：『顗不堪，政可與愍孫婚耳。』」〔註249〕袁顗已稱不堪，可知所婚之人出於顯門，南朝重婚姻，袁洵此舉對袁粲不無提攜之力。〔註250〕王智深家系難以考辨，但亦基本可知其與王僧虔不遠。而此類救濟在南朝諸史中頗爲常見，這裡聊舉數例，以觀其狀。

（徐）勉雖居顯位，不營產業，家無蓄積，俸祿分贍親族之窮乏者。〔註251〕

（裴）子野在禁省十餘年，靜默自守，未嘗有所請謁，外家及中表貧乏，所得俸悉分給之。〔註252〕

（張）緬在郡所得祿俸不敢用，乃至妻子不易衣裳，及還都，並供其母賑贍親屬，雖累載所畜，一朝隨盡，緬私室常闃然如貧素者。〔註253〕

（陳）太建中，食建昌邑，邑戶送米至於水次，（徐）陵親戚有貧匱者，皆令取之，數日便盡，陵家尋致乏絕。〔註254〕

高門家族支系內部救助在南朝較爲盛行，然這也基本只局限於內部。「（王）場兄弟三十餘人，居家篤睦，每歲時饋遺，遍及近親，敦誘諸弟，並實其規

〔註248〕《宋書》卷82〈周朗傳附兄嶠傳〉，2097頁。

〔註249〕《宋書》卷89〈袁粲傳〉，2229頁。

〔註250〕《宋書》卷66〈何尚之傳〉載其「秉衡當朝，畏遠權柄，親戚故舊，一無薦舉，既以致怨，亦以此見稱。」1738頁。究何尚之致怨之由，乃因未對其親戚故舊有所提攜，亦可從側面證實，南朝時期，居官士族對親戚負有薦舉提攜之責。

〔註251〕《梁書》卷25〈徐勉傳〉，383頁。

〔註252〕《梁書》卷30〈裴子野傳〉，444頁。

〔註253〕《梁書》卷34〈張緬傳〉，492頁。

〔註254〕《陳書》卷26〈徐陵傳〉，334頁。

訓。」〔註255〕這裡明確指出其所饋贈之範圍在近親，雖此類救濟多以親故爲名，究其範圍，主要仍在近親。劉宋時期臧燾事跡亦可稍作映證，「高祖受命，徵拜太常，雖外戚貴顯，而彌自沖約，茅屋蔬飡，不改其舊，所得奉祿，與親戚共之。」〔註256〕此類事跡在南朝較多。

前文已涉及到內官外任以求還資的狀況，鉅額的還資大多來源於聚斂，奇怪的是南朝五史對士族外任官聚斂還資的行爲並未稍加微詞，相反只要其對親友有所資助，則讚譽累至。在南朝士族的價值即爲社會價值，面對逐漸蔓延的貧困問題，即不能依賴政權，則只有鼓勵私人救助，甚至可以無視其財產的來源。

接濟親屬舉動在南朝五史中頗爲常見，故出任外官的士族，獲得豐厚的財產所拯救的不僅是一個家庭，同時會兼濟一個群體。這種道義上的援助，在解決建康士族的貧困問題中起到很大的作用，亦爲當時道德所讚譽。

> （沈懷文）丁父憂，新安郡送故豐厚，奉終禮畢，餘悉班之親戚，一無所留。太祖聞而嘉之，賜奴婢六人。〔註257〕
>
> （褚炫）罷江夏還，得錢十七萬，於石頭并分與親族，病無以市藥。〔註258〕
>
> （褚淡之）武帝板行廣州刺史，加督，建威將軍，領平越中郎將。在任四年，廣營貲貨，資財豐積，坐免官，禁錮終身。還至都，凡諸親舊及一面之款，無不厚加贈遺。〔註259〕
>
> （張稷）歷官無蓄聚，俸祿皆頒之親故，家無餘財。〔註260〕
>
> （任昉）奉世叔父母不異嚴親，事兄嫂恭謹。外氏貧闕，恒營奉供養。祿奉所收，四方餉遺，皆班之親戚，即日便盡。〔註261〕

〔註255〕《陳書》卷23〈王瑒傳〉，302頁。《梁書》卷51〈處士傳・阮孝緒傳〉載：「諸甥歲時饋遺，一無所納。」741頁。這裡雖然阮孝緒並不接收饋贈，但亦可見其諸甥頻繁接濟之舉。

〔註256〕《宋書》卷55〈臧燾傳〉，1546頁。另《南史》卷33〈裴松之傳附曾孫子野傳〉亦載其俸祿悉分給外家及中表親戚之舉。867頁。

〔註257〕《宋書》卷82〈沈懷文傳〉，2102頁。

〔註258〕《南齊書》卷32〈褚炫傳〉，583頁。《南齊書》卷52〈文學・崔慰祖傳〉亦有此類記載，901頁。

〔註259〕《南史》卷28〈褚裕之傳附弟淡之傳〉，747頁。

〔註260〕《梁書》卷16〈張稷傳〉，272頁。宋・范成大，《吳郡志》卷24〈人物〉亦載此事，江蘇古籍出版社，1999年，355頁。

〔註261〕《南史》卷59〈任昉傳〉，1454頁。

史書中對於搜刮而得的贓資並未稍置微詞，相反只要他們分與親屬，這仍是一種美德，而對於富於財產卻不接濟親屬者，才會有所褒貶。「（沈）眾性吝嗇，內治產業，財帛以億計，無所分遺。其自奉養甚薄，每於朝會之中，衣裳破裂，或躬提冠履。」〔註 262〕究其原因，仍然是士族的貧困問題。這一點對於士族階層而言，已頗受關注，外任清貧者固然以安守貧困獲贊，而贓淤累累者亦由於接濟親屬而獲褒美，這實爲南朝時期所獨有，恐這亦是當時治史者所親見之困境，外任貪斂固然爲劣跡，但在面對士族社會的貧困問題時，它卻是緩解問題的重要手段，故只要貪斂者依道德標準接濟貧困，聚斂之污即可隱晦，散金之美更得彰顯。相反即使外任清廉，而對近親之貧困熟視無睹，仍會受到史家貶斥。

> （朱）修之立身清約，百城覬贈，一無所受。唯以蠻人宜存撫
> 納，有餉皆受，得輒與佐史賭之，未嘗入己。去鎮之日，秋毫無
> 犯。計在州以來，然油及私牛馬食官穀草，以私錢六十萬償之。而
> 儉刻無潤，薄於恩情，姊在鄉里，飢寒不立，修之貴爲刺史，未曾
> 供贍。〔註 263〕

朱修之在荊州任上持身之正，南朝諸外任者實罕有其匹，而僅因其對飢寒交迫的姐姐並無供贍，而落儉刻之名。

這種接濟最多只能暫時緩解貧困之家一餐一飲之急，故在建康士族社會，相當規模的人長期生活於貧困中一直無法改變。財政的危機導致俸祿的微薄乃至斷絕，依賴偶發的救濟不能解決這一問題。這種形式的救濟一般只限於親友範圍內，而這種救濟在建康，受到社會價值的導向傾向亦較爲突出。

五、結語

東晉初期，政局的變化促使社會結構的演變，使建康出現了一群擺脫鄉里基礎、不以占田爲目的的特殊群體——建康僑姓貴族，而五朝時期的政治結構一直保持著這群人極高的出仕比例，從而使這一群體在社會上得以長期存在，並逐漸形成了其自身的獨立性與價值觀。士族仕途的穩定，使定居於建康的士族逐漸放棄了其它謀生手段，單純的依賴俸祿而生，並逐漸演變爲

〔註 262〕《陳書》卷 18〈沈眾傳〉，224 頁。另《梁書》卷 38〈朱异傳〉載：「四方所
饋，財貨充積。性吝嗇，未嘗有散施。」540 頁。
〔註 263〕《南史》卷 16〈朱修之傳〉，463 頁。

職業官僚。在此過程中逐漸形成的士族「清」的價值觀也在限制他們生存途徑的選擇，營田、治產業逐漸爲眾人所不取。進入南朝，建康財政的困境使百官俸祿很難穩定發放，遂使官僚士族的生存來源受到嚴重影響，建康士族因此陷入生活窘境。這一趨勢直接引起南朝吏治的腐化，爲解生存危機，採取諸如納饋遺、蓄門生、外任等手段，遂使外任官乃逐漸演變爲聚斂的代名詞。士族群體自東晉以來已枝繁葉茂，自不可能人人獲得出仕，未居官的龐大士族群體，其生活之窘迫更可想而知。面對如此龐大且位於社會高層的貧困群體，士族近親範圍內的接濟在一定程度上穩定存在。大量士族通過外任聚斂以獲取豐厚還資，從南朝正史對還資及饋遺的態度可知，貧困引發了南朝治史者價值上的轉變，京師居官者納饋與外任官聚斂獲得了諒解，而贓淤累累者若能散金親友，更可獲得讚譽。

小　結

　　東晉南朝時期繼承了孫吳時期割據江南的格局，在也基本繼承了其經濟與財政上的運作模式，在吳會地區經濟獲得長足發展的背景下，其與建康便利的水路交通網，使之成爲拱衛建康財政的天然基礎。

　　五朝政權自定都建康後均主要依靠揚州維持財政，這對吳會地區的經濟發展而言實爲雙刃劍，一方面政權的重視爲這一地區的經濟發展創造條件，同時對三吳浙東地區的過分依賴，在很大程度上阻礙了其經濟發展。建康作爲南朝的都城，其對全境的財稅統籌需要強大的財政後盾，北面強大軍鎮的維繫保證了政權的安全，也爲財政背上沉重的負擔。東土的財稅收入源源不斷的輸送建康，這並不能滿足政權財政支出的需求，長期陷於困頓的建康財政乃不得不加大對財稅來源之地的搜括力度，而這又在很大程度上限制了吳會地區經濟的發展。這種效應反作用於政權，乃致南朝財政的長期不景氣，終南朝之世這種財政運轉的惡循環一直在延續。財政的困頓更直接影響建康士族的生存，並間接改變其政治態度，使其對頻繁轉換的政權保持旁觀者的態度，出現了其依祿位而不依政權而生的狀況。南朝政權同時面對財政危機和建康的社會危機雙重矛盾，因財政危機而不斷衰弱，更在一定程度上因士族的推動而走向崩潰，雙重危機的糾纏困擾著南朝的政治中樞，影響乃至決定其發展方向。

第四章　軍鎮財政的自主及其半獨立狀態的確立

　　在建康一直受到財稅來源的限制而逐步走向困頓的同時，社會的危機也隨之出現，而與此相對應的是南朝州鎮財權的下移。強大的北方政權的存在，邊防隨時處於臨敵狀態，在這種狀況下財權的自主勢在必行，晉末劉毅出鎮豫州時指出：「比年以來，無月不戰，實非空乏所能獨撫。」〔註 1〕然而這又引發更為嚴重的問題，一方面建康因之失去廣大的財稅區域，同時藩鎮兵權財權的自主，使之在政權逐步衰弱之際，暗生覬覦之心，南朝四代均由藩鎮而起即為突出體現。藩鎮的強大雖外向可以防禦北朝，然其內向亦可兵指建康，這成為整個南朝史發展的大趨勢，而其中財權的自主則成為最為核心的因素。

第一節　軍鎮府庫的經濟財政來源

　　穩定的財政來源是軍鎮長期存在的前提，它保證了軍鎮能夠擁有雄厚的實力維持自身的正常運轉，並發揮其突出軍事作用，從這一點看，財政本身即為軍鎮實力的重要標誌。軍鎮一直是一個具有兩面性的單位，一方面它可以保證政權的安全，同時它也可以直接成為政權最大的敵人。故軍鎮府庫的充盈即保證了其邊州軍事要區的地位，亦形成對內的重大威脅。

　　唐朝的藩鎮是中國歷史上最為突出的軍鎮時期，而在南朝即出現與之相

〔註 1〕《南齊書》卷 14〈州郡志上・豫州〉。

類似的單位——都督區，雖然不及唐朝的節度使建制完整，但其幅員又遠過之，且同樣在南朝政治中發揮著相似的作用〔註2〕。目前國內對於南朝的都督制及督區問題，研究成果已相對成熟，但是對於軍鎮的經濟狀態一直較少關注，所見僅陶新華在《魏晉南北朝中央對地方軍政官的管理制度研究》第五章中對此有所關注。日本學者越智重明早在六十年代初就已開始關注這一問題，並發表論文〈南朝州鎮の財政について〉〔註3〕，得出了州鎮財政主要依賴地方賦稅收入的論斷，並且他在《魏晉南朝の人と社會》一書中明確指出，「這時重新確認，在宋齊時代，地方軍的養兵費（含募兵費），通常由（地方稅）商稅和屯田收入供應。」〔註4〕這樣基本確定了州鎮財政的數條來源。

對軍鎮財政問題研究的不足，嚴重限制了對於南朝督區問題的認識，同時也是認識都督區對於南朝政治推動作用的瓶頸。對於解開南朝政治發展的原動力，軍鎮是不可忽略的關鍵，而瞭解軍鎮力量的積累與發展，財政則是其中最為核心的問題。

一、軍府的府庫財政

嚴耕望指出，在南朝軍鎮之都督地位凌駕於刺史之上〔註5〕。都督府皆設有府庫，這是維持軍鎮力量的基礎，尤其在與北朝對峙的局面下，軍鎮的府庫充盈程度直接影響到督區的防禦力量。元嘉二十七年北魏南下時，

> 時燾親率大眾，已至蕭城，去彭城十數里。彭城眾力雖多，而軍食不足，義恭欲棄彭城南歸，計議彌日不定。時歷城眾少食多，安北中兵參軍沈慶之建議，欲以車營為函箱陣，精兵為外翼，奉二王及妃媛直趨歷城，分兵配護軍蕭思話留守。〔註6〕

〔註2〕 詳參嚴耕望《中國地方行政制度史‧魏晉南北朝地方行政制度》上冊，1～2頁。

〔註3〕 越智重明：〈南朝州鎮の財政について〉，《東洋史學》第24輯，1961年。

〔註4〕 越智重明：《魏晉南朝の人と社會》第4章〈宋の孝武帝とその時代〉，研文出版，1985年，206頁。

〔註5〕 他認為這一時期都督與刺史間雖無行政上的統屬關係，但出現都督對刺史權力侵蝕的現象。《中國地方行政制度史‧魏晉南北朝地方行政制度》上冊，103～110頁。

〔註6〕 《宋書》卷59〈張暢傳〉。《資治通鑑》卷125宋文帝元嘉二十七年條亦有記載，3954頁。糧食的儲備對於軍鎮的實力起到決定性作用，東晉時殷仲堪在荊州，亦以糧食的缺乏而被桓玄抓住機會，《資治通鑑》卷111晉安帝隆安三

軍鎮的糧食儲備直接影響到都督防守的決策，雖然最終劉義恭並未遷鎮，這裡亦足見糧食對於軍鎮的重要。

　　都督區府庫亦稱鎮庫，其中所藏主要主要分爲錢糧與器械兩項，府庫收藏之器械往往被人忽略〔註7〕。軍鎮之軍械來源一般由州作部自身解決，胡三省指出「諸州各有作部，主造器仗。」〔註8〕這一點頗值得懷疑，目前據有限史料鈎沈，只能確定設穩定督區的州具有作部，其地點設在督府治所〔註9〕。從中我們可以看到這些地點均在嚴耕望總結之宋齊時期穩定的都督區範圍之內〔註10〕，且作部即「主造器仗」，於未設都督區之州，更無需設立這一機構。

　　作部所產之器仗不僅需要滿足本區之需求，同時亦需向建康提供，「荊州作部歲送數千人仗，仾之割留，簿上供討四山蠻。」〔註11〕督區之作部實爲軍區之兵工廠，其工人多爲囚徒，劉宋竟陵王誕舉兵時，「明旦將曉，明寶與閶率精兵數百人卒至，天明而門不開，誕已列兵登陴，自在門上斬蔣成，焚兵籍，赦作部徒繫囚，開門遣腹心率壯士擊明寶等，破之。」〔註12〕南朝各代多有因獲罪而收繫作部之舉〔註13〕。這樣都督區即可以通過所轄之作部解

年條載：「是歲，荊州大水，平地三丈，仲堪竭倉廩以賑饑民。桓玄欲乘其虛而伐之，乃發兵西上，亦聲言救洛……」。3502 頁。《宋書》卷78〈蕭思話傳〉載：「（蕭思話爲青州刺史）思話先使參軍劉振之戍下邳，聞思話奔，亦委城走。虜定不至，而東陽積聚，已爲百姓所焚，由是徵下廷尉，仍繫尚方。」這所造成的直接結果即是青州軍鎮鎮所防禦能力的崩潰，甚至因此影響到軍鎮的設置。

〔註7〕　《南齊書》卷49〈王奐傳〉載：「（王奐子）彪輒令率州內得千餘人，開鎮庫，取仗，配衣甲，出南堂陳兵，閉門拒守。」

〔註8〕　《資治通鑑》卷139齊明帝建武元年條，4343 頁。

〔註9〕　考南朝諸史，設有作部的主要有：揚州（《宋書》卷54〈羊玄保傳〉）、豫州（《宋書》卷45〈劉粹傳〉）、江州（《宋書》卷83〈黃回傳〉）、南兗州（《宋書》卷79〈竟陵王誕傳〉）、會稽（《宋書》卷84〈孔璪傳〉）、荊州（《南齊書》卷1〈高帝紀上〉）、雍州（《南齊書》卷40〈晉安王子懋傳〉）、徐州（《南史》卷47〈荀伯玉傳〉）。會稽爲揚州轄郡亦有作部。

〔註10〕　嚴耕望：《中國地方行政制度史‧魏晉南北朝地方行政制度》（上）第一章下〈都督區〉，47～72 頁。

〔註11〕　《南齊書》卷1〈高帝紀上〉。

〔註12〕　《宋書》卷79〈竟陵王誕傳〉。

〔註13〕　《宋書》卷45〈劉粹傳〉載：「少帝景平二年，譙郡流離六十餘家叛沒虜，趙炅、秦剛等六家悔倍還投陳留襄邑縣，頓謀等村，粹遣將苑縱夫討叛戶不及，因誅殺謀等三十家，男丁一百三十七人，女弱一百六十二口，收付作部。」

決自身軍械上的需求，而在軍鎮，都督在招募部曲一事上是自主的，這即可確定，都督在軍鎮可以臨時組織大規模裝備精良的軍隊。

府庫之錢糧一項，其來源大體如越智重明所歸納。一般都督皆領所屬一州之刺史，這樣他可以通過其治民權以地方賦稅收入充入府庫。「宋世元嘉中，皆責成郡縣；孝武徵求急速，以郡縣遲緩，始遣臺使，自此公役勞擾。」〔註14〕自此似乎可以看出南朝之賦稅徵收以郡縣爲單位，前文已經探討「臺使」職責在於督責拖欠之賦稅，且此種性質之臺使只出現在吳會地區，其性質已相當於雜稅一列，並且南朝時期都督已然凌駕刺史之上，故都督一般可以利用所轄數州之貢賦填補府庫。南朝之北面及上流都督區屬州，幾乎不向建康提供賦稅，前文在探討吳會地區在南朝政治經濟中的地位時已經指出，非但如此，北面臨敵諸鎮仍需建康每年爲其補貼財政，自此可知其屬州之賦稅自然完全留於軍府。

> （永明）七年，南豫州別駕殷瀰稱：「潁川、汝陽，荒殘來久，流民分散在譙、歷二境，多蒙復除，獲有郡名，租輸益微，府州絕無將吏，空受名領，終無實益。但寄治譙、歷，於方斷之宜，實應屬南豫。二豫亟經分置，廬江屬南豫，濱帶長江，與南譙接境，民黎租帛，從流送州，實爲便利，遠逾西豫，非其所願，郡領灊舒及始新左縣，村竹產，府州採伐，爲益不少。府州新創，異於舊藩。資役多闕，實希得廬江。請依昔分置。」〔註15〕

南豫州之軍府新建不久，爲此殷瀰要求將相對較爲富裕的廬江郡割屬，以增加財政來源，這裡明確指出州鎮財政來自轄區。陶新華亦指出：「這就是說，州府對所屬地域的賦、調及其他財富有支配權。」〔註16〕然而他在做出了正確的論斷後又提出了錯誤的估計：

> 但這並不是說地方所有的財富都歸都督掌管，估計都督還要將

另卷54〈羊玄保傳〉（1535頁）、卷83〈黃回傳〉（2122頁）、卷84〈鄧琬傳〉（2144頁）等都有類似記載。

〔註14〕《南齊書》卷40〈竟陵王子良傳〉。

〔註15〕《南齊書》卷14〈州郡志上‧南豫州條〉。

〔註16〕陶新華：《魏晉南北朝中央對地方軍政官的管理制度研究》，巴蜀書社，2003年，285頁。《宋書》卷74〈臧質傳〉載：「質之起兵也，豫章太守任薈之、臨川內史劉懷之、鄱陽太守杜仲儒並爲盡力，發遣郡丁，並送糧運，伏誅。」臧質起兵，旌麾所指爲建康朝廷，而其轄下之太守仍然在爲之督運糧草，此或有藉此投機之嫌，然亦與其長久以來在糧草去向上一直供應都督府有關。

相當大部分的賦調等收入上繳國庫，只有這樣，封建國家才能維持
官僚機器的運轉。〔註17〕

前揭南朝在劉宋後廢帝時期，虞玩之上表呈事可知，豫州、兗州、司州、徐
州以及雍州等非但不向朝廷提供賦稅，仍尚需建康貼補。齊明帝時期徐孝嗣
上疏云：「竊尋緣淮諸鎮，皆取給京師，費引既殷，漕運艱澀。聚糧待敵，每
苦不周，利害之基，莫此為急。」〔註18〕到南朝齊中期，淮河流域之軍鎮仍
保持在財政上對建康的依賴，這基本可以確定在北面與北朝接壤之州鎮，境
內財政完全提供府庫支出，糧食轉運困難重重，南朝政權自不會先自州鎮將
財物運至建康，再增其數量原路返還。齊武帝時：

> 時青州刺史張沖啓：「淮北頻歲不熟，今秋始稔。此境鄰接戎寇，
> 彌須沃實，乞權斷穀過淮南。」而徐、兗、豫、司諸州又各私斷穀
> 米，不聽出境。自是江北荒儉，有流亡之弊。〔註19〕

張沖此次上書表明，淮北諸鎮即使在豐年亦不向建康輸送貢賦，這裡所說的
「斷穀過淮南」，所指應為淮北各地租稅收入不向建康輸送，並且亦不支持淮
河以南其他地區財政，亦即所有財政收入留鎮。並且這裡明確指出「而徐、
兗、豫、司諸州又各私斷穀米，不聽出境。」至少說明淮河沿線諸州鎮長官
對境內財政特別是糧食擁有完整的支配權。

雍州都督區原本發展較晚，宋齊兩朝也是一直仰食江湘二州。而作為南
朝經濟僅次於揚州的湘贛流域，也因支持上流軍鎮而減少對建康貢賦的輸
送，即虞玩之所說「江、荊諸州，稅調本少」，這裡本屬南岸防線，所提供建
康之財富亦微不足道。故我們可以推斷，雍州之稅賦收入亦並不輸送建康，
而直接充當軍鎮鎮庫的重要收入之一。齊高帝時期，王奐奏罷南蠻府事，亦
突出了財政對軍鎮的重要：

> 西土戎爐之後，瘴毀難復。今復割撤太府，制置偏校，崇望不
> 足助強，語實交能相弊。且資力既分，職司增廣，眾勞務倍，文案
> 滋煩，竊以為國計非允。〔註20〕

王奐所云重點恰在「資力既分，職司增廣」，一方面在荊州轄內，兩軍府並置，
遂將其境內財稅收入分為兩半，而開支又因此擴大，此次上疏遂將南蠻府裁

〔註17〕陶新華：《魏晉南北朝中央對地方軍政官的管理制度研究》，285頁注1。
〔註18〕《南齊書》卷44〈徐孝嗣傳〉。
〔註19〕《南史》卷47〈崔祖思傳附子元祖傳〉。
〔註20〕《資治通鑑》卷135齊高帝建元三年條，4243～4244頁。

撤，使其境內財稅收入盡歸都督府所有。

　　北面諸鎮由於鄰接邊境，地區居民由於戰事流動性極大，這樣於賦稅收入即不能得到保證，然而正由於居民的不穩定和人口的稀少，使這些地區留下大量的無主荒地，為邊境的屯田開展提供了前提，具體狀況後文詳述。

　　租稅與屯田這兩項來源前人早已提出過，然而在軍鎮的收入中，還有其他各種途徑，賣官即居於重要一席，另外尚可通過商賈之利及雜稅收入擴大軍鎮財稅的來源。都督區內府州僚佐乃至基層之郡縣長官，任命權基本完全歸都督刺史所有，在此過程中通過賣官亦可為軍鎮開闢一源，梁時楊公則任湘州時，即遇到「湘俗單家以賂求州職」的情況〔註21〕，湘州地居長江南岸尚如此，於南朝北面邊境豪強勢力雄厚的地區，這一情況自然不在少數。

　　經商、雜稅亦逐漸進入軍鎮財政收入的賬目，「先是青州資魚鹽之貨，或強借百姓麥地以種紅花，多與部下交易，以祈利益。洪範至，一皆斷之。」〔註22〕青州乃有禁斷漁鹽以收其利之舉。鹽鐵政策雖然在漢代就有所建立，但在魏晉南北朝這一混亂時期，政權並未就此設立專項管理制度，從而使得這些項目收入盡為軍鎮獲得，以增加其財政收入。「初，南鄭沒於魏，乃於益州西置南梁州。州鎮草創，皆仰益州取足。（張）齊上夷獠義租，得米二十萬斛。又立臺傳，興冶鑄，以應贍南梁。」〔註23〕金屬冶煉在草創之南梁州軍鎮的財政中居於重要地位。「強借百姓麥地以種紅花」，也是以土地種植經濟作物，借貿易以獲利，經商性質補充財政的方式在南朝極為普遍。「（武陵王紀）在蜀十七年，南開寧州、越嶲，西通資陵、吐谷渾。內修耕桑鹽鐵之功，外通商賈遠方之利，故能殖其財用，器甲殷積。」〔註24〕這裡經商所得之收入成為軍鎮財政充裕的直接原因，從這裡可以得知，軍鎮的財政完全依賴於都督的個人經營，亦即財政完全自主。商旅的來往甚至在特定時候決定軍鎮的命脈，梁鄱陽王範在江州時，「既商旅不通，信使距絕，範數萬之眾，皆無復食，人多餓死。」〔註25〕鄱陽王範在江州時，其糧食來源近於完全依賴商旅。

　　沈攸之在荊州軍鎮時，其充實府庫的方式也幾乎反映了南朝軍鎮財政收

〔註21〕　《梁書》卷10〈楊公則傳〉。

〔註22〕　《南史》卷70〈循吏・王洪範傳〉。

〔註23〕　《梁書》卷17〈張齊傳〉。

〔註24〕　《南史》卷53〈武陵王紀傳附子圓正傳〉。

〔註25〕　《梁書》卷22〈鄱陽王恢傳附子範傳〉。

入的全貌。

> 養馬至二千餘匹，皆分賦戍邏兵士，使耕田而食，廩財悉充倉
> 儲。荆州作部歲送數千人仗，攸之割留，簿上供討四山蠻。裝治戰
> 艦數百千艘，沈之靈溪裏，錢帛器械巨積，朝廷畏之。〔註26〕

這裡沈攸之所謂「皆分賦戍邏兵士，使耕田而食」，其實質即為表現不同的屯田。而其在軍鎮之商業及雜稅負擔亦極重，「時沈攸之責賒，伐荆州界內諸蠻，遂及五溪，禁斷魚鹽。羣蠻怒，酉溪蠻王田頭擬殺攸之使，攸之責賒千萬，頭擬輸五百萬，發氣死。」〔註27〕這裡所謂的「責賒」，為沈攸之在荆州對蠻區所採取的雜稅徵收方式，其負擔之重致使蠻族酋長憂憤而終。

於經濟落後之軍鎮，往往附近州鎮的財政援助亦起到相當重要的作用。前文指出，長江中游諸鎮在財政上依賴湘贛地區的事實，而東晉朱序主掌北府兵時，亦是遠從江州調糧。梁時，南梁州建立之初亦完全依賴益州的財政支持，重要軍鎮在財政遇到困難時，附近州鎮的援助事例在南朝屢見不鮮，這也是其度過難關最有傚之途徑。隨著雍州軍鎮地位的提高，這裡已經是中游諸州共同資助的對象。「先高祖以雍為邊鎮，運數州之粟，以實儲倉，恭後多取官米，贍給私宅，為荆州刺史廬陵王所啓，由是免官削爵，數年竟不敘用。」〔註28〕前引《南史》卷47〈崔元祖傳〉所載：「而徐、兗、豫、司諸州又各私斷穀米，不聽出境。自是江北荒儉，有流亡之弊。」青州刺史張沖，由於鄰近州鎮的斷絕援助，而至於陷入財政困境。從這裡亦可見這種性質的援助在軍鎮遇到經濟困難時，所起作用之大。雖然北面諸鎮近於平行排列，但東西兩面往往以徐兗地區和雍州地區為重，從而使諸鎮在獲得鄰近地區援助的時候亦呈現地位先後的順序。

可以看到，南朝軍鎮的財政來源分為數途，而其中最為主要和穩定的仍屬賦稅和屯田收入，在重要軍鎮軍糧出現短缺的時候，鄰近地區的援助亦可救一時之急。在不同的情況下，以上諸途徑各有所長，在總體上也反映都督在軍鎮財政權的自主。

二、都督於軍鎮財政的自主性

前文早已提出南朝將都督區轄下的地方權力幾乎完全下放，於地方財政

〔註26〕《南齊書》卷1〈高帝紀上〉。
〔註27〕《南齊書》卷22〈豫章文獻王傳〉。
〔註28〕《梁書》卷22〈太祖五王・南平王偉傳附子恭傳〉。

一途同樣如此，都督在鎮區收斂儲備充實府庫的舉動是完全自由的，而於其權力不斷擴大之際，在使用鎮庫儲備的權限上亦有所擴張。

自前文可以瞭解軍鎮的財政的幾個重要來源，於賦稅一條擴展之餘地並不大，南朝對於人均賦稅的徵收有明文規定，然而在雜稅問題上即較爲含糊，「初，零陵舊政，公田奉米之外，別雜調四千石。及（范）雲至郡，止其半，百姓悅之。」〔註29〕零陵郡之雜調爲單獨上繳太守之雜稅，范雲至郡即將其取消，自然也有增加的權力。正如前文所述，南朝的屯田活動均爲州鎮長官自主開發，足保整個都督區的經濟開支，僅此一項即可見都督在軍鎮經濟開發上的自主性。而對於府庫聚斂的自主於南朝都督屢見不鮮：

> 中大通二年，又爲使持節、都督雍梁秦沙四州諸軍事、平北將軍、寧蠻校尉、雍州刺史，給鼓吹一部。續多聚馬仗，畜養驍雄，金帛內盈，倉廩外實。〔註30〕

都督在軍鎮其府庫財稅來源既分爲多途，並且他們可以隨時調整督區雜稅項目，從而使他們在擴大財稅來源問題上具備了近於完全的自主性。劉宋孝武帝時，「竟陵王誕知上意忌之，亦潛爲之備；因魏人入寇，修城浚隍，聚糧治仗。」〔註31〕竟陵王誕在遭到孝武帝猜忌之時，仍然可以借北魏進攻之機，修建防禦工事，聚斂糧食儲備和鑄造兵器。

對於府庫財產的支出，都督於用兵之際幾乎完全自主，劉宋之劉義慶與劉義季相繼鎮守荊州事跡，劉義慶在荊州可以因爲用兵，將府庫財產完全揮霍，而劉義季接任後亦因爲聚斂有道，號稱「數年間，還復充實」。都督用兵的自主性必然伴隨著其府庫儲備的支配權。

都督在軍鎮亦多有藉此權限而將府庫儲備據爲己有之事跡，劉宋時長沙王道憐任荊州都督刺史時，

> 道憐素無才能，言音甚楚，舉止施爲，多諸鄙拙。高祖雖遣將軍佐輔之，而貪縱過甚，畜聚財貨，常若不足，去鎮之日，府庫爲

〔註29〕《南史》卷57〈范雲傳〉。《梁書》卷22〈安成康王秀傳〉載其任郢州都督刺史時，「郢州當塗爲劇地，百姓貧，至以婦人供役，其弊如此。秀至鎮，務安之。主者或求召吏。秀曰：『不識救弊之術；此州凋殘，不可擾也。』於是務存約己，省去遊費，百姓安堵，境內晏然。」這安成康王秀也是擅自取消雜稅。

〔註30〕《梁書》卷29〈廬陵王續傳〉。

〔註31〕《資治通鑑》卷129宋孝武帝大明三年條，4043頁。

之空虛。〔註32〕

長沙王道憐並未因此受到懲處，宗王出鎮時在財政上自有其優越之處。作爲異姓將領的臧質，遇到相似的情況，遂因此受到懲戒：

> 帝方自攬威權，而質以少主遇之，政刑慶賞，一不咨稟。擅用溢口、鈎圻米，（溢口米，荊、湘、郢三州之運所積也。鈎圻米，南江之運所積也。水經注：贛水自南昌歷郴丘城下，又歷鈎圻邸閣下，而後至彭澤。）臺符屢加檢詰，漸致猜懼。〔註33〕

臧質舉兵後孝武帝朝廷討伐的罪名即是擅自揮霍府庫儲備〔註34〕，然而這也是在他舉兵之後所添加的罪名，至於都督擅盜府庫財產問題，南朝一直沒有穩定的處罰規定。因爲府庫的儲備隨都督的更換而改變，且前後都督對於充實府庫的態度亦各不相同。這裡對臧質處罰如此嚴厲，或由於江州此兩大糧倉並非此州所統屬，它擔負著充當北面雍州軍鎮經濟後盾的角色。

　　軍鎮府庫財政，既作爲都督區的經濟後盾，它直接關係到軍鎮的生命線，一方面是都督區抵禦北朝進攻的保證，同時也爲軍鎮舉兵內叛創造了條件。鎮庫的經濟來源完全出自本州，這樣每個軍鎮在財政能夠自理的情況下，呈現出經濟的獨立性，並且都督在軍鎮可以在其職權範圍內，通過各種手段積累府庫的儲備。雖然南朝對於軍鎮的府庫管理具有一定的懲處，而一旦軍鎮舉兵，劍指建康，則府庫的儲備即直接爲其利用，這種簡單的懲處機制並不能起到絲毫作用。

第二節　東晉南朝的邊境屯田

　　屯田活動在漢代邊郡既已出現，漢末三國時期，屯田行爲在魏蜀吳均有不同程度的推行，這也使屯田這一經濟形式發展到前所未有的高度。三國後期至晉室創基，屯田規模出現急劇萎縮的狀況，此前風靡一時的民屯活動近於絕跡，至東晉南朝時期，再未出現由政權組織的各種形式的穩定屯田。

〔註32〕《宋書》卷51〈長沙王道憐傳〉。
〔註33〕《資治通鑑》卷128宋孝武帝孝建元年條，4011頁。
〔註34〕《宋書》卷74〈臧質傳〉載：「（柳）元景檄書宣告曰：（臧質）荷恩彭、泗，貪虐以逞，阮戮邊甿，忽若草芥，傾竭倉庾，割沒軍糧。作牧漢南，公盜府蓄，矯易文簿，專行欺妄。」

五朝時期政權亦始終未將屯田納入政策，遂使五朝時期的屯田狀況頗爲暗淡〔註 35〕。然對屯田的倡議卻時有出現，自每次提出之屯田見解可知，針對各時期背景的不同，屯田思想也在不斷變化，並不斷完善。雖政權並未推行，在邊境地區由地方長官及都督開展的偶發性的屯田史書不絕，且在短期歷史進程中對一定地區起到不可忽視的作用。

目前對於東晉南朝時期的屯田問題，以張澤咸先生的〈東晉南北朝屯田述略〉最爲突出〔註 36〕，他系統梳理了南朝各屯田事跡，突出了屯田活動對南朝軍事的作用，並與北朝屯田規模做了對比，另他在《漢晉唐時期農業》一書中分地區對東晉南朝各次屯田活動都有一定程度的涉及〔註 37〕。故總體而言，對東晉南朝時期的屯田狀況的研究稍顯不足，使這一時期的屯田思想及行爲仍相對模糊。

一、東晉南朝的屯田倡議

東晉南朝時期雖政府未能如三國時推行屯田，然開展屯田之建議卻不絕於朝堂。因種種不同的原因，屯田之議頻繁出現，而均未能推行，這固然與建康政權依賴三吳浙東地區足以自足的背景有關，而長江中下游諸政權能穩定控制之區域隨著經濟的發展，已不具備屯田條件亦爲重要原因。然屯田之議仍屢有出現，且其中亦能窺測其思想的演變。

五朝時期，最早提出屯田建議者爲應詹，晉元帝太興二年（319），因流民湧入致三吳大面積饑荒，應詹乃上書建議屯田：

> 間者流人奔東吳，東吳今儉，皆已還反。江西良田，曠廢未久，火耕水耨，爲功差易。宜簡流人，興復農官，功勞報賞，皆如魏氏故事，一年中與百姓，二年分稅，三年計賦稅以使之，公私兼濟，則倉盈庾億，可計日而待也。」又曰：「昔高祖使蕭何鎮關中，光武

〔註 35〕 五朝時期由政府推行屯田較爲突出一例在東晉初年，《晉書》卷 26〈食貨志〉載：「元帝爲晉王，課督農功，詔二千石長吏以入穀多少爲殿最。其非宿衛要任，皆宜赴農，使軍各自佃作，即以爲廩。」此次屯田詔應獲得一定程度推行，致「其後頻年參雖有旱蝗，而爲益猶多。」然對其實施狀況史籍無考。《通典》卷 2〈食貨典二・屯田〉（中華書局，1988 年，42 頁）、《太平御覽》卷 333〈兵部六十四・屯田〉對此亦有記載，然指出爲東晉元帝推行，於時間頗爲模糊。

〔註 36〕 收於《晉唐史論集》，中華書局，2008 年。

〔註 37〕 張澤咸：《漢晉唐時期農業》，中國社會科學出版社，2003 年。

令寇恂守河內，魏武委鍾繇以西事，故能使八表夷蕩，區內輯寧。今中州蕭條，未蒙疆理，此兆庶所以企望。壽春一方之會，去此不遠，宜選都督有文武經略者，遠以振河洛之形勢，近以爲徐豫之藩鎮，綏集流散，使人有攸依，專委農功，令事有所局。趙充國農於金城，以平西零；諸葛亮耕於渭濱，規抗上國。今諸軍自不對敵，皆宜齊課。」〔註38〕

應詹此次屯田建議涉及廣泛，粗略可分爲兩部分：一爲於江西之地建立民屯，以流民爲基礎，此議即針對當時三吳饑荒。自建議可知，其所提倡正爲三國曹魏之屯田方式，即「興復農官，功勞報賞，皆如魏氏故事」。因曹魏民屯有章可循，故其此建議未對細節加以交代，其不足在於涉及頗廣，時值東晉初奠基江東，政權力量薄弱，於全國範圍內建立獨立之屯田行政系統無異於紙上談兵，故其民屯之建議乃無疾而終。其二爲邊鎮諸將開展軍屯，所引之趙充國金城屯田及諸葛亮渭濱屯田均爲典型之邊境軍事屯田事例。這一看法此後成爲南朝建議屯田之主流。

　　明帝時平定王敦舉兵之後，「是時天下凋弊，國用不足，詔公卿以下詣都坐論時政之所先，（溫）嶠因奏軍國要務。」〔註39〕建康因軍事衝擊而致經濟陷於困頓，於此背景下，溫嶠乃重拾屯田之議：

　　　　其二曰：「一夫不耕，必有受其饑者。今不耕之夫，動有萬計。春廢勸課之制，冬峻出租之令，下未見施，惟賦是聞。賦不可以已，當思令百姓有以殷實。司徒置田曹掾，州一人，勸課農桑，察吏能否，今宜依舊置之。必得清恪奉公，足以宣示惠化者，則所益實弘矣。」其三曰：「諸外州郡將兵者及都督府非臨敵之軍，且田且守。又先朝使五校出田，今四軍五校有兵者，及護軍所統外軍，可分遣二軍出，并屯要處。緣江上下，皆有良田，開荒須一年之後即易。且軍人累重者在外，有樵採蔬食之人，於事爲便。」〔註40〕

〔註38〕《晉書》卷 26〈食貨志〉。《玉海》卷 177〈食貨‧屯田〉載其事與此頗近而稍簡。此議《通典》卷 2〈食貨典‧屯田〉、《太平御覽》卷 333〈兵部六十四‧屯田〉亦載，然僅涉及其建議民屯部分。

〔註39〕《晉書》卷 67〈溫嶠傳〉。《通典》卷 20〈職官典二‧總序〉、《職官分紀》卷 5〈掾屬〉、及《玉海》卷 177〈食貨‧屯田〉、卷 178〈食貨‧農官〉注均涉及溫嶠勸課之議。對其軍屯之議僅《玉海》卷 137〈兵制‧晉五校〉有記載。

〔註40〕《晉書》卷 67〈溫嶠傳〉。

溫嶠建議仍延續應詹思想，而將應詹所提倡之普設農官建立民屯之主張改爲推行課田。在實施上相對於應詹提議，其推行亦較爲緩和，即由司徒府田曹掾爲首，於各州設立一農官，勸課農桑，相對於大規模組織流民屯田，溫嶠所述簡化屯田推行難度。其軍屯之議亦更爲詳細，與應詹所述不同的是，溫嶠之軍屯建議爲中央禁軍屯田，並不涉及邊鎮諸將。這於所有軍屯思想中獨樹一幟，其旨與應詹軍屯增強邊防思想不同，而是與其所提倡之勸課一致，即增強東晉之建康政權財力而不在增強邊防。時值平定王敦舉兵之後，建康政權雖獲勝，其所受衝擊亦不可估量，實已無力自保，故鞏固建康在各軍鎮中的優勢地位迫在眉睫，而此時溫嶠建議課田並開展軍屯其目的明確。

孝武帝時期，會稽王道子主政，驃騎參軍王弘乃重提民屯之議，《宋書》卷42〈王弘傳〉載：

> 弱冠，爲會稽王司馬道子驃騎參軍主簿。時農務頓息，末役繁興，弘以爲宜建屯田，陳之曰：「近面所諮立屯田事，已具簡聖懷。南畝事興，時不可失，宜早督田畯，以要歲功。而府資役單刻，控引無所，雖復屬以重勸，肅以嚴威，適足令囹圄充積，而無救於事實也。伏見南局諸冶，募吏數百，雖資以廩贍，收入甚微。愚謂若回以配農，必功利百倍矣。然軍器所須，不可都廢，今欲留銅官大冶及都邑小冶各一所，重其功課，一准揚州，州之求取，亦當無乏，餘者罷之，以充東作之要。又欲二局田曹，各立典軍募吏，依冶募比例，並聽取山湖人，此皆無損於私，有益於公者也。其中亦應疇量，分判番假，及給廩多少，自可一以委之本曹。親局所統，必當練悉，且近東曹板水曹參軍納之領此任，其人頗有幹能，自足了其事耳。頃年以來，斯務弛廢，田蕪廩虛，實亦由此。弘過蒙飾擢，志輸短效，豈可相與寢默，有懷弗聞邪！至於當否，尊自當裁以遠鑒。若所啓謬允者，伏願便以時施行，庶歲有務農之勤，倉有盈廩之實，禮節之興，可以垂拱待也。」〔註41〕

王弘此舉實爲自薦行爲，然相對於此前應詹、溫嶠上書之應急背景，王弘之民屯建議則針對「時農務頓息，末役繁興」的狀況，所提倡之民屯規模亦遠不及應詹。此次建議所關注爲冶吏屯田：減省建康諸冶，以冶吏配農，乃至招募平民亦循冶募系統。相對於此前應詹之民屯、溫嶠之勸課，王弘之建議

〔註41〕《冊府元龜》卷503〈邦計部‧屯田〉亦載此上書，6033頁。

屯田規模又有縮小，最爲突出的即管理上並不增設職官，故其並未設立獨立屯田機構。依此次建議，則所設屯田由掌管諸冶之建康二局統轄。

由以上可見，東晉諸議屯田，爲軍屯民屯並舉，而重在民屯。由於東晉政權財力薄弱，均立足於增強建康實力，而對軍鎮關注較少。其所議民屯思想，最初應詹欲以流民屯田，並恢復曹魏屯田系統，因涉及人群頗廣，且其與管理體制亦諸多繁複，溫嶠乃立足於管理體制的簡化與推行的便宜，此議是否實施不得而知，然即便執行，其效果亦極不理想，孝武帝時即出現「時農務頓息，末役繁興」的狀況。至王弘提出冶吏屯田，更是不再增設管理系統，而將屯田直接由建康二局統轄，屯田民以冶吏充任，或招募平民但仍按冶吏管理。三次屯田上書，可明確得知其對屯田管理系統的逐步簡化。

進入南朝，民屯倡議的記載減少，諸建議屯田均爲軍屯，且出發點亦與東晉存在差異。《宋書》卷64〈何承天傳〉載其〈安邊論〉即指出淮泗屯田：「自非大田淮、泗，內實青、徐，使民有贏儲，野有積穀，然後分命方、召，總率虎旅，精卒十萬，使一舉蕩夷，則不足稍勤王師，以勞天下。」據《通鑑》載，其此次上書在元嘉二十三年（446）〔註42〕。何承天此次上書其重點即爲邊防，所針對的正爲北魏的屢次擾邊：「時索虜侵邊，太祖訪群臣威戎御遠之略，」故其上書，乃重在防禦而非屯田。其雖有屯田之議，然其義模糊。且在邊防諸困難中何承天即否決了這一看法：

> 曹、孫之霸，才均智敵，江、淮之間，不居各數百里。魏捨合肥，退保新城，吳城江陵，移民南涘，濡須之戍，家停羨溪。及襄陽之屯，民夷散雜，晉宣王以爲宜徙沔南，以實水北，曹爽不許，果亡祖中，此皆前代之殷鑒也。何者？斥候之郊，非畜牧之所。轉戰之地，非耕桑之邑。

其邊防之策略在于堅壁清野，此議恰與邊境屯田相牴觸，此次上書在於強化邊鎮應敵能力，消除北魏擾邊之苦，於軍鎮的儲備關注不足。

孝建三年宋孝武帝再以虜寇，詢群臣以防禦之策，徐爰乃上書陳禦敵之策：

> 臣以爲威虜之方，在於積粟塞下。若使邊民失業，列鎮寡儲，非唯無以遠圖，亦不能制其侵抄。今當使小戍制其始寇，大鎮赴其

〔註42〕《資治通鑑》卷124宋文帝元年二十三年條，3924頁。

入境，一被毒手，便自吹齏鳥逝矣。〔註43〕

徐爰將邊防聚焦於儲備，而解決儲備之策略即在於邊鎮屯田，突出了邊鎮屯田與防禦之直接聯繫。「且當使緣邊諸戍，練卒嚴城，凡諸督統，聚糧蓄田，籌計資力，足相抗擬。」相對於何承天，雖均針對邊防，此次上書突出邊境積穀的重要性，並將邊防之重點繫於「積粟塞下」，開創了南朝諸邊境屯田倡議之先河。故此次上書意義在於突出邊境屯田，然對其推行策略涉及甚少。

齊朝初建，崔祖思亦上書屯田：

籍稅以厚國，國虛民貧；廣田以實廩，國富民贍。堯資用天之儲，實拯懷山之數。湯憑分地之積，以勝流金之運。近代魏置典農，而中都足食；晉開汝、潁，而汴河委儲。今將掃闢咸、華，題鏤龍漢，宜簡役敦農，開田廣稼。時罷山池之盛禁，深抑豪右之兼擅，則兵民優贍，可以出師。〔註44〕

與前後屯田倡議背景不同的是，崔祖思之建議軍屯並非緊切時政，倡議主旨在於積蓄儲備，以圖光復中原。此次上書頗切時弊，因齊室初建，其旨在推行良政，屯田之議非其所重。

南朝邊鎮屯田思想最爲成熟者莫過於徐孝嗣，《南齊書》本傳備載其屯田上書：

有國急務，兵食是同，一夫輟耕，於事彌切。故井陌壇里，長轂盛於周朝，屯田廣置，勝戈富於漢室。降此以還，詳略可見。但求之自古，爲論則賒；即以當今，宜有要術。竊尋緣淮諸鎮，皆取給京師，費引既殷，漕運艱澀。聚糧待敵，每苦不周，利害之基，莫此爲急。臣比訪之故老及經彼宰守，淮南舊田，觸處極目，陂過不脩，咸成茂草。平原陸地，彌望尤多。今邊備既嚴，戍卒增眾，遠資饒運，近廢良疇，士多飢色，可爲嗟歎。愚欲使刺史二千石躬自履行，隨地墾闢。精尋灌溉之源，善商肥确之異。州郡縣戍主帥以下，悉分番附農。今水田雖晚，方事菽麥，菽麥二種，益是北土所宜，彼人便之，不減粳稻。開創之利，宜在及時。所啓允合，請

〔註43〕《宋書》卷94〈恩倖傳・徐爰傳〉。
〔註44〕《南齊書》卷28〈崔祖思傳〉。《冊府元龜》卷529〈諫諍部・規諫第六〉全載崔祖思上書。

即使至徐、兗、司、豫，爰及荊、雍，各當境規度，勿有所遺。別
立主曹，專司其事。田器耕牛，臺詳所給。歲終言殿最，明其刑賞。
此功克舉，庶有弘益。若緣邊足食，則江南自豐，權其所饒，略不
可計。〔註45〕

按此次上書時間應在齊明帝永泰元年（498），「時帝已寢疾，兵事未已，竟不
施行。」隨後不久齊明帝即死。而其上書之背景仍為北虜擾邊，「是時連年虜
動，軍國虛乏。孝嗣表立屯田。」〔註46〕他是南朝建議屯田諸人中最為身體
力行者，不但訪諸故老，且親自考察了緣淮領域舊屯田區狀況。其所說之「經
彼宰守」，應為宋末昇明年間出任南彭城太守。據其上書內容，對具體執行關
注較多，主要分為三個方面：一為地方守宰對墾殖的推行，即「刺史二千石
躬自履行，隨地墾闢」；二為邊鎮戍卒的分番屯墾，即「州郡縣戍主帥以下，
悉分番附農」；三為設置獨立機構，專管此事。繼東晉以後，他重新提出設置
獨立屯田機構的重要性。蕭子顯對徐孝嗣之上書評價頗高，恐亦因其對此深
有感觸，在徐孝嗣、沈文季二人合傳一卷〈史臣曰〉中，完全成為其對徐孝
嗣屯田策之評議，最後指出：「孝嗣當蹙境之晨，薦希行之計，王無外略，民
困首領，觀機而動，斯議殆為空陳，惜矣！」齊時尚有祖沖之《安邊論》，其
文已佚，然據《南齊書》本傳，其意亦重在屯田。「沖之造《安邊論》，欲開
屯田，廣農殖。」〔註47〕祖沖之既撰文以述其事，惜其文不存，此後再未出
現突出之屯田倡議者。

由以上可知，東晉南朝時期，雖大規模屯田事跡並未開展，然屯田思想
卻時有出現。然東晉南朝雖均有屯田建議，其重點則各不相同：東晉注重民
屯，旨在鞏固建康統治，約以建康財政匱乏且在荊揚之爭中屢屢為上游挾
制之背景決定。而南朝則注重邊鎮屯田，此與鮮卑頻繁擾邊緊密相關。而建
康財政亦因北面邊鎮轉運而陷於困頓，此徐孝嗣上書已然指出。五朝時期政
權並未推行屯田，然屯田事跡卻屢有出現，且在一定時期內取得較為突出的
成就。

〔註45〕《南齊書》卷 44〈徐孝嗣傳〉。《冊府元龜》卷 503〈邦計部‧屯田〉亦備載
　　　　徐孝嗣上書。
〔註46〕《南齊書》卷 44〈徐孝嗣傳〉。
〔註47〕《南齊書》卷 52〈文學傳‧祖沖之傳〉。《冊府元龜》卷 503〈邦計部‧屯田〉
　　　　亦載此論，6034 頁。

二、東晉南朝屯田事蹟及地理分佈

　　這裡所探討之屯田與私人之「屯」不同，雖私人的屯亦有屯田性質，然因其並非利入國家，故不在本文探討範圍內，如齊蕭子良之宣城屯，《梁書》卷52〈止足傳・顧憲之傳〉載：「時司徒竟陵王於宣城、臨成、定陵三縣界立屯，封山澤數百里，禁民樵採，憲之固陳不可，言甚切直。」而由地方郡守開展的作爲私人收入的屯田在東晉南朝亦較爲常見，劉裕稱帝後曾下詔禁斷此類屯田：「州郡縣屯田池塞，諸非軍國所資，利入守宰者，今一切除之。」〔註48〕此類屯田在地方和政權財政中並未起到推動作用，故不在本文考察範圍。

　　自東晉伊始，五朝即屢有屯田活動開展，雖然均屬偶發，且其興廢往往因開創者之去留而變化，然總而言之，仍有跡可循，且存在諸多共同特徵，下文詳而論之。

　　總計東晉南朝屯田多在襄陽淮河一線，長江以南亦偶有屯田事跡，然其影響及成就均不及北面邊鎮，這裡對東晉南朝屯田活動稍作統計，以備下文考述。

東晉南朝屯田一覽表

時　　間	事　　　　　跡	開創人
晉元帝永昌元年（322）	《晉書》卷 70〈甘卓傳〉：「卓轉更很愎，聞諫輒怒。方散兵使大佃，而不爲備。」時間在王敦初次舉兵時期，甘卓鎮守襄陽。	甘　卓
咸康六年至咸康八年（340～342）〔註49〕	《南齊書》卷 14〈州郡志上〉：「諸郡失土荒民數千無佃業，翼表移西陽、新蔡二郡荒民就陂田於尋陽。」屯田地點在江州尋陽。	庾　翼
晉穆帝永和八年（352）	《晉書》卷 26〈食貨志〉載：「升平初，荀羨爲北府都督，鎮下邳，起田于東陽之石鼈，公私利之。」〔註50〕據《晉書》卷 77	荀　羨

〔註48〕《宋書》卷 2〈武帝紀中〉。

〔註49〕據《晉書》卷 73〈庾亮傳附弟翼傳〉，庾翼咸康六年出鎮武昌，康帝即位移鎮襄陽。

〔註50〕《通典》卷 2〈食貨典二・屯田〉、《太平御覽》卷 333〈兵部六十四・屯田〉亦載其屯田在升平初年，《通鑑》卷 99 穆帝永和八年條載其鎮下邳時間爲永和八年三月（3123 頁），按荀羨此次屯田之目的在於爲殷浩北伐提供軍儲，殷浩北伐恰在此年，《冊府元龜》卷 503〈邦計部・屯田〉載：「殷浩爲中軍將軍，北征許、雒，開江西畹田千餘頃以爲軍儲。」6033 頁。而江西畹田開展者正

	〈殷浩傳〉載：「及石季龍死，胡中大亂，朝廷欲遂蕩平關河，於是以浩爲中軍將軍、假節、都督揚豫徐兗青五州軍事。……既而以淮南太守陳逵、兗州刺史蔡裔爲前鋒，安西將軍謝尙、北中郎將荀羨爲督統，開江西墝田千餘頃，以爲軍儲。」可知此次屯田主要目的爲殷浩北伐。	
義熙八年（412）〔註 51〕	《元和郡縣圖志》闕卷逸文卷 1〈江陵府〉載：「晉朱齡石開三明，引江水以灌稻田，大爲百姓興利，後堤壞，遂廢。」1053 頁。	朱齡石
晉安帝義熙中	《宋書》卷 48〈毛修之傳〉「高祖將伐羌，先遣修之復芍陂，起田數千頃。」〔註 52〕	毛修之
宋文帝元嘉五年（428）	《宋書》卷 46〈張邵傳〉：「及至襄陽，築長圍，修立隄堰，開田數千頃，郡人賴之富贍。」屯田地點爲襄陽。	張　邵
宋文帝元嘉七年（430）	《宋書》卷 51〈宗室傳・長沙景王道憐傳附子義欣傳〉載：「芍陂良田萬餘頃，堤堨久壞，秋夏常苦旱。義欣遣諮議參軍殷肅循行修理。有舊溝引淠水入陂，不治積久，樹木榛塞。肅伐木開榛，水得通注，旱患由是得除。」《通典》卷 2〈食貨典・水利田〉：「宋文帝元嘉七年，劉義欣爲荊河刺史，鎭壽陽。于時土境荒毀，百姓離散。義欣綱維補緝，隨宜經理。芍陂良田萬頃，隄堰久壞，秋夏常苦旱。義欣遣諮議參軍殷肅循行修理，有舊溝引淠水入陂，伐木開榛，水得通涇，由是遂豐稔。」〔註 53〕屯田地點爲壽陽芍陂。	劉義欣
宋文帝元嘉二十二年（445）	《宋書》卷 81〈劉秀之傳〉：「襄陽有六門堰，良田數千頃，堰久決壞，公私廢業。世祖遣秀之修復，雍部由是大豐。」〔註 54〕屯田地點爲襄陽。	劉秀之
—	《元和郡縣圖志》闕卷逸文卷 1〈山南道・江陵府〉載：「穫湖，在縣東。沈攸之爲荊州刺史，堰湖開瀆田。多收穫，因以爲名。」〔註 55〕	沈攸之
—	《南齊書》卷 25〈垣崇祖傳〉：「上遣使入關參虜消息還，敕崇祖曰：『卿視吾是守江東而已邪？所少者食，卿但努力營田，自然平殄殘醜。』敕崇祖修治芍陂田。」〔註 56〕	垣崇祖

　　是荀羨，且據《晉書》卷 75〈荀崧傳附子羨傳〉，荀羨死於升平二年（358），其於升平元年開展屯田可能性較小。

〔註 51〕按上明爲三明之一，位於江陵附近，據《宋書》卷 48〈朱齡石傳〉，其並無任職荊州經歷，僅義熙八年從劉裕征討劉毅，次年即出師益州，故其開三明屯田，應在義熙八年。

〔註 52〕《冊府元龜》卷 503〈邦計部・屯田〉亦載此事，6033 頁。

〔註 53〕《資治通鑑》卷 121 宋文帝元嘉七年條亦載此事，3825 頁。

〔註 54〕《玉海》卷 23〈地理・宋六門堰〉亦載，464 頁。

〔註 55〕《元和郡縣圖志》闕卷逸文卷 1〈山南道・江陵府〉，1051 頁。

〔註 56〕《冊府元龜》卷 503〈邦計部・屯田〉（6033 頁）、《玉海》卷 23〈地理・漢芍陂〉、卷 177〈食貨・屯田〉均載此事。

梁武帝天監初年	《梁書》卷 22〈太祖五王傳‧始興王憺傳〉：「時軍旅之後，公私空乏，憺屬精爲治，廣闢屯田，減省力役，存問兵死之家，供其窮困，民甚安之。」此爲梁武帝即位之初，始興王憺任荊州刺史，屯田地點爲荊州。	始興王憺
天監年間	《梁書》卷 28〈裴邃傳〉：「出爲竟陵太守，開置屯田，公私便之。遷爲游擊將軍、朱衣直閤，直殿省。」屯田地點爲竟陵。	裴　邃
天監年間	《梁書》卷 28〈裴邃傳〉：「尋遷假節、明威將軍、西戎校尉、北梁秦二州刺史。復開創屯田數千頃，倉廩盈實，省息邊運，民吏獲安。」〔註57〕屯田地點在沔北。	裴　邃
梁武帝中大通六年（534）	《梁書》卷 28〈夏侯夔傳〉：「六年，轉使持節、督豫淮陳潁建霍義七州諸軍事、豫州刺史。豫州積歲寇戎，人頗失業，夔乃帥軍人於蒼陵立堰，漑田千餘頃，歲收穀百餘萬石，以充儲備，兼贍貧人，境內賴之。」〔註58〕	夏侯夔

由以上可知五朝時期屯田的特點，首先諸多屯田皆與軍事相關，在東晉時期一直提倡的民屯並未獲得開展。而自其地理分佈，以漢水流域及淮河沿線爲主，而以襄陽、壽春與石鱉三個區域爲重要據點，後文詳論之。

屯田的開展必備條件：一爲無主荒地；二爲水源問題〔註59〕。據上表，諸屯田事跡均由地方長官開發，其性質多爲軍屯，即由駐軍的耕戰結合。長江以南尤其揚州區域，雖孫吳時期於此頻繁開展屯田，然東晉南朝時期這一區域戰亂侵擾較少，編戶穩定，尤其揚州三吳、浙東地區一直處於地少人多的狀況，故屯田的開展只能偶發的出現於上游荊湘一帶。而漢水淮河一線一直爲臨敵軍鎮，如晉末義熙二年劉毅出鎮豫州時即指出「比年以來，無月不戰」的狀況〔註60〕。居民不穩定，大量耕地閒置爲這一區域屯田的開展創造了有利條件。而水源的要求亦制約著屯田去的分佈，故東晉南朝屯田均依河流或舊屯田區之水利設施開展。下文按屯田地點分別考察各地屯田狀況。

石鱉屯田區：《天下郡國利病書》載杜預語：「鄧艾於此作白水塘，北接洪澤，屯田一萬三千頃。按白水即石鱉也。」〔註61〕此地水利及屯田爲鄧艾

〔註57〕《太平御覽》卷 817〈布帛部四〉引《齊書》亦載此事。

〔註58〕《太平御覽》卷 821〈資產部一〉引《梁書》同載。

〔註59〕曹魏後期因並水東下開展淮南屯田，致許下屯田水源不足，這成爲許昌屯田廢棄的重要原因，詳見權家玉〈試析曹魏時期許昌政治地位的變遷〉，《魏晉南北朝隋唐史資料》第二十五輯。

〔註60〕《南齊書》卷 14〈州郡志上‧豫州條〉。

〔註61〕《玉海》卷 173〈宮室‧魏石鱉城〉載：「《通典》楚州安宜，魏鄧艾築石鱉城，

創建，地接淮河，因水利的便利，舊屯田區規模可觀，然三國至西晉，此地再未見其他屯田事跡。

石鱉之屯田於五朝時期，最早見於記載似僅爲東晉荀羨之屯田，見前表，其時間爲晉穆帝永和八年（352），荀羨升平二年因病（358）離任，期間石鱉屯田應得以維持。此後至南朝末未見此地屯田事跡，然這並非表明屯田已廢，元嘉二十七年（450）瓜步之役，尚有石鱉屯穀記載。「虜初南出，後無資糧，唯以百姓爲命。及過淮，食平越、石鱉二屯穀，至是抄掠無所，人馬饑困，聞盱眙有積粟，欲以爲歸路之資。」〔註62〕可知至元嘉後期石鱉屯田仍在開展，且爲盱眙附近之重要儲備之處。據《南齊書》卷14〈州郡志・北兗州條〉，蕭齊北兗州所轄唯陽平一郡，稱盱眙「舊北對清泗，臨淮守險，有陽平石鱉，田稻豐饒。」齊立陽平郡治在石鱉，「（周山圖）表移東海郡治漣口，又於石鱉立陽平郡，皆見納。」〔註63〕可知陽平郡，乃至南兗州及盱眙重鎮，在南齊邊鎮中的地位皆源於石鱉屯田。陳失江北，北齊亦曾於此屯田，「廢帝乾明中，尚書左丞蘇珍芝，議修石鱉等屯，歲收數萬石。自是淮南軍防，糧廩充足。」〔註64〕直至南朝後期石鱉屯仍有記載，陳宣帝時北伐奪回石鱉，太建六年（574）詔云：

> 近命師薄伐，義在濟民……中途止憩，胸山、黃郭，車營布滿，扶老攜幼，蓬流草跋，既喪其本業，咸事遊手，饑饉疾疫，不免流離。可遣大使精加慰撫，仍出陽平倉穀，拯其懸磬，並充糧種。勸課士女，隨近耕種。石鱉等屯，適意修墾。〔註65〕

按北齊廢帝乾明元年爲陳文帝天嘉元年（560），則可知陽平石鱉不論南北朝，得此地者均於此屯田。陳宣帝佔領石鱉，北齊陽平倉仍有積穀。隨後陳亦於此設立屯田，按此後不久陳再失江北，故宣帝之屯田政策應未能推行。石鱉爲南朝邊鎮屯田時間最久且最具持續性的地區。

壽春屯田區：此爲曹魏舊屯田區，《通典》卷181〈州郡典・壽春〉載晉

在縣西八十里以營田。」《輿地紀勝》卷39〈淮南東路・楚州〉亦載鄧艾於石鱉屯田事跡。《通鑑》卷168陳文帝天嘉元年條載爲「石鹿」，胡三省注稱鄧艾屯田於此，其地恰爲石鱉所處，此蓋傳寫有誤。

〔註62〕《宋書》卷74〈臧質傳〉。
〔註63〕《南齊書》卷29〈周山圖傳〉。
〔註64〕《隋書》卷24〈食貨志〉。
〔註65〕《陳書》卷5〈宣帝紀〉。

伏滔語：

> 彼壽春者，南引汝潁之利，東連三吳之富。北接梁宋，平塗不
> 過七百；西接陳許，水陸不出千里。外有江湖之阻，內保淮、淝之
> 固。龍泉之陂，良田萬頃；舒六之貢，利盡蠻越也。

水利的優越與廣闊的宜耕土地為屯田的開展準備了必要條件。據記載，此
地屯田多以芍陂為水利中心，《水經注》卷 32〈肥水注〉稱：「陂周百二十許
里，在壽春縣南八十里，言楚相孫叔敖所造。魏太尉王淩與吳將張休戰于
芍陂，即此處也。陂有五門，吐納川流。」曹魏據此以屯田。陂有五門，
據《隋書》卷 73〈循吏傳・趙軌傳〉載：「芍陂舊有五門堰，蕪穢不修。軌
於是勸課人吏，更開三十六門，灌田五千餘頃，人賴其利。」可知歷東晉
南朝雖對此水利屢有修治，然並未增開水門。《通典》卷 181〈州郡典・安
豐〉載：

> 梁置陳留、安豐二郡。有芍陂，楚孫叔敖所起，崔寔月令曰「叔
> 敖作期思陂」，即此。後漢王景為廬江太守，重修起之，境內豐給。
> 其陂徑百里，灌田萬頃。齊梁帝立屯田，無復運輸。〔註66〕

漢末劉馥、倉慈即曾於此修立屯田〔註67〕，魏吳雙方亦曾就芍陂地區展開激
烈爭奪，故其地於曹魏時期屯田蓋未斷絕。〔註68〕此後司馬懿即開創規模龐
大的淮南屯田，芍陂自亦在此範圍內。東晉後期，劉裕為北伐後秦遣毛修之
此地修立屯田。「潁川太守姚平都自許昌來朝，言於興曰：『劉裕敢懷姦計，
屯聚芍陂，有擾邊之志，宜遣燒之，以散其眾謀。』」〔註69〕然此僅為應一時
軍需，大約隨後即廢棄。至元嘉七年（430）長沙王義欣為豫州刺史鎮壽春
時，及出現「芍陂良田萬餘頃，堤堨久壞，秋夏常苦旱。」劉義欣於此修立
屯田取得一定成就，然至元嘉十一年（434）入朝，恐芍陂屯田亦因之廢棄。
齊建元元年垣崇祖為豫州刺史，鎮壽春，至建元二年（480）以後齊高帝「敕
崇祖修治芍陂田」，可知垣崇祖並未主動修治此地屯田。而其於壽春屯田已為
建元後期，至齊武帝即位，「世祖即位，徵為散騎常侍、左衛將軍。俄詔留本

〔註66〕《太平寰宇記》卷 129〈淮南道七〉亦引崔寔月令亦稱齊梁之代多屯田於此，
中華書局，2010 年。
〔註67〕詳見《三國志》卷 15〈魏書・劉馥傳〉及卷 16〈魏書・倉慈傳〉。
〔註68〕《三國志》卷 47〈吳書・吳主傳第二〉載：「（赤烏四年（241））夏四月，遣
衛將軍全琮略淮南，決芍陂，燒安城邸閣，收其人民。」
〔註69〕《晉書》卷 118〈姚興載記下〉。

任，加號安西。仍遷五兵尙書，領驍騎將軍。」〔註70〕一年之內垣崇祖屢經
變動，最終入朝，而芍陂屯田自亦難以久持。故至齊明帝後期，徐孝嗣上書
稱：「淮南舊田，觸處極目，陂遏不修，咸成茂草。平原陸地，彌望尤多。」
〔註71〕而其此次上書既未能實施，以芍陂爲中心的壽春屯田區於蕭齊一代遂
從此廢棄，齊末裴叔業舉兵，壽春入北。直至梁武帝普通四年（523）冬，裴
邃始再修芍陂，然此次修建此水利工程恐影響甚微，史書並無過多記載，僅
《梁書・裴邃傳》中云：「是冬，始修芍陂」。按此時梁奪回壽春伊始，其統
治尙不穩固，屯田開展自是困難重重。中大通六年（534），夏侯夔以豫州刺
史鎮壽春，乃於蒼陵立屯田。史稱：「豫州積歲寇戎，人頗失業，夔乃帥軍人
於蒼陵立堰，溉田千餘頃，歲收穀百餘萬石，以充儲備，兼贍貧人，境內賴
之。」〔註72〕蒼陵，《水經注》卷30〈淮水注〉云：「淮水又東流與潁口會。
東南逕蒼陵北，又東北流逕壽春縣故城西。」〔註73〕《讀史方輿紀要》卷21
〈南直三・壽州〉云：「蒼陵城，在州西北」（1022頁。）其地已並非芍陂灌
溉區。此時夏侯夔未依芍陂舊水利工程開屯田，而於蒼陵立堰，蓋芍陂堤堰
毀壞日久。終梁代芍陂水利未能新修，其地屯田自不待言。故裴之橫得以輕
易率僮僕於此屯墾。「（裴之橫）少好賓遊，重氣俠，不事產業。之高以其縱
誕，乃爲狹被蔬食以激厲之。之橫歎曰：「大丈夫富貴，必作百幅被。」遂與
僮屬數百人，於芍陂大營田墅，遂致殷積。」〔註74〕

　　陳失江北，壽春已不在控轄。故可知東晉南朝時期，壽春屯田區雖屢有
修治，然未能持續。壽春爲南北重鎮，屢爲兵衝，其地殘破可知，而屯田未
能長期持續亦可稍解釋爲何東晉南朝東西兩面軍鎮依次崛起，而唯獨豫州雖
爲重鎮而難爲強鎮之因。

　　漢沔屯田區：此屯田區圍繞襄陽爲中心，含南陽盆地、江漢平原。西晉
武帝時期，羊祜於此屯田頗著成效。「吳石城守去襄陽七百餘里，每爲邊害，
祜患之，竟以詭計令吳罷守。於是成邏減半，分以墾田八百餘頃，大獲其
利。祜之始至也，軍無百日之糧，及至季年，有十年之積。」〔註75〕於襄陽

〔註70〕　《南齊書》卷25〈垣崇祖傳〉。
〔註71〕　《南齊書》卷44〈徐孝嗣傳〉。
〔註72〕　《梁書》卷28〈夏侯亶傳附弟夔傳〉。
〔註73〕　《水經注疏》卷30〈淮水注〉，江蘇古籍出版社，2521頁。
〔註74〕　《梁書》卷28〈裴邃傳附兄子之橫傳〉。
〔註75〕　《晉書》卷34〈羊祜傳〉。《通典》卷2〈食貨典二・屯田〉亦載此事。

以南有江漢平原，水利便利，對於江漢平原的狀況，魯西奇先生有過詳細考述〔註76〕。以北於南陽盆地，有六門堰，劉宋時劉秀之於此屯田。按六門堰，《水經注》卷29〈淯水注〉云：

> 淯水又逕穰縣為六門陂，漢孝元之世，南陽太守邵信臣，以建昭五年，斷淯水，立穰西石塌。至元始五年，更開三門為六石門，故號六門塌也。溉穰、新野、昆陽三縣五千餘頃，漢末毀廢，遂不脩理。晉太康三年，鎮南將軍杜預復更開廣，利加于民，今廢不脩矣。〔註77〕

張衡〈南都賦〉稱：「其陂澤則有鉗盧玉池，赭陽東陂。貯水淳洿，互望無涯。」〔註78〕有關六門堰史事張澤咸先生已有考證〔註79〕。

襄陽地區的屯田事跡在南朝，黎虎先生在〈六朝時期江沔地區的屯田和農業〉一文中有細緻陳述〔註80〕，據其統計，相繼有周訪、甘卓、張邵、劉秀之，以及計劃夭折的庾亮、庾翼、王琳。案，劉秀之為襄陽令在元嘉二十二年，其既修六門堰屯田，可知南陽盆地時在襄陽令統轄。而在此前元嘉二十年，蕭思話為雍州刺史時，「遣土人龐道符統六門田，（武）念為道符隨身隊主。」〔註81〕此所謂六門田，應即為六門堰屯田，這裡指出龐道符統六門田，且武念為其隊主，可知此為軍屯無疑。這裡可知劉秀之前六門堰屯田既有開展，而劉秀之興修六門堰，擴大器灌漑區域。襄陽左近屯田在一定時期內是持續的，而六門堰屯田既有固定執掌，其事自不能輕易廢棄。

其餘屯田地區大體有：（東晉）庾翼遷流民於尋陽屯田；朱齡石在荆州於三明屯田〔註82〕；（宋）沈攸之於荆州江陵獲湖屯田；（梁）陳慶之於義陽屯田；始興王憺於荆州屯田（具體地點不詳）；裴邃於竟陵屯田；裴邃於北梁、秦州屯田。另南朝青徐一帶尚有葛塘屯田，事跡無考〔註83〕。然這些地區屯

〔註76〕 詳見《區域歷史地理研究：對象與方法──漢水流域的個案考察》，廣西人民出版社，2000年。

〔註77〕 《水經注疏》卷29〈淯水注〉，2466～2467頁。

〔註78〕 蕭統：日本足利學校藏《宋刊明州本六臣注文選》卷4張衡《南都賦》，人民文學出版社，2008年，287頁。

〔註79〕 張澤咸《漢晉唐時期農業》，415頁。

〔註80〕 收於氏著《魏晉南北朝史論》，學苑出版社，1999年。

〔註81〕 《宋書》卷83〈宗越傳附武念傳〉。

〔註82〕 三明，《水經注疏》卷34〈江水注〉楊守敬疏稱：「《諸宮舊事》五《注》引《荊州志》，上明、中明、下明謂之三明，明猶渠也。」

〔註83〕 《南齊書》卷28〈劉善明傳〉載：「善明家無遺儲，唯有書八千卷。太祖聞其

田僅爲偶發，未能延續，多隨主將遷轉而廢棄，相對於前文三個屯田區，其成就及穩定性均難望項背。

綜上，南朝屯田活動主要集中於北面沿線，西面以漢水襄陽爲中心，東面則以淮河流域爲中心。黎虎先生對南朝屯田做過這樣的論斷：「南方政權邊境屯田的重點，一是長江下游的江淮地區，一在長江中游的江沔地區。」〔註84〕屯田多爲重鎮所處，可以說南朝的屯田與軍鎮的發展有著密不可分的關係。

恰如張澤咸先生所述，南朝屯田之效果遠不及北朝〔註85〕。由於東晉南朝屯田活動的減少，雖然朝中屢有人建議此事，然在職官體系中亦可看出屯田形勢的衰弱。《宋書》卷39〈百官志上〉載尚書令條：「晉江左初，無直事、右民、屯田、車部、別兵、都兵、騎兵、左士、右士、運曹十曹郎，而主客、中外兵各置一郎而已，所餘十七曹也。」取消了西晉設立的屯田曹。總體而言東晉南朝屯田在走向衰弱，然而這種邊鎮偶發的屯田在一定時期內對軍鎮的發展仍起到不可忽視的作用。

南朝每議及屯田未嘗不涉及邊防，這直接指出了邊境屯田的動機及作用，東晉時期雖屯田思想注重民屯，然據可考事跡，僅有數次亦與行軍緊密聯繫。殷浩北伐以荀羨石鼈屯田爲軍儲，劉裕北伐後秦，亦先以毛修之於芍陂屯田。可知屯田活動的開展可以爲軍鎮短時期內提供充足的軍糧。

在南朝政治中，軍鎮地位不可忽視，而其得以保有自身實力，又與其財力密不可分，而一旦軍鎮財力不足，賴建康維持，曠日持久的轉運更直接轉嫁於政權〔註86〕。可知邊鎮轉運實爲中央財政不可忽視之負擔，而徐孝嗣之上書則明確指出淮北諸鎮運糧之勞已爲建康財政之包袱。

軍鎮的鎮守以財力的維持爲主要因素，這直接關係到軍鎮的防禦能力。《宋書》卷72〈南平穆王鑠傳〉：「上以兗土雕荒，罷南兗併南徐州，當別置淮南都督住盱眙，開創屯田，應接遠近，欲以授鑠。」宋文帝欲使南平王鑠出鎮淮南，乃擬先於其地開展屯田，由此可以得知，軍糧在軍鎮鎮守中至關重要的地位。前揭齊南兗州之設立及盱眙重鎮的防守地位，均與石鼈屯田緊

清貧，賜滌家莒塘屯穀五百斛。」
〔註84〕黎虎：〈六朝時期江沔地區的屯田和農業〉，收於《魏晉南北朝史論》，112頁。
〔註85〕張澤咸：〈東晉南北朝屯田述略〉。
〔註86〕《三國志》卷1〈魏書・武帝紀〉裴松之注載：「於是州郡例置田官，所在積穀。征伐四方，無運糧之勞。」

密相連。而屯田對軍鎮實力的崛起亦起到不可忽視的作用，梁武帝時期，夏侯夔鎮守豫州，史稱「在州七年，甚有聲績，遠近多附之。有部曲萬人，馬二千匹，並服習精強，爲當時之盛。」〔註 87〕南朝軍鎮常備兵力規模極少有達到萬人者，齊末雍州軍鎮獨強，梁武帝鎮此經營多年，席闡文稱「蕭雍州蓄養士馬，非復一日」。〔註 88〕然至舉兵時亦止甲士萬人，馬千匹，〔註 89〕則夏侯夔在豫州擁有如此實力，「爲當時之盛」並非虛言。而豫州一直以來兵力都未超過三千人，〔註 90〕夏侯夔以豫州軍鎮擁部曲萬人，其強盛之勢前所未有，據《梁書》本傳，這皆與其蒼陵屯田密不可分。

東晉南朝時期因政權並未大力推行，故屯田活動相對於漢末三國一直在走向頹勢，然朝中屢有屯田之議然卻始終未絕，而因時勢及推行難度側重各有不同：東晉諸議屯田均在於鞏固建康政權統治地位，因東晉政權相對衰弱，財力匱乏，且在荊揚之爭中屢屢受制於上游，故這一時期之倡議均立足於增強政權實力，而較少關注軍鎮。南朝時期政權均由軍鎮入主，故其實力相對於東晉有所增強，地位亦較爲穩固，而北魏的屢屢犯邊，遂使邊防成爲重要議題，而邊境屯田之議乃在這一時期應運而生。自屯田事跡而言，東晉一直提倡的民屯活動並未獲得推行，相反與軍事相關之屯田卻得到不同程度開展，南朝因邊防之須，邊境屯田規模相對於東晉有所擴大，其地域基本分佈於以襄陽爲中心之漢沔流域及淮河一線。此類屯田均由地方官開創，故隨其本人遷轉而屢興屢廢，然這種偶發性的屯田在軍鎮實力的維持和成長中頗爲重要，甚而直接影響到邊鎮地位，在南朝防禦北朝的軍事活動中起到不可忽視的作用。

小　結

州鎮在財權上的自主，使其自身實現了自主生存的條件，足食足兵使其

〔註 87〕《梁書》卷 28〈夏侯夔傳〉。

〔註 88〕《梁書》卷 10〈蕭穎達傳〉。

〔註 89〕《通鑑》卷 143 齊東昏侯永元二年條載：「是日，建牙集眾，得甲士萬人，馬千餘匹，船三千艘，出檀溪竹木裝艦，葺之以茅，事皆立辦。」（4474 頁）《梁書》卷 1〈武帝紀上〉所載數字與此吻合。

〔註 90〕《宋書》卷 86〈殷孝祖傳〉載蔿僧韶至豫州説服殷孝祖入援建康事跡：「孝祖即日棄妻子，率文武二千人隨僧韶還都。」殷孝祖拋妻棄子傾巢出動，文武將吏總數止兩千人。而齊末崔慧景舉兵圍臺城，蕭懿入援建康，《南史》卷 51〈長沙宣武王懿傳〉載：「懿時方食，投著而起，率銳卒三千人入援。」

並不依賴建康政權而生存，從而促使其半獨立狀況形成。這對南朝政局影響深遠，在建康政權逐步走向衰弱的同時，州鎮在一定程度上維持乃至增強了其實力，在此過程中其獨立性也在逐步增強。正統觀念的崩潰，使政局一直保持有力者居之的局面，建康局勢在各種勢力推動下風雲變幻，此時脫穎而出的軍鎮隨之而生問鼎之心。

第五章 南朝文武分區局面的形成及影響

　　東晉南朝時期政治、經濟乃至文化都呈現突出的地域性特徵，這在南朝的政治運作中起到不可忽視的作用。地域之間經濟、軍事的不平衡，直接影響著南朝宏觀的政治構造。這一問題分爲兩個方面，即是都督區的地方化，同時也是政權的地方化。南朝政權定都建康後即開始擺脫其賴以崛起的軍鎮，轉而以揚州爲其統治基礎，從這一現象可以總結出政權地方化的特點。都督區的穩定建制爲地方力量的集結提供平臺，在政權走向地方化的同時，都督府與地方力量的結合也日益緊密，都督府地方化的步伐也在這一背景下悄然邁出。這樣在南朝境內就形成了這種地方性的單元，建康在揚州境內大規模補充官僚結構，都督府也在轄區擁有很大的官吏任免權。而這種趨勢推動了另一局面的出現，出仕建康易得高位，任職軍府皆爲卑職，且上達無門。地方力量陞遷途徑的狹窄推動著南朝地方對政權認同感的削弱，政權與都督區的長期博弈，有力者得天下成爲主導政治運轉的共識。

第一節　政權京畿化：南朝政權的建康本土化與政局演變

　　東晉南朝是中國古代的一個特殊時期，長時間的南北分裂以及頻繁的朝代更迭是這一時期的一個重要特點。就南朝而言宋齊梁陳的交替出現，似乎背後一直存在著一股不變的極爲隱晦的力量在主導，也正因如此，多年來吸

引大量學者前赴後繼的探尋。從上世紀八十年代開始，南朝各地域的不同特點逐步受到重視，於是如「地域性」、「地域社會」、「地域集團」以及「共同體」等概念開始不斷出現〔註1〕，也正式揭開了從地域空間角度探索南朝政局演變原因的序幕。雖然這些概念在不同程度上存在問題，但地域性在南朝政治及社會中起到至關重要的作用已被學界公認。

然而至今爲止所有關注地域性的研究成果均聚焦於揚州以外區域，探尋都督府與地方勢力的結合乃至形成利益共同體，繼而與坐落在揚州的南朝政權角逐，卻極少有人關注過在各地出現地域化的過程中揚州政權的演變。毫無疑問，當各地相繼開始出現這一轉變歷程時，揚州政權勢必走向逐步被孤立的局面，當達到一定程度，政權必然會被局限在以揚州爲中心的狹小空間，呈現出一個地方政權的特點，或者說它本身也演變爲一個地方利益的共同體。這又引出另一話題：南朝政權的地方化，究竟是因各地的地方化使其遭到孤立而採取的被動行爲，抑或其在定都建康後即開始主動採取的與地方力量結合的行爲呢。

鑒於這一問題的重要性，這裡有必要詳細探討南朝各政權從建立到被取代過程中的演變趨勢。這裡仍採用「地域性」一詞，從政權地域化的角度對南朝政權和其所在地建康爲中心的揚州和南徐州的聯繫進行考量，探求其逐步地方化的過程。

一、南朝皇族與官僚機構性質的轉變

建康與吳會地區空間上的天然結合而引起政治結合的趨勢，這在孫吳時就已體現，孫氏立國江東與三吳大族的支持是分不開的。西晉末年，司馬氏「五馬渡江」，在士族的擁護下建立了東晉王朝，從此建康成爲高門士族的聚居地。與南朝政權不同的是，東晉政權的官僚機構在建立之初即爲完全士族化的群體，皇權更是在士族的卵翼下存在。

〔註1〕 「地域性」概念最具代表性的爲日本學者中村圭爾的《六朝江南地域史研究》，汲古書院，2006年。地域社會的研究主要集中在1987年的中日會議「地域社會在六朝政治文化上所起的作用」，1989年由日本學者谷川道雄主編同名論文集，日本玄文社出版。「地域集團」的概念最早由陳寅恪提出（《楚子集團與江左政權的轉移》，收於萬繩楠整理《陳寅恪魏晉南北朝史講演錄》，黃山書社，1987年），提出主要集中在章義和《地域集團與南朝政治》，華東師範大學出版社，2002年。「共同體」的概念則集中在日本學者谷川道雄《中國中世社會與共同體》一書，中華書局，2002年。

　　南朝各代皆以武風開創，既然建康成爲定都的唯一選擇〔註2〕，掌握主流文化的士族進入官僚機構乃無法規避。同時建康形成的濃鬱士族風氣及完整獨立的社會更具有極大的同化能力，首先受其影響的即是以武力起家的皇族〔註3〕。劉裕作爲南朝的第一個皇帝，表現即極爲突出。《宋書》卷64〈鄭鮮之傳〉載：「高祖少事戎旅，不經涉學，及爲宰相，頗慕風流，時或言論，人皆依違之，不敢難也。鮮之難必切至，未嘗寬假，要須高祖辭窮理屈，然後置之。」〔註4〕劉裕以北府武將出身，清談本非其所長，然於士族風氣的薰染下，亦不免欣而慕之。宋文帝雖以軍鎮即位，於其居藩府，琅琊高門王華、王曇首即爲其潛邸謀士，自亦頗受其影響。到孝武帝時，劉宋的三代皇帝轉變是極爲明顯的。

> 帝微時躬于丹徒業農，及受命後，耨耜之具頗有存者，皆命藏之，留於後。及文帝幸舊宮，見而問焉，左右以實對，帝有慚色。有近侍進曰：「大舜躬耕歷山，伯禹親事土木，陛下不覩列聖之遺物，何以知稼穡之艱難，何以知先帝之至德乎！」及孝武帝大明中，壞上所居治室，于其處起玉燭殿，與群臣觀之，床頭有土障，壁上掛葛燈籠、麻繩拂。侍中袁顗稱上儉素之德，武帝不答，獨言曰：「田舍翁得此，已過矣。」〔註5〕

宋武帝貧賤時之遺物，於文帝時尚可激勵其志，且卑微若近侍尚進言相激，而至孝武帝，乃口出鄙夷之語，從中我們可以看到劉宋三代帝王明確的蛻化

〔註2〕　詳參劉淑芬〈建康與六朝歷史的發展〉，收於《六朝的城市與社會》，臺灣學生書局，1992年。

〔註3〕　越智重明在〈劉宋の五等開國爵と貴族〉一文中對劉宋初期借五等爵制將士族納入政治體系有探討，《東洋史學》第16輯，1956年。同時他在〈宋齊時代における皇帝と士大夫〉一文中亦對此較多關注，《東方古代研究》第10號，1960年。

〔註4〕　《資治通鑑》卷116晉安帝義熙八年條載：「裕素不學，而毅頗涉文雅，故朝士有清望者多歸之，與尚書僕射謝混，丹楊尹郗僧施，深相憑結。」中華書局，1956年，3649頁。劉裕最初與劉毅爭權時，士族倒向劉毅，其原因亦在二者於清談之短長。

〔註5〕　許嵩：《建康實錄》卷11〈高祖武皇帝〉，中華書局，1986年，390頁。此段史料《南史》卷1〈武帝紀〉亦記載，《宋書》卷3〈武帝紀下〉（60頁）、《容齋續筆》卷14〈帝王訓儉〉（中華書局，2005年，380頁）亦略載。《資治通鑑》卷136齊武帝永明三年條載：「自宋世祖好文章，士大夫悉以文章相尚，無以專經爲業者。」4266頁。宋孝武帝傾慕文雅的舉動是確定的，帝王已經逐漸擺脫了最初的武力色彩。

過程。到宋明帝時，劉宋帝王已經完成了士族化的歷程：

> （梁武帝天監中）鴻臚卿裴子野又論曰：「……宋明帝聰博，好文史，才思朗捷，省讀書奏，號七行俱下。每國有禎祥及行幸讌集，輒陳詩展義，且以命朝臣。」〔註6〕

在中國君主專制的各代，創業之主與守成之主出現這種轉變並不鮮見，但在南朝政權身處建康文弱的士族風氣中，建康與以外的地區風氣迥異的情況下，這也體現了帝王政治上的傾向。南朝由於一直對宗王防範極嚴〔註7〕，而致宗王在士族化的同時〔註8〕，武力色彩亦逐漸減退，後文有述。乃至以才能屢次出鎮的劉義慶，亦「不復跨馬」而招集文士修書〔註9〕。

　　齊高帝雖稱幼時師從經學家雷次宗治學〔註10〕，仍為宋後廢帝時之股肱武將，而至其孫竟陵王蕭子良，雖亦曾屢經出鎮，然已為士族化之宗王，篤信佛教，更於西邸聚學士，「永明末，京邑人士盛為文章談義，皆湊竟陵王西邸。」〔註11〕蕭子良之西邸已成為建康士族活動的中心。至梁代，武帝雖以雍州起兵成功，卻已是文武參半，「竟陵王子良開西邸，招文學，高祖與沈約、謝朓、王融、蕭琛、范雲、任昉、陸倕等並遊焉，號曰八友。」〔註12〕梁武帝在齊代時就已是建康的重要名士〔註13〕。而昭明太子及簡文帝，皆以文學見長，後者更為南朝宮體詩之重要開創者，梁元帝亦是「博總群書，下筆成章，出言為論，才辯敏速，冠絕一時。」〔註14〕經齊梁兩代，蘭陵蕭氏乃以

〔註6〕《通典》卷16〈選舉四・雜議論上〉，中華書局，1988年，389頁。

〔註7〕劉宋皇權對宗王的防範狀況，詳見周一良〈劉義慶傳之「世路艱難」與「不復跨馬」〉一文，收於氏著《魏晉南北朝史札記》。

〔註8〕《宋書》卷85〈謝莊傳〉載：「時北中郎將新安王子鸞有盛寵，欲令招引才望，乃使子鸞板莊為長史，府尋進號撫軍，仍除長史、臨淮太守，未拜，又除吳郡太守。莊多疾，不樂去京師，復除前職。」2177頁。雖然謝莊最終未出任，但在南朝欲令宗王擴大人望，往往以士族為其僚佐，這無形中又加速了宗王群體的士族化。

〔註9〕詳參周一良〈劉義慶傳之「世路艱難」與「不復跨馬」〉，收於《魏晉南北朝史札記》，中華書局，2007年第2版。

〔註10〕《南齊書》卷1〈高帝紀上〉載：「儒士雷次宗立學於雞籠山，太祖年十三，受業，治《禮》及《左氏春秋》。」3頁。

〔註11〕《南齊書》卷48〈劉繪傳〉，841頁。

〔註12〕《梁書》卷1〈武帝紀上〉，2頁。

〔註13〕宮崎市定也指出梁武帝雖然以軍閥起身，卻已兼具武將與文化人的雙重身份，《宮崎市定全集7・六朝》，岩波書店，1992年，209頁。

〔註14〕《梁書》卷5〈元帝紀〉，135頁。《資治通鑑》卷165梁元帝承聖三年條載其

武將出身之背景，一躍成為江南王、謝、袁、蕭四大高門之一，在南朝走出一條最為典型的士族化道路。陳代的皇族道路亦與前三朝相似，陳霸先以吳興豪帥起家，至陳後主，其文化的氣質也已至無以復加的地步。

南朝帝室士族化的同時，南朝政權的官僚機構也在走著相同的道路。自政權定都建康後，它就不可能把建康社會的主體——掌握南朝主流文化的士族，完全排斥在政權之外。其表現即是從軍府入主到坐鎮建康的過程中，士族在官僚群體特別是上層官僚群體中的比例逐漸突出，建康士人日益成為官僚機構的主體。

五朝相連均為士族政治，這一點在學界已達成共識。東晉為南下士族與江南士族協同下建立之政權，其官僚群體為士族壟斷已是不爭的事實，而南朝四代皆以武力為後盾立朝，卻也榮膺士族之名，帝室的士族化固然為一個標準，官僚群體的士族化更是南朝各代的共同特徵〔註15〕，正是這種趨勢使得建康士族得以維持職業官僚的性質〔註16〕。東晉時尚屢有建康士族置辦田產之舉，到南朝這種行為乃受到鄙視，「（顏延之）坐啟買人田，不肯還直，尚書左丞荀赤松奏之曰：『求田問舍，前賢所鄙。』」〔註17〕建康的士族演變成為職業官僚，做官成為他們維持生計的來源，而並不是以經濟為基礎保證仕途〔註18〕。並且在觀念上的影響，使這一群體穩穩的控制著建康社會，這種狀況使得每一個定都建康的政權都不能把他們完全排除在政治體系之外，故他們的社會地位保證了其政治地位，仕途的發展並不完全依賴於政

焚古今圖書十四萬卷，而曰：「讀書萬卷，猶有今日，故焚之。」5122頁。《顏氏家訓》卷三〈勉學第八〉亦載：「元帝在江、荊間，復所愛習，召置學生，親為教授，廢寢忘食，以夜繼朝，至乃倦劇愁憤，輒以講自釋。吾時頗預末筵，親承音旨，性既頑魯，亦所不好云。」187頁。梁元帝之好經學不容置疑。

〔註15〕日本學者川合安在〈六朝隋唐の「貴族政治」〉一文對此有較多關注，《北大史學》第39號，1999年。

〔註16〕詳參毛漢光〈中古士族性質之演變〉，收於《中國中古社會史論》，世紀出版集團、上海書店出版社，2002年，88頁。

〔註17〕《宋書》卷73〈顏延之傳〉，1902頁。《顏氏家訓》卷4〈涉務第十一〉亦載：「江南朝士，因晉中興，南渡江，率為羈旅，至今八九世，未有力田，悉資俸祿而食耳。」中華書局，1993年，324頁。在建康這種以做官為生存來源的士族要遠遠多於擁有莊園的士族，他們才是建康士族的主體。

〔註18〕蘇紹興在〈淺論兩晉南朝士族之政治地位與其經濟力量之關係〉一文中有詳述，收於《兩晉南朝的士族》，54頁。

權〔註 19〕。

劉裕創業之初，由於本爲武人出身且文化較低，並不受士族青睞，二劉爭權時，「（劉）毅既有雄才大志，厚自矜許，朝士素望者多歸之。」〔註 20〕這時建康士族的取向極爲明確。然而在劉裕掌權後，仍然大量吸收士族進入自己的官僚機構，到皇權逐漸士族化之後，他們之間的親和趨勢更爲突出。「世祖又以沈慶之才用不多，言論頻相蚩毀，（袁）顗又陳慶之忠勤有幹略，堪當重任。」〔註 21〕沈慶之爲孝武帝稱帝的元勳功臣，何須袁顗另加舉薦？同時南朝之顧命大臣皆以文武兼用、士庶相參，而顧命大臣中往往會有一人主政，除劉裕所命之徐羨之非士族外〔註 22〕，其他諸主政者皆爲建康之得勢高門。毛漢光對於南朝的上層官僚曾做過統計〔註 23〕，中書省在南朝已經近於爲士族壟斷，而一直頗具人望的尙書省更是連江南舊族亦少有染指〔註 24〕。這僅爲官僚機構的上層出現的變化〔註 25〕，而事實上它所引領的政權性質的轉變卻很少受人關注。

大體在各代創業者得勢之初，即大規模吸收士族進入幕府，其目的固然

〔註 19〕 六朝貴族在沒有經濟基礎的條件下，依賴做官爲生，然而其出仕並不依賴於政權，而是由其社會觀念上的地位所決定，對此日本學者谷川道雄在〈六朝時代的名望家支配〉及〈中國的中世〉兩篇論文中都有較全面的敘述，均收於《日本學者研究中國史論著選譯》第二卷《專論》，劉俊文主編，高明士、邱添生、夏日新等譯，中華書局，1993 年。

〔註 20〕 《宋書》卷 2〈武帝紀中〉，28 頁。《資治通鑑》卷 113 晉安帝元興三年條載：「初，裕名微位薄，輕狡無行，盛流皆不與相知，惟王謐獨奇貴之，謂裕曰：『卿當爲一代英雄。』」3566 頁。劉裕得勢之初，在二劉爭權時，士族更傾向於劉毅。

〔註 21〕 《宋書》卷 84〈袁顗傳〉，2149 頁。

〔註 22〕 《通典》卷 14〈選舉二·歷代制中〉載：「初，廢帝榮陽王時，以蔡廓爲吏部尚書。錄尙書徐羨之謂中書令傅亮曰：『黃門以下悉委蔡，吾徒不復厝懷，自此以上，故宜共參同異。』廓聞之曰：『我不能爲徐羨之署紙尾也。』遂辭不拜。」333 頁。徐羨之非士族，正以此因爲蔡廓輕視。

〔註 23〕 見毛漢光〈中古統治階層之社會成分〉一文中所做之〈中古統治階層社會成分統計表〉，44～45 頁。

〔註 24〕 《南齊書》卷 33〈張緒傳〉載：「欲用（張）緒爲右僕射，以問王儉，儉曰：『南士由來少居此職。』褚淵在座，啓上曰：『儉年少，或不盡憶。江左用陸玩、顧和，皆南人也。』儉曰：『晉氏衰政，不可以爲准則。』上乃止。」601 頁。時爲齊高帝時期，尙書省就已完全被士族控制。

〔註 25〕 中村圭爾在〈六朝貴族制與官僚制〉，收於谷川道雄主編《魏晉南北朝隋唐史學的基本問題》，中華書局，2010 年。

是作爲謀臣，但更重要的仍是爲吸收建康之人望。建康士族在南朝政權頻繁更替中，一值得以長保祿位，正因於此。政權對士族的任用本以社會地位爲基礎，而由於士族在地域上的分佈的特點，使這一政策體現了突出的地域性特點。

　　出仕於建康的揚州士族，大多希望居官建康〔註 26〕，若不得已而外任，其心理區域亦多限於吳會地區〔註 27〕，外任郡守一旦超出這一區域，則會在整個建康引起反響。「（蔡興宗）除興宗新昌太守，郡屬交州，朝廷莫不嗟駭。」〔註 28〕而他們自身在心理上亦極爲抵制，梁時張纘出爲湘州都督、刺史時仍作〈南征賦〉云：「歲次娵訾，月惟中呂，余謁帝於承明，將述職於南楚。忽中川而反顧，懷舊鄉而延佇。路漫漫以無端，情容容而莫與。」〔註 29〕表達了他對建康的依戀。大體南朝士族雖外任亦主要在吳會地區，除此之外則多爲反常任命，所謂「邊職上佐，素士罕爲之者。」〔註 30〕這種任官的方式，一方面加強了建康對吳會地區的管理，另一方面則更突出建康與吳會的聯繫。其他非士族區域雖各有地方大族，但他們與揚州地區之士族學風、習慣迥異，在出仕道路上很難通過正常途徑進入建康。

　　正常的官僚進身途徑已然如此，揚州之下層官員也出現這種趨勢，越來越多的吳會人士進入政權官僚機構的下層。寒人掌機要是南朝政治的一大特點〔註 31〕，在政權的上層官僚惰怠政事時，這一群體在南朝政治中遂居於重要地位，然而他們依然出現了相同的變化趨勢。上層官僚爲士族壟斷，與此同時也導致機構失去了辦事效能，爲維持機構的正常運轉，非士族人群的引入成爲必然，寒人掌機要應運而生。

〔註 26〕　《宋書》卷 69〈劉湛傳〉載：「時王弘輔政，而王華、王曇首任事居中。湛自
　　　　　謂才能不後之，不願外出……」。1816 頁。齊時之王晏、梁時之王亮亦如此，
　　　　　分見《南齊書》、《梁書》本傳。

〔註 27〕　《宋書》卷 75〈顏竣傳〉載：「竣自謂才足幹時，恩舊莫比，當贊務居中，永
　　　　　執朝政，而所陳多不被納，疑上欲疏之，乃求外出，以占時旨。大明元年，
　　　　　以爲東揚州刺史，將軍如故。所求既許，便憂懼無計。」1964 頁。

〔註 28〕　《宋書》卷 57〈蔡興宗傳〉，1578 頁。

〔註 29〕　《梁書》卷 34〈張緬傳付弟纘傳〉，494 頁。

〔註 30〕　《梁書》卷 52〈止足・陶季直傳〉，762 頁。

〔註 31〕　對於南朝寒人的研究相對較多，唐長孺在〈南朝寒人的興起〉一文中探討較
　　　　　多，收於《魏晉南北朝史論叢續編》。早期日本學者宮川尚志在《六朝史研究
　　　　　（政治・社會篇）》第五章《魏晉及び南朝の寒門・寒人》中亦對南朝寒人問
　　　　　題置墨頗多。日本學術振興會，1956 年。

　　　　晉朝南渡，優借士族；故江南冠帶，有才幹者，擢爲令僕已下
　　尚書郎中書舍人已上，典掌機要。其餘文義之士，多迂誕浮華，不
　　涉世務，纖微過失，又惜行捶楚，所以處於清高，蓋護其短也。至
　　於臺閣令史，主書監帥，諸王籤省，並曉習吏用，濟辦時須，縱有
　　小人之態，皆可鞭杖肅督，故多見委使，蓋用其長也。人每不自
　　量，舉世怨梁武帝父子愛小人而疏士大夫，此亦眼不能見其睫也。
　　〔註32〕

隨著這一趨勢的逐步深入，寒人在下層官僚群體中的比例日益增大，而他們
不約而同的具備相同的地域背景——揚州。《宋書》卷84〈孔覬傳〉載：

　　　　先是庾徽之爲御史中丞，性豪麗，服玩甚華，覬代之，衣冠器
　　用，莫不粗率。蘭臺令史並三吳富人，咸有輕之之意，覬蓬首緩帶，
　　風貌清嚴，皆重迹屏氣，莫敢欺犯。〔註33〕

蘭臺爲南朝時期御史中丞居官之所〔註34〕，所謂蘭臺令史，正是其屬官，而
御史中丞爲南朝督察百官之職，時爲孝武帝大明後期，此機構之佐官乃盡爲
「三吳富人」所居，其他各機構自可推知〔註35〕。建康高官的門生在宋文帝
時即多半爲吳會地區人〔註36〕，而吳會之富家恰以此途徑進入建康官僚群
體。「晏既不能謙退，位處朝端，事多專斷，內外要職，並用門生，帝外迹甚
美，內相疑異。」〔註37〕通過充當門生，他們甚至可以進入內廷、外廷的各
個要職。並且宋時似乎規定，尚書八座可以攜門生入省〔註38〕。這無形中又
增加了吳會士人出仕建康的途徑。《宋書》卷57〈蔡興宗傳〉載：

　　　　遷鎮東將軍、會稽太守，加散騎常侍，尋領兵置佐，加都督會

〔註32〕顏之推：《顏氏家訓》卷4〈涉務第十一〉，317～318頁。

〔註33〕《通典》卷22〈職官四‧歷代都事主事令史〉對此亦有記載，609頁。

〔註34〕《宋書》卷40〈百官志下〉載：「御史中丞，一人。掌奏劾不法。秦時御史大
　　　夫有二丞，其一曰御史丞，其二曰御史中丞。殿中蘭臺祕書圖籍在焉，而中
　　　丞居之。」1250頁。

〔註35〕《宋書》卷64〈何承天傳〉載：「（元嘉）十六年，除著作佐郎，撰國史。承
　　　天年已老，而諸佐郎並名家年少，潁川荀伯子嘲之，常呼爲『嬭母』。」1704
　　　頁。

〔註36〕《宋書》卷71〈徐湛之傳〉載：「門生千餘人，皆三吳富人之子，姿質端妍，
　　　衣服鮮麗。」1844頁。

〔註37〕《南史》卷24〈王鎮之傳附晏從弟思遠傳〉，660頁。

〔註38〕《宋書》卷81〈顧琛傳〉載：「尚書寺門有制，八座以下門生隨入者各有差，
　　　不得雜以人士。」2076頁。

稽、東陽、新安、永嘉、臨海五郡諸軍事，給鼓吹一部。會稽多諸
豪右，不遵王憲。又幸臣近習，參半宮省，封略山湖，妨民害治。
與宗皆以法繩之。〔註39〕

所謂的寒人掌機要，其中佔據主要角色的即爲這裡的「幸臣近習」，會稽一郡
即號稱「參半宮省」，吳郡、丹陽一帶自然不在少數，時爲宋明帝泰始年間，
宮中之幸臣即多半爲會稽人，前御史中丞之僚佐狀況已然如此，這自然是從
宋初以來循序漸進的結果。這種變化在南朝各代一直在重演，可以明確的
看到政權的底層基礎也在轉變，深居建康的南朝政權基礎在不斷的轉移，而
轉移至揚州的統治基礎在界限上極爲分明。幸臣多出自揚州宇內及南徐州
之建康附近諸郡，這一點在《宋書・恩倖傳》、《南齊書・倖臣傳》及《南
史・恩倖傳》中都有反映。這裡對南朝史書記載之比較重要的倖臣地域稍作
統計〔註40〕：

宋	秋當	（南兗州）海陵郡〔註41〕
	周赳	無考
	戴法興	（揚州）會稽山陰
	戴明寶	（南徐州）南東海丹徒
	徐爰	（南徐州）南琅琊開陽
	阮佃夫	（揚州）會稽諸暨
	王道隆	（揚州）吳興烏程〔註42〕
	華願兒	無考〔註43〕

〔註39〕《資治通鑑》卷130宋明帝泰始元年條載：「會稽太守孔靈符，所至有政績；
　　　以忤犯近臣，近臣譖之，帝遣使鞭殺靈符，并誅其二子。」4081頁。孔靈符
　　　所任太守較多，但最終以得罪會稽地方勢力而死，可見會稽與建康政權一直
　　　保持著緊密的聯繫。
〔註40〕所據爲《宋書》卷94〈恩倖傳〉、《南齊書》卷56〈倖臣傳〉及《南史》卷77
　　　〈恩倖傳〉，一些相對重要卻沒有立傳的恩倖，則以其他資料補充。
〔註41〕據《南齊書》卷46〈陸慧曉傳〉，805頁。
〔註42〕《宋書》卷94〈恩倖傳〉載宋明帝時期倖臣尚有于天寶、壽寂之、姜產之、
　　　李道兒諸人，然於宋明帝時期掌權者主要爲阮佃夫、王道隆楊運長三人，故
　　　於表中未列其餘。
〔註43〕華願兒屬地無考，但據記載，他爲閹人，則他本來就在宋宮廷之中，在地域
　　　上，應亦歸於建康區域。

	巢尙之	（兗州）魯郡〔註44〕
宋	奚顯度	（南徐州）南東海
	楊運長	（南豫州）宣城懷安
	紀僧眞	（揚州）丹陽建康
	劉係宗	（揚州）丹陽
	茹法亮	（揚州）吳興武康
	杜文謙	（揚州）吳郡錢塘
齊	呂文顯	（揚州）臨海
	呂文度	（揚州）會稽
	茹法珍	（揚州）會稽
	徐世標	（豫州）新蔡〔註45〕
	梅蟲兒	（揚州）吳興〔註46〕
	周石珍	（揚州）建康
	陸驗	（揚州）吳郡
梁	徐驎	（揚州）吳郡
	司馬申（跨梁陳兩代）	（北朝）河內〔註47〕
	朱异	（揚州）吳郡
	沈客卿	（揚州）吳興武康
陳	施文慶	（揚州）吳興烏程〔註48〕
	孔範	（揚州）會稽山陰

從中我們可以看到，南朝諸主政恩倖在地區上的大體分佈。上表總計 28 人，
其中屬揚州、南徐州的就有 21 人，另外華願兒與司馬申二人亦可歸入揚州區
域，這樣掌機要之寒人出於建康基礎區域（揚州、南徐州）所佔比例超過

〔註44〕據《宋書》卷 94〈恩倖‧戴法興傳〉，2303 頁。
〔註45〕對於徐世標所屬地區，南朝史書未記載，此據《資治通鑑》卷 142 東昏侯永
　　　元元年條，4452 頁。
〔註46〕見《南史》卷 77〈恩倖‧茹法珍傳〉，1933 頁。
〔註47〕據《陳書》卷 29〈司馬申傳〉，司馬申亦是數世居於建康，父祖俱任職梁朝。
〔註48〕據《南齊書》卷 31〈任忠傳附施文慶傳〉，415 頁。對於施文慶的屬地，《南
　　　史》卷 77〈恩倖‧施文慶傳〉中云「不知何許人」，不知爲何。

82%〔註49〕。

　　在南朝以非士族而被排斥於官僚群體之外的事例屢見不鮮。這一趨勢在東晉時便已初露端倪，「（楊）方在都邑，搢紳之士咸厚遇之，自以地寒，不願久留京華，求補遠郡，欲閑居著述。」〔註50〕時值東晉初年，京城就已經呈現出明顯的門第特徵，楊方亦以「地寒」，而不願久居建康。而這時建康之士族對寒門的排斥尚未顯露，至南朝這種門第觀念乃成為隔絕外地士人的障礙。《梁書》卷20〈陳伯之傳〉載：

> 河南褚緝，京師之薄行者，齊末為揚州西曹，遇亂居閭里；而輕薄互能自致，惟緝獨不達。高祖即位，緝頻造尚書范雲，雲不好緝，堅距之。緝益怒，私語所知曰：「建武以後，草澤底下，悉化成貴人，吾何罪而見棄。今天下草創，饑饉不已，喪亂未可知。陳伯之擁強兵在江州，非代來臣，有自疑意；且熒惑守南斗，詎非為我出。今者一行，事若無成，入魏，何遽減作河南郡。」於是遂投伯之書佐王思穆事之，大見親狎。

齊末褚緝雖然居於建康，但由於不合士族風氣而仕宦不達，到梁代時，仍然以不為范雲欣賞而遭到拒絕。其後他投奔江州之陳伯之，乃成為其手下之重要謀臣。梁武帝時并韶事跡亦與此相似：

> 梁武帝時，有交趾人并韶者，富於詞藻，詣選求官，而吏部尚書蔡撙以并姓無前賢，除廣陽門郎。韶恥之，遂還鄉里謀作亂。夫用門地族望為選舉低昂，乃晉、宋以來弊法，蔡撙賢者也，不能免俗，何哉？〔註51〕

洪邁對東晉南朝的評論，恰指出了建康城排外的總體狀況。并韶並非如褚緝所謂「京師之薄行者」，且其人富於文字才華，借選舉進入建康，仍然因其門第原因，而被排斥在建康士族圈以外。選舉依門第在五朝已成傳統，結合前揭唐長孺所得出的結論，這樣五朝的選舉就基本上完全限制在揚州之

〔註49〕 張莉莉在其碩士論文〈南朝恩倖研究——以南朝正史〈恩倖傳〉（〈倖臣傳〉）為中心〉中對南朝恩倖有較多關注，河北大學，2005年。

〔註50〕 《晉書》卷68〈賀循傳附楊方傳〉，1831頁。

〔註51〕 （宋）洪邁：《容齋隨筆》卷16〈并韶〉，中華書局，2005年，215頁。《梁書》卷21〈王暕傳〉載：「暕名公子，少致美稱，及居選曹，職事修理；然世貴顯，與物多隔，不能留心寒素，眾頗謂為刻薄。」322頁。南朝之選曹，亦即吏部，從長官到僚佐位望都極高，故多以士族居之，而士族的門第觀念乃直接限制了政權選官的社會等級，由此又決定了選舉的地域範圍。

士族聚居各郡。士族把持選舉，這種門第觀念一值得到貫徹，雖然亦有如張纘選舉依才能者〔註52〕，卻只是偶出現象，並不能改變建康政權選舉的大環境。

士族社會具有封閉性的特點，這一點前人早已指出，非揚州之士人總能被士族以種種理由拒於政權之外〔註53〕。而在建康政權為士族同化的情況下，在選舉上也體現了這一點。到梁武帝時，鑒於這種情況，乃特意下詔欲加以更正：

（天監）五年春正月丁卯朔，詔曰：「在昔周、漢，取士方國。
頃代凋訛，幽仄罕被，人孤地絕，用隔聽覽，士操淪胥，因茲靡勸。
豈其岳瀆縱靈，偏有厚薄，寔由知與不知、用與不用耳。朕以菲德，
君此兆民，而兼明廣照，屈於堂戶，飛耳長目，不及四方，永言愧
懷，無忘旦夕。凡諸郡國舊族邦內無在朝位者，選官搜括，使郡有
一人。〔註54〕

這道詔書頒行於天監五年（506），正是梁朝建立之初，可見這種狀況在齊時就已經如此。然而這道詔書似乎並未起到作用，「梁末地方豪強略有風采，但寒素似乎一直僅占百分之十的比重。」〔註55〕對於南朝的選舉，梁裴子野歸納說：

古者，德義可尊，無擇負販；茍非其人，何取世族！名公子孫，
還齊布衣之伍；士庶雖分，本無華素之隔。自晉以來，其流稍改，
草澤之士，猶顯清途；降及季年，專限閥閱。自是三公之子，傲九
棘之家，黃散之孫，蔑令長之室；轉相驕矜，互爭銖兩，唯論門戶，
不問賢能。〔註56〕

〔註52〕《梁書》卷34〈張緬傳付弟纘傳〉載：「纘居選，其後門寒素，有一介皆見引拔，不爲貴要屈意，人士翕然稱之。」493頁。

〔註53〕《宋書》卷46〈王懿傳〉載：「北土重同姓，謂之骨肉，有遠來相投者，莫不竭力營贍，若不至者，以爲不義，不爲鄉里所容。仲德聞王愉在江南，是太原人，乃往依之，愉禮之甚薄，因至姑孰投桓玄。」1391頁。太原王氏於東晉後期爲重要門閥，而王懿卻仍被同出太原王氏之王愉輕視，或以晚渡或以其親已疏遠，但晚渡士族即使爲高門亦難以融入建康社會可知。

〔註54〕《梁書》卷2〈武帝紀中〉，43頁。梁武帝此後更在各地設置舉薦之職，同書同卷載：「（天監七年二月）庚午，詔於州郡縣置州望、郡宗、鄉豪各一人，專掌搜薦。」47頁。

〔註55〕毛漢光：〈中古統治階層之社會基礎〉，收於《中國中古社會史論》，12頁。

〔註56〕《資治通鑑》卷128宋孝武帝大明二年條，4038～4039頁。

南朝選舉制度以門第爲標準已成定論，然而這造成的結果直接局限了南朝的選官區域，突出了政權基礎的地域性特點。這種局勢造成南朝境內其他地區士人出仕之途爲建康所隔，爲了實現政治抱負，往往採取其他途徑，劉義宣舉兵時，其僚佐即在此過程中即起到極大的推動作用。「且義宣腹心將佐蔡超、竺超民之徒，咸有富貴之情，願義宣得，欲倚質威名，以成其業，又勸獎義宣。」〔註57〕觀蔡超、竺超民之姓氏，亦皆爲宋初荊州襄陽一帶之大姓，欲實現其富貴之願，而積極鼓動其舉兵造反，宋初謝晦於荊州舉兵時，亦有「土人多勸發兵」〔註58〕之說，鋌而走險成爲非揚州區域士人實現政治抱負的必然選擇，而這無疑爲南朝政權埋下了暗礁〔註59〕。

南朝不論是士族化還是寒人掌機要，其政治基礎都只限於揚州及受其影響的南徐州區域，在南朝寒人問題上目前研究較多，但是對於此類人在區域的分佈卻極少有人涉足，而這在某種程度上體現了南朝建康政權的執政基礎，在南朝史的研究中頗具意義。統治基礎的轉移及區域空間界限的分明，突出了建康政權的與揚州域內吳會地區的緊密聯繫。

二、軍事及力役基礎的轉移

在建康政權整個上層機構都在出現變化的時候，軍隊及勞役的主體亦與之殊途同歸。政權在由軍鎮入主之初，其禁衛軍的主體自然是最初的軍鎮力量，劉宋謝晦出鎮荊州時，「精兵舊將，悉以配之，器仗軍資甚盛。」〔註60〕所攜之武力自然是當時的禁衛軍，而據田餘慶所論，這正是劉裕藉以起家的北府兵。到宋文帝入主時，亦是荊州軍鎮武力隨之南下〔註61〕，孝武帝時期

〔註57〕《宋書》卷74〈臧質傳〉，1915頁。《資治通鑑》卷128宋孝武帝孝建元年條對此亦有記載。4012頁。

〔註58〕《南史》卷19〈謝晦傳〉，523頁。據記載《宋書》卷44〈謝晦傳〉，這句話爲「士人多勸發兵」，1349頁。案謝晦時居江陵，此地本非士族中心，且其出任荊州爲避難之舉，自不會有大量士族跟隨，這裡應爲荊州本地居民，即土人，故應以《南史》爲據。

〔註59〕安田二郎在《六朝政治史の研究》第六章〈晉安王劉子勛の反亂と豪族・土豪層〉中考察了地方勢力在晉安王起兵過程中的作用，京都大學學術出版會，2003年，275～305頁。

〔註60〕《宋書》卷44〈謝晦傳〉，1348頁。

〔註61〕《資治通鑑》卷120宋文帝元嘉元年條載宋文帝東下建康時：「乃布腹心於到彥之、王華等，深自結納。王以府州文武嚴兵自衛，臺所遣百官眾力不得近部伍。」3770頁。

亦是如此，入主政權皆以親軍爲禁軍，這在中國古代一直是慣例。

然而政權入主以後，隨著時間的推移，禁軍的成份出現潛移默化的轉變，開始逐漸爲吳地人充斥。在東晉立國之初即有這種趨向，《資治通鑑》卷 91 晉元帝太興四年條載：「（五月）庚申，詔免中州良民遭難爲揚州諸郡僮客者，以備征役。」直接將寓居揚州的流民作爲以後的征兵對象。

在東晉中後期時這種情況更趨於顯著，「會（穆）帝崩，穆后臨朝，遷射聲校尉。時軍校無兵，義興人多義隨（劉）超，因統其眾以宿衛，號爲『君子營』。」〔註62〕劉超所統帥的義興軍隊，整體轉化爲東晉的禁衛軍。在晉末司馬元顯也曾有徵發「樂屬」之舉，「會稽世子元顯，性苛刻，生殺任意；發東土諸郡免奴爲客者，號曰樂屬，移置京師，以充兵役，東土囂然苦之。」〔註63〕此次徵發爲社會底層群體，到晉末已不再以僑、舊相分，其區域爲揚州東部諸郡，恰爲吳會地區。

到南朝劉宋建康政權徵發吳會爲兵的狀況仍在延續，宋文帝元嘉二十七年時：

> 庚午，魏主至瓜步，壞民廬舍，及伐葦爲筏，聲言欲渡江。建康震懼，民皆荷擔而立，壬午，內外戒嚴。丹楊統內盡戶發丁，（胡注：人凡戶見丁，無論多少盡發之。）王公以下子弟皆從役。〔註64〕

這固然屬於應急狀態，但對丹陽境內的徵發乃至空戶而出，這也體現政權對這一地區的依賴，而其徵發之區域又不局限於丹陽，「攸之少孤貧，元嘉二十七年，索虜南寇，發三吳民丁，攸之亦被發。」〔註65〕則東部諸郡都在徵發之列。這裡明確指出徵發區域限制在三吳，宋文帝在生死存亡的關頭，徵兵區域仍然如此狹小。入主建康以後，徵兵地區乃限於吳會地區，這大約在南朝是一貫的政策。

到明帝時，孝武帝隨從入都的雍州、江州武力乃已早出現轉變。《宋書》卷 84〈孔覬傳附孔璪傳〉載：

> 時將士多是東人，父兄子弟皆已附逆，上因送軍普加宣示曰：「朕方務德簡刑，使四罪不相及，助順同逆者，一以所從爲斷。卿

〔註62〕《晉書》卷 70〈劉超傳〉，1876 頁。

〔註63〕《資治通鑑》卷 111 晉安帝隆安三年條，3497 頁。

〔註64〕《資治通鑑》卷 125 宋文帝元嘉二十七年條，3959 頁。

〔註65〕《宋書》卷 74〈沈攸之傳〉，1927 頁。《南史》卷 46〈周山圖傳〉亦記載元嘉二十七年魏軍南下，周山圖於義興應募從軍事跡。1155 頁。

等當深達此懷，勿以親戚爲慮也。」眾於是大悅。〔註66〕
時爲宋明帝政變登基之初，當時政局號稱「四方兵起」〔註67〕，而藉以平定
的武力正是建康的禁軍〔註68〕，然而這批軍隊已經多半是「東人」，南朝稱建
康東面吳會諸郡爲東郡，此所謂「東人」自是指這一地區的人。到宋明帝泰
始初年，距孝武帝入主僅十餘年時間，禁軍即主要爲揚州諸郡人，這種轉變
恰指出另一要點：建康禁軍的補充主要從東部諸郡挑選。

　　齊時徵兵的範圍仍然局限於此，「是年虜動，上欲發王公已下無官者爲
軍，淵諫以爲無益實用，空致擾動，上乃止。」〔註69〕齊高帝在應急之時，
乃欲直接徵發建康士族爲軍，所涉及之範圍較劉宋更小。齊末東昏侯時：

　　　上自永元以後，魏每來伐，繼以內難，揚、南徐二州人丁，三
　　人取兩，以此爲率。遠郡悉令上米準行，一人五十斛，輸米既畢，
　　就役如故。又先是諸郡役人，多依人士爲附隸，謂之「屬名」，又東
　　境役苦，百姓多注籍詐病，遣外醫巫，在所檢占諸屬名，并取病
　　身。〔註70〕

東昏侯的征兵區域亦只限於揚州與南徐州，南徐州以京口爲治所，與揚州相
鄰，本爲建康政權直轄區域，亦屬政權的基礎地區。並且明確指出，其他地
區只輸送軍糧而不服兵役，儘管所謂「輸米既畢，就役如故」，由於控制的嚴
格程度不同，恐這裡所服之兵役程度亦遠不及揚州地區。且仍不排除史家爲
塑造東昏侯殘暴形象，而捏造事實以誣之。到梁代吳地數郡仍然是朝廷徵兵
的主要地區，《梁書》卷8〈昭明太子傳〉載：

　　　中大通二年春，詔遣前交州刺史王弁假節，發吳郡、吳興、義
　　興三郡民丁就役。太子上疏曰：「……今征戍未歸，強丁疏少，此雖
　　小舉，竊恐難合，吏一呼門，動爲民蠹。」〔註71〕

〔註66〕《資治通鑑》卷131宋明帝泰始二年條對此亦有記載，4102頁。
〔註67〕《宋書》卷57〈蔡興宗傳〉載：「時諸方並舉兵反，國家所保，唯丹陽、淮南
　　　　數郡，其間諸縣，或已應賊。」1581頁。
〔註68〕《宋書》卷57〈蔡興宗傳〉中載蔡興宗稱「六軍精勇」，《通典》卷28〈職官
　　　　十‧將軍總敘〉載：「晉宋以來，以領軍、護軍、左右二衛、驍騎、游擊將軍，
　　　　謂之六軍。」780頁。可知平叛部隊爲建康之直轄禁軍。
〔註69〕《南齊書》卷23〈褚淵傳〉，429頁。
〔註70〕《南史》卷5〈齊本紀下‧廢帝東昏侯紀〉，156頁。
〔註71〕《南史》卷53〈昭明太子傳〉亦載此段史料，徵發區域爲吳、吳興、信義三
　　　　郡，南朝並無信義郡，此應爲《南史》記載有誤，應以《梁書》爲準，爲義

此次徵發勞役的目的爲改善吳興郡水利，徵發自然就近取民。這段史料的重點在於昭明太子之上書，「征戍未歸」所直接造成的結果是吳地諸郡「強丁疏少」，反映的另一面恰是吳地幾乎達到掃地爲兵的情況，造成這種近於涸澤而漁的舉動原因，應該正是征兵區域的狹小，爲了達到充足的兵力，致使對這一地區的兵役徵發接盡戶取丁的程度。梁初北伐時，「天監四年，大舉北伐，訂民丁，吳興太守柳惲以（沈）顗從役，揚州別駕陸任以書責之，惲大慚，厚禮而遣之。」〔註72〕征兵甚至連吳興頭等士族沈氏亦被誤招，其程度可知。

軍事上的這種依賴在建康遇到困境時，更體現在吳地義兵支持上。東晉前期就已經出現這種義兵，蘇峻進攻建康時，「蘇峻之亂，郡人顧眾爲揚威將軍、義興太守。還吳，潛圖義舉。」〔註73〕如果說這種義舉乃是自發行爲，那麼同樣在這次危機中，王導的行爲即代表了東晉政權的取向，「蘇峻之役，王導潛與張闓謀，密宣太后詔於三吳，速起義軍。闓遣吳郡度支，運四部穀以給軍。又與吳郡內史蔡謨等，招集義兵討峻。」〔註74〕吳地與建康在地域上的聯繫，直接影響到坐落在建康的政權的取向，軍事上的這種依賴在南朝更趨於突出。梁末侯景之亂時，出仕建康的吳地士族乃紛紛返鄉招集義軍〔註75〕，其主持者多亦爲建康政權所派遣，這種招集義軍的行爲幾乎完全集中在吳地，吳會特別是吳地，在南朝不僅是建康的經濟後盾，某種程度上說，它更是建康的心理後盾，在政權陷入近於絕境時，這裡也會直接成爲建康的最後希望。

南朝禁軍中亦偶有少量外地軍隊，而這直接成爲禁衛軍的主力。「先是，龍驤將軍阮佃夫募得蜀人數百，多壯勇便戰，皆著犀皮鎧，執短兵。」〔註76〕此股軍隊在宋明帝平定三吳過程中所起作用極大，沈慶之在襄陽伐蠻時亦多

興郡。
〔註72〕《梁書》卷51〈處士・沈顗傳〉，745頁。
〔註73〕《吳郡志》卷50〈雜志〉，江蘇古籍出版社，1999年，661頁。丹陽人陶回亦回本縣起義兵，見《晉書》卷78〈陶回傳〉，2065頁。
〔註74〕《吳郡志》卷50〈雜志〉，662頁。《晉書》卷76〈張闓傳〉對此亦有記載，2019頁。
〔註75〕侯景之亂中吳地士族返鄉召募的有：沈眾、沈炯、陸子隆、顧野王、沈文阿等，袁泌亦以兄袁君正爲吳郡太守而至吳地募兵，詳見《梁書》、《陳書》各人本傳。《吳郡志》卷24〈人物〉中亦載吳郡太守張嶷遣軍救援建康之舉，356頁。
〔註76〕《宋書》卷84〈孔覬傳附孔璪傳〉，2159頁。

將俘獲之蠻族遷至建康以充禁軍〔註77〕，孝武帝時亦曾指定徵發青齊豪族之門生以充禁衛，但這些並不能改變禁軍基礎移往吳會地區的趨勢〔註78〕，相反這也正是在禁軍基礎出現轉變而導致戰鬥力下降時，為維持禁軍作戰能力的揚湯止沸之舉。

　　建康政權對劫盜的懲處往往是同籍親戚補兵，「吳興餘杭民薄道舉為劫，制同籍期親補兵。」〔註79〕南朝境內，長江中上游的劫盜規模往往較大，一般皆以軍隊攻之，唯吳會地區劫盜規模較小而嚴格治罪，這種方式直接為建康禁軍提供一定的兵源。

　　力役的發展也沿著同樣的趨勢，南朝史料對力役的記載不多，建康所涉及的力役資料，一直都與運糧有關，而政權所取勞力之區域也是一直限制在丹陽及東部諸郡範圍內。《宋書》卷53〈謝方明傳〉載：

　　　　前後征伐，每兵運不充，悉發倩士庶，事既寧息，皆使還本。
　　而屬所刻害，或即以補吏。守宰不明，與奪乖舛，人事不至，必被
　　抑塞。方明簡汰精當，各慎所宜，雖服役十載，亦一朝從理，東土
　　至今稱詠之。

此時謝方明為會稽太守，運送軍糧雖會稽之士族亦不免，甚至有人因此而入吏籍。這段史料反映兩個問題，首先是建康徵發力役空間的狹小，基本上限定在揚州地區；其次是建康政權控制的勞役群體「吏」已近於枯竭，為了穩定的獲得足夠的勞役人群，乃不惜將暫時徵發的人群補入吏籍。可見自東晉後期以來，政權力役的獲得皆於揚州地區就近徵發。宋孝武帝時，更是直接徵發以補充勞役群體，「上又壞諸郡士族，以充將吏，並不服役，至悉逃亡，加以嚴制不能禁。乃改用軍法，得便斬之，莫不奔竄山湖，聚為盜賊。」〔註80〕最初未用軍法，此應並非征兵，且這時並未對外用兵，此舉動更非為

〔註77〕《宋書》卷77〈沈慶之傳〉載：「慶之前後所獲蠻，並移京邑，以為營戶。」1998頁。《宋書》卷5〈文帝紀〉亦載：「（二十二年七月）雍州刺史武陵王駿討緣沔蠻，移一萬四千餘口於京師。」93頁。這種移外地蠻族進入建康充當軍隊的舉動，在南朝極為常見。

〔註78〕《南齊書》卷41〈張融傳〉載：「泰始五年，明帝取荊、郢、湘、雍四州射手，叛者斬亡身及家長者，家口沒奚官。元徽初，郢州射手有叛者，融議家人家長罪所不及，亡身刑五年」726頁。宋明帝雖欲從外地吸收武裝充實禁衛，但在最初即出現大量叛逃情況，到後廢帝時減輕懲罰力度，究其原因，應為叛逃事例大量增加之故。

〔註79〕《宋書》卷64〈何承天傳〉，1704頁。

〔註80〕《宋書》卷82〈沈懷文傳〉，2104頁。《資治通鑑》卷129宋孝武帝大明五年

應急所爲。這次徵發比前一次更爲嚴厲，對象直指士族，即所謂「壞諸郡士族」，乃是直接取消其士籍而補入吏籍。此舉即針對士族，其區域自應又在吳會地區。

勞役偏重於吳會地區並非劉宋獨有的狀況，南朝齊時竟陵王子良上書云：

> 東郡使民，年無常限，在所相承，准令上直。每至州臺使命，
> 切求懸急，應充猥役，必由窮困。乃有畏失嚴期，自殘軀命，亦有
> 斬絕手足，以避徭役。生育弗起，殆爲恒事。守長不務先富民，而
> 唯言益國，豈有民貧於下，而國富於上邪？〔註81〕

竟陵王子良所述主要爲會稽郡事蹟，時間應在齊武帝永明四年左右，東部諸郡因勞役過重，至於平民自殘身體以逃避的程度。

這裡可以看到南朝政權一旦進入建康，兵源乃至力役上就會出現枯竭的現象，而爲了延緩這種趨勢，往往以吳會地區作爲補充之源，從而導致東部諸郡兵役與勞役過重而自殘軀體的現象。禁軍在南朝政治中地位顯著，頻繁的政變中每次它都扮演重要較色〔註82〕，然而每個朝代隨著入主建康時間的推移，總體上禁軍的實力也在衰弱。這種補充更直接體現其軍事基礎東移的趨勢，也從另一側面推動了政權基礎的轉移。

三、政權地緣化與南朝的政治演變

政治基礎的轉移對南朝各代都影響甚巨，五朝士風向來以清談爲務，而鄙薄政事，從帝王到官僚整體的士族化首先影響的即爲機構的辦事效率，與士族化過程相對應的就是官僚機構的惰怠過程。《梁書》卷37〈何敬容傳〉載陳吏部尙書姚察的評論：

> 魏正始及晉之中朝，時俗尙於玄虛，貴爲放誕，尚書丞郎以上，
> 簿領文案，不復經懷，皆成於令史。逮乎江左，此道彌扇，惟卞壼
> 以臺閣之務，頗欲綜理，阮孚謂之曰：「卿常無閒暇，不乃勞乎？」
> 宋世王敬弘身居端右，未嘗省牒，風流相尚，其流遂遠。望白署空，

　　　　條對此亦有記載，4058～4059 頁。

〔註81〕《南齊書》卷 40〈竟陵王子良傳〉，696 頁。

〔註82〕張金龍在〈禁衛軍權與南朝政治〉一文中對禁軍將領在南朝政變中的地位考
　　　　察較多，並指出在此過程中禁軍在建康政局中的作用。載於《南京大學學報》
　　　　（哲學・人文・社會科學）1999 年第 3 期。

是稱清貴。恪勤匪懈，終滯鄙俗。是使朝經廢於上，職事隳於下。
小人道長，抑此之由。〔註83〕

這種情況直接導致了政權機構的惰化，使朝廷的官僚機構失去了辦事效能。
政權擺脫了最初的基礎，獲得建康主流群體的支持，這成為其常駐建康的
前提。

正是這種轉移使建康的政權失去了有力的支持，這群只顧長保祿位的職
業官僚，在政權遇到困境時即會辭舊迎新，他們在風雲變幻的政局中長盛不
衰〔註84〕。

宋德既衰，太祖輔政，朝野之情，人懷彼此。（王）延之與尚書
令王僧虔中立無所去就，時人為之語曰：「二王持平，不送不迎。」
太祖以此善之。〔註85〕

在齊高帝主政時，建康之士族乃紛紛風靡，忠於劉宋之士族僅袁粲等數人，
而王延之與王僧虔既無盡忠之舉，更以「不送不迎」受到好評〔註86〕。對於
建康之士族在南朝時期的政治態度，前人研究已經頗多，這裡僅舉一例藉以
說明。

太祖領南兗州，謐為鎮軍長史、廣陵太守，入為游擊將軍。性
流俗，善趨勢利。元徽末，朝野咸屬意建平王景素，謐深自委結，
景素事敗，僅得免禍。蒼梧王廢後，物情尚懷疑惑，謐獨竭誠歸事

〔註83〕　《通典》卷21〈職官三・宰相〉對此亦有記載，539頁。另卷18〈選舉六・
　　　　　雜議論下〉載：「自魏三主俱好屬文，晉、宋、齊、梁風流彌扇，體非典雅，
　　　　　詞尚綺麗，澆訛之弊，極於有隋。……群公不議救弊以質，而乃因習尚文，
　　　　　風教未淳，應由於此。」454頁。對於南朝宰相的士族風習，《梁書》卷37〈何
　　　　　敬容傳〉載：「敬容久處臺閣，詳悉舊事，且聰明識治，勤於簿領，詰朝理事，
　　　　　日旰不休。自晉、宋以來，宰相皆文義自逸，敬容獨勤庶務，為世所嗤鄙。」
　　　　　532頁。

〔註84〕　臺灣學者何啟民指出：「是以（劉裕）非但不欲門第出守重鎮，且進而遞奪其
　　　　　兵權。然而除此之外，其他的特權卻不受影響。門第因兵權之被奪，遂而也
　　　　　同時擺脫對國家民族之責任心，而渡其逍遙的歲月了。」〈南朝的門第〉，載
　　　　　於《中國史學論文選集》第1輯，幼獅文化事業公司，1983年，191頁。

〔註85〕　《南齊書》卷32〈王延之傳〉，585頁。《南齊書》卷34〈虞玩之傳〉載：「霸
　　　　　府初開，賓客輻湊，太祖留意簡接，玩之與樂安任遐，俱以應對有席上之美，
　　　　　齊名見遇。」608頁。

〔註86〕　《資治通鑑》卷139齊明帝建武元年條載：「宣城王謀繼大統，多引朝廷名士
　　　　　與參籌策。侍中謝朏心不願，乃求出為吳興太守。至郡，致酒數斛，遺其弟
　　　　　吏部尚書瀹，為書曰：『可力飲此，勿豫人事！』」4363頁。

太祖，以本官領尚書左丞。〔註87〕

江謐在建康政權不穩的情況下，其見風使舵之舉在士族中並不鮮見。南朝政權基礎轉向建康士族的過程，即是其失去政治基礎的過程，高門士族在時刻準備著迎接下一個可以提供給他們祿位的勢力。這在崔慧景舉兵包圍建康時更的到體現，「永元中，崔慧景舉兵圍京城，衣冠悉投名刺，淹稱疾不往。及事平，世服其先見。」〔註88〕建康被圍，東昏侯朝中之士族乃紛紛投奔圍城的崔慧景，其中唯江淹一人未走，然其本意並非盡忠蕭齊，而是認定舉兵者的失敗。

士族在政事上的惰怠導致了寒人的崛起，而崛起的寒人仍然以揚州地區為主，這使得政權的發展在空間上仍然受限，從而使揚州以外的各地豪族在出仕途徑被隔絕，轉而投向其他途徑，甚至鋌而走險，由此增加了政局的不穩定。

軍隊基礎的轉移更影響到建康政權直轄禁軍的戰鬥力，吳會地區武力的衰弱自東晉後期就已經出現，這一地區處於江南腹地，更為南朝的經濟重心，雖然有吳人號為天下精兵之說〔註89〕，但於晉末至南朝，此地民風一直以怯懦著稱〔註90〕，對於此地民風的轉變，曹文柱有深入的探討〔註91〕。晉末劉裕進攻孫恩時，「海鹽令鮑陋遣子嗣之以吳兵一千，請為前驅。高祖曰：『賊兵甚精，吳人不習戰，若前驅失利，必敗我軍。可在後為聲援。』」〔註92〕「吳人不習戰」在晉末就已經為社會所公認，至南朝宋齊梁陳，這種狀況一直未變，宋文帝元嘉末年面對元兇弒逆，顧琛亦曾言：「江東忘戰日久，士不習

〔註87〕 《南齊書》卷31〈江謐傳〉，570頁。

〔註88〕 《梁書》卷14〈江淹傳〉，250頁。

〔註89〕 《吳郡志》卷2〈風俗〉載：「（吳之土風習俗）其人并習戰，號為天下精兵。俗以五月五日為鬥力之戲，各料強弱相敵，事類講武。」8頁。《隋書》卷31〈地理志下〉亦載吳會地區風俗勁悍與京口同，886～887頁。

〔註90〕 《宋書》卷35〈顧覬之傳〉載袁淑謂覬之曰：「卿南人怯懦，豈辦作賊。」2079頁。

〔註91〕 曹文柱：〈六朝時期江南地區社會風氣的變遷〉，載於《歷史研究》1988年第2期。張或在〈東晉南朝時期吳興習戰之風試析〉一文中，專就吳興一郡由武轉文的過程有所探討。《首都師範大學學報》（社會科學版）2005年第6期。

〔註92〕 《宋書》卷1〈武帝紀上〉，2頁。《建康實錄》卷11〈宋高祖武皇帝〉（362頁）、《通典》卷153〈兵六〉（3926頁）中皆對此有記載。《資治通鑑》卷111晉安帝隆安三年條亦載：「（孫恩之亂）時三吳承平日久，民不習戰，故郡縣兵皆望風奔潰。」3498頁。可知這一區域在東晉中後期武力就已出現嚴重退化。

兵。雖云逆順不同，然強弱又異，當須四方有義舉者，然後應之，不爲晚也。」
〔註93〕齊武帝時，吳會地區聲勢浩大的唐之起義，也在數千禁軍的攻擊下轉
瞬即滅〔註94〕，此地區居民本不以戰事見長。齊末梁武帝攻下建康，吳興太
守袁昂雖據城不降，亦不得不承認「三吳內地，非用兵之所」。〔註95〕「三吳」
在東晉南朝始終處於內地，而這不僅是地理位置的簡單體現，吳會地區最終
幾近完全放棄了它原本擅長的武力。

會稽都督區在東晉蘇峻之亂期間得以出現史冊，據嚴耕望總結，會稽都
督區從東晉到南朝一直都穩定存在〔註96〕，然而這一都督區在軍事力量上卻
極爲有限，並且它下轄於揚州都督。唯一一次可以體現其實力的即爲蕭齊時
會稽都督王敬則的舉兵。「敬則招集配衣，二三日便發，……乃率實甲萬人過
浙江，」〔註97〕這是王敬則舉兵最初的力量，此段史料反映王敬則似乎是倉
促起兵，然而事實並非如此，王敬則的舉兵此前既已有所醞釀。

> 永泰元年，帝疾屢經危殆，以張瓌爲平東將軍、吳郡太守，置
> 兵佐，密防敬則。內外傳言當有處分。敬則聞之，竊曰：「東今有
> 誰，祇是欲平我耳。東亦何易可平，吾終不受金罌。」金罌謂鴆酒
> 也。〔註98〕

齊明帝臨終時王敬則的態度就已經極爲明確，直到其最終舉兵，自不會毫無
準備。然而我們可以看到，他起兵時的力量亦僅「實甲萬人」〔註99〕，會稽
都督管轄的常備軍隊自然要低於這一數字。而且這段史料又反映了另一要
點，吳會地區唯一的武裝力量就是會稽都督的勢力，並且可知，南朝吳會地
區太守只有在皇帝降詔的情況下才「置兵佐」，正常情況並不領兵。陳時毛

〔註93〕《宋書》卷100〈自序·沈淵子子正傳〉，2446頁。
〔註94〕《南齊書》卷44〈沈文季傳〉載：「遣禁兵數千人，馬數百匹東討。賊眾烏合，
　　　　畏馬。官軍至錢塘，一戰便散，禽斬寓之，進兵平諸郡縣。」777頁。
〔註95〕《梁書》卷31〈袁昂傳〉載袁昂答梁武帝招降書，453頁。《資治通鑑》卷144
　　　　齊和帝中興元年條，亦記載袁昂此語，4510頁。
〔註96〕在嚴耕望《中國地方行政制度史·魏晉南北朝地方行政制度》上冊第一章〈行
　　　　政區劃〉中，對會稽都督區的設立沿革有較爲詳細的總結。
〔註97〕《南齊書》卷26〈王敬則傳〉，487頁。
〔註98〕《南史》卷45〈王敬則傳〉，1131頁，《南齊書》卷26〈王敬則傳〉亦有記載，
　　　　但缺少「只欲平我耳」一句以後的內容。
〔註99〕雖然在後來行軍過程中，其軍隊規模得到壯大，《南齊書》卷26〈王敬則傳〉
　　　　載：「敬則以舊將舉事，百姓擔篙荷鍤隨逐之，十餘萬眾。」487頁。可見補
　　　　充入其軍隊的皆屬從眾而來的烏合之眾。

喜爲永嘉太守，「遇豐州刺史章大寶舉兵反，郡與豐州相接，而素無備禦，喜乃修治城隍，嚴飾器械。」〔註100〕非但不置兵，連城牆等防禦工事都是臨危時修建，甚至器械亦是臨時置辦〔註101〕。這一地區爲江南富庶之地，長期在北面軍鎮的卵翼之下，彪悍之風已失，在禁軍開始以此地爲兵源地的時候，直接導致了禁軍在戰鬥力上的下降。宋孝武帝時建平王宏就對建康武力有過概括：

> 夫用兵之道，自古所慎。頃干戈未戢，戰備宜修，而卒不素練、兵非夙習。且戎衛之職，多非其才，或以資厚素加，或以祿薄帶帖，或寵由權門，恩自私假，既無將領，虛尸榮祿。至於邊城舉燧，羽驛交馳，而望其擐甲推鋒，立功閫外，譬緣木求魚，不可得矣。常謂臨難命師，皆出倉卒，驅烏合之眾，隸造次之主，貌疏情乖，有若胡、越，豈能使其同力，拔危濟難，故奔北相望，覆敗繼有。〔註102〕

這裡指出的是針對北朝，南朝禁軍的武力不及，事實上在北面邊鎮虎狼之師的威脅下他們也同樣失去抵抗能力〔註103〕。《宋書》卷86〈殷孝祖傳〉載：「（明帝時）時普天同逆，朝廷唯保丹陽一郡，而永世縣尋又反叛，義興賊垂至延陵，內外憂危，咸欲奔散。孝祖忽至，眾力不少，並儁楚壯士，人情於是大安。」據〈殷孝祖傳〉，他此次僅率二千人入都，而這股力量乃直接成爲建康的希望，政權之六軍總和遠遠超出此數〔註104〕，卻並不能給建康帶來安

〔註100〕《陳書》卷29〈毛喜傳〉，391頁。

〔註101〕《晉書》卷100〈孫恩傳〉載：「吳會承平日久，人不習戰，又無器械，故所在多被破亡。」2633頁。吳會地區不置兵械，在東晉後期就已經如此。劉淑芬在〈建康與六朝歷史的發展〉中指出吳會地區爲文治區域，幾乎沒有兵器上的流通。載於氏著《六朝的城市與社會》，23頁。

〔註102〕《宋書》卷72〈建平王宏傳〉，1859頁。

〔註103〕《南齊書》卷45〈始安王遙光傳〉載：「眾軍圍東城三面，燒司徒二府。遙光遣垣歷生從西門出戰，臺軍屢北，殺軍主桑天愛。」790頁。始安王遙光結三鎮部曲舉兵，禁軍乃無以抵抗。崔慧景舉兵時左興盛之三萬臺軍更是「望風退走」，事見《南齊書》卷51〈崔慧景傳〉，875頁。梁末庾信、王質率領的建康禁軍在面對侯景進攻時，亦是未戰即走，事見《梁書》卷56〈侯景傳〉，842頁。

〔註104〕《梁書》卷9〈王茂傳〉載：「師次秣陵，東昏遣大將王珍國，盛兵朱雀門，眾號二十萬，度航請戰。」176頁。《建康實錄》卷17〈高祖武皇帝〉對此亦有記載，668頁。此中自不乏東昏侯臨時組建之部隊，但即使對折算之，應亦在十萬以上。

全感，乃因殷孝祖之區區二千人而大喜過望〔註105〕，建康之武力至每代末朝都會出現戰鬥力不濟的問題。

劉宋孝武帝時期，周朗曾提出在全國推行習武、開設武舉的主張，其目的應正是爲了應對這種禁軍逐漸墮落的狀況。

> 今爲政者，宜以二十五家選一長，百家置一師。男子十三至十七，皆令學經；十八至二十，皆令習武。訓以書記圖緯，忠孝仁義之禮，廉讓恭勤之則；授以兵經戰略，軍部舟騎之容，挽強擊刺之法。習經者五年有成，而言之司徒；習武者三年能藝，亦升之司馬。若七年而經不明，五年而勇不達，即更求其言行，考其事業，必不足取者，雖公卿子弟，長歸農畝，終身不得爲吏。」兼述農桑生植之本及禮教刑政之端。帝省之，不悅。〔註106〕

這是南朝歷史中唯一提倡武舉之議〔註107〕，其主張乃至全民習武，而由政府挑選，無疑這對改進南朝建康政權的武裝力量，會有實質性的進展，然已經士族化的孝武帝並未接受這一提議。

吳會地區短於武力終南朝未變，然而入主政權卻逐漸開始以此地爲禁軍征兵區域，這直接導致建康禁衛軍戰鬥力的下降。隨著時間的推移，朝中之慣戰武將亦逐漸凋零，並且建康自身爲武將提供的生存空間本就狹小，後文有述。帝王的士族化也對建康的武將造成不利影響〔註108〕。政權之爪牙武力遂一蹶不振，弱幹強枝的局面乃因之形成，在軍鎮不斷壯大的背景下，使南

〔註105〕《建康實錄》卷 16〈列傳〉載崔慧景圍建康時：「帝密詔豫州刺史蕭懿，軍主胡松、李居士數千人自采石濟岸，過頓越城舉火，臺城中鼓叫稱慶。」639頁。據《梁書》卷 23〈長沙王業傳〉，蕭懿此次入援所率兵力總三千人，李居士諸人所領，自不會超過二千人。

〔註106〕《通典》卷 14〈選舉二・歷代制中〉，333 頁。

〔註107〕何承天亦曾提出加強邊民訓練之舉，《通典》卷 196〈邊防十二〉載何承天上表：「今移人實內，浚理城隍，族居聚處，村里比次，課其騎射，通其風俗，長吏簡試，差品能否，甲科上第，漸就優別，明其勳捷，表言州郡。如此則屯部有常，不遷其業，內護老弱，外通官途，朋曹素定，同憂等樂，情由習親，藝因事著，晝戰見貌，足以相識，夜戰聞聲，足以相救，斯教戰之一隅，先哲之遺術也。」5377 頁。但此主張主要在於邊備，所涉及之範圍亦只在邊境州鎮。

〔註108〕《梁書》卷 9〈王茂傳〉載：「時天下無事，高祖方信仗文雅，茂心頗怏怏，侍宴醉後，每見言色，高祖常宥而不之責也。」176 頁。韋叡也遇到同樣的待遇，卷 12〈韋叡傳〉載：「高祖方銳意釋氏，天下咸從風而化；叡自以信受素薄，位居大臣，不欲與俗俯仰，所行略如他日。」225 頁。

朝政局藩鎮入主、輪番坐莊的局面成為必然趨勢。

四、結語

　　南朝四代每個政權的入主建康，都會漸進的吸收士族進入官僚體系，隨著時間的推移政權的上層乃完全被建康士族壟斷。與此同時，下層的官僚也開始逐漸的被建康和三吳人士佔據，又因為南朝選舉制度上的原因，更加劇了這一走勢。建康的直轄禁軍由最初的軍鎮武裝也在這一背景下發生轉變，幾乎完全從建康、吳會地區補充，這些走勢使政權出現明顯的基礎轉移的現象。建康作為南朝的都城，經濟、政治基礎完全被限制在吳、會這一狹小空間中，甚至直轄的軍隊基礎也局限在這一區域，使政權表現出突出的地域性特徵。官僚體制的變化首先是導致政治機構的惰怠〔註109〕，而更為嚴重的是導致南朝境內其他地區人士的出仕道路受阻。軍隊基礎的轉移更直接致使建康武力的下降，使之在武力上相對於軍鎮由優勢逐漸轉為劣勢，如果說內外因的結合導致政權的頻繁更替，那麼這裡基礎的轉移導致的政權衰弱即提供了先決的內因，南朝歷史正是在此背景下一遍一遍的重演著相似的歷史。

第二節　文武分區：南朝的空間結構與政治演變

　　朝代的創立與國家的治理因局面的不同，而往往在文武任用上有所區別。西漢初年陸賈即云：「居馬上得之，寧可以馬上治之乎？且湯武逆取而以順守之，文武並用，長久之術也。」〔註110〕陸賈雖指出文武因時而別，但亦指出二者並用的重要。西漢時既有山東出相山西出將之說，〔註111〕東漢時期雖然出現武將的文化以及文臣的武化趨勢，〔註112〕但這兩種人的特點仍然較為明確，且在京城亦基本可以並立。然而至東晉南朝時期，這種狀況發生改變，由此引起的文武分區更是深刻的影響著南朝政局的發展。

　　建康，自東晉之初既已成為江左的文化中心，進入南朝，其中心地位仍

〔註109〕《顏氏家訓》卷4〈涉務第十一〉載：「居承平之世不知有喪亂之禍，處廟堂之下不知有戰陣之急。」317頁。
〔註110〕司馬遷，《史記》卷97〈酈生陸賈列傳〉，中華書局，1959年，2699頁。
〔註111〕班固，《漢書》，卷69〈趙充國傳〉，中華書局，1962年，2998頁。
〔註112〕詳見邢義田〈允文允武──漢代官吏的一種典型〉一文。《中央研究院歷史語言研究所集刊》7 5.2（2004）：223～282頁。

在不斷加強。〔註113〕以此為中心的揚州作為南朝政治的核心地區，表現出突出的經濟與文化的優勢，尤其是文化，幾乎完全凝聚在建康區域，但在軍事上卻一直弱於江北各鎮及上游諸鎮，這就形成南朝突出的地域性特點。軍事區與文化區判然分明，並出現相對的脫離乃至對峙，成為推動南朝軍鎮入主的根源。建康濃鬱的文化與壁壘高築的排外心理推動著南朝文化區域與藩鎮軍事區域間分野的明朗，軍鎮豪族仕途的受阻促使軍事區對建康的離心乃至敵對，而此類人在仕途的欲求更推動著軍鎮一次次的發起針對建康的衝擊。正是這股潮流成為南朝政局的決定力量，使逐漸孤立的南朝政權，最終難逃被取代的命運。〔註114〕

　　目前對於東晉南朝時期文武區域差異的研究尚未全面開展，而對其地域性及地方控制問題開始逐步受到關注，〔註115〕武將歧視及武將棄武從文的研究，亦仍停留在現象層面，〔註116〕總體而言，對於建康士族輕視武將的社會現象及其後果，目前研究尚顯不足，而由此引起的文武分區，及文區與武區

〔註113〕詳見劉淑芬〈建康與六朝歷史的發展〉一文，收於《六朝的城市與社會》，臺灣學生書局，1992 年，3～33 頁。《陳書》卷24〈周弘正傳〉載梁元帝欲定都江陵時，周弘正上言：「至如黔首萬姓，若未見輿駕入建鄴，謂是列國諸王，未名天子。今宜赴百姓之心，從四海之望。」中華書局，1972 年，309 頁。

〔註114〕陳寅恪指出南朝文化士族與武力豪族相結合以成統治局面一說，〈楚子集團與江左政權的轉移〉，萬繩楠整理，《陳寅恪魏晉南北朝史講演錄》，黃山書社，1987 年，172～192 頁。

〔註115〕日本學者狩野直禎在〈後漢末地方豪族の動向──地方分權化と豪族〉一文探討了東漢後期的地方豪族與地方分權，中國中世史研究會編，《中國中世史研究》，東海大學出版會，1980 年，43～68 頁。中村圭爾在《六朝江南地域史研究》中對南朝全境進行了地域性的劃分。汲古書院，2006 年。薛軍力在〈州的地方化與曹魏時期中央地方關係〉一文中從州性質的演變探討了曹魏時期中央與地方的關係，《中國史研究》1992 年第 3 期。傅樂成在〈荊州與六朝政局〉一文中即指出荊州在東晉南朝政局演變中的特殊地位，收於氏著《漢唐史論集》，聯經出版事業股份有限公司，1977 年，93～115 頁。趙立新探討了東晉以前朝廷與軍鎮的關係，所論述涉及江東則僅限東晉，指出士族分散家族控制軍鎮與朝廷對峙的局面。詳參《西晉末年至東晉時期的「分陝」政治──分權化現象下的朝廷與州鎮》花木蘭文化出版社，2009 年。

〔註116〕早期呂思勉就已指出文臣輕視武人，詳參〈文臣輕視武人〉，《呂思勉讀史札記》，上海古籍出版社，1982 年，860 頁。蘇紹興在〈論「江左世族無功臣」〉一文中也就「世俗輕武」這一主題進行探討，載於蘇紹興著《兩晉南朝的士族》，聯經出版事業公司，1987 年，19～32 頁。鄭敬高在〈南朝的將門〉一文中，對武人棄武從文的現象有一定探討，但在追溯其原因時，卻將之歸為武人對士族風氣的欽慕。《華中師範大學學報（哲社版）》1987 年第 6 期。

之間的相互脫離乃至走向敵對在南朝政治中的影響尚較少涉及。

一、東晉的歷史遺留問題

東晉自立國江東，琅琊王睿以司馬氏苗裔都督揚州不帶刺史，其聲望之有限可知。琅琊王氏在西晉雖有王戎、王衍在朝居要職，又有王祥、王覽爲道德楷模，然似乎與琅琊分支聯繫頗寡，故王導雖爲王覽之孫，僅長期居於琅琊王睿僚佐之地位。在此基礎上建立的揚州都督府，初期在江南立足之艱難可知。

> 及徙鎮建康，吳人不附，居月餘，士庶莫有至者，導患之。會敦來朝，導謂之曰：「琅邪王仁德雖厚，而名論猶輕。兄威風已振，宜有以匡濟者。」會三月上巳，帝親觀禊，乘肩輿，具威儀，敦、導及諸名勝皆騎從。吳人紀瞻、顧榮，皆江南之望，竊覘之，見其如此，咸驚懼，乃相率拜於道左。〔註117〕

吳人之不附，固然與琅琊王睿「名論猶輕」有關，這裡掩蓋了此時的王導名望也極爲有限的事實。王導所以諧和南北士族共建東晉王朝，實際上借助了王敦的聲望。〔註118〕易言之乃以王敦武力威懾江東舊族，繼以自己逐個拜訪施以恩惠，以恩威並用的方式迫使江南舊族屈服，從而實現琅琊王勢力在江南的奠基。

江東政權從此確立了它的格局：以僑姓士族爲基礎，以荊州王敦武裝爲後盾，迫使江南舊族屈服與合作，確立了揚州都督府的地位，隨後在此基礎上建立東晉王朝，然而武裝力量盡在荊州也成爲其不爭的事實。荊州都督府的地位本身亦爲東海王越勢力的分支，在地位上與揚州都督府對等，甚至更爲威重，〔註119〕這形成了此後東晉「荊揚之爭」的重要原因。自此可知，西晉末年長江中游荊州軍鎮的最後建立，乃在洛陽政權已無力統攝全局的狀況

〔註117〕房玄齡，《晉書》卷65〈王導傳〉，中華書局，1974年。

〔註118〕八王之亂後期，王敦已然居於要職，手握重兵，且其出任揚州刺史出於東海王越，雖爲單車刺史，而其聲望與武力均非琅琊王睿可比。詳參《晉書》卷98〈王敦傳〉。

〔註119〕司馬光，《資治通鑑》卷86晉懷帝永嘉元年（307）第13條載：「（七月）己未，以琅邪王睿爲安東將軍、都督揚州江南諸軍事、假節，鎮建業。」，中華書局，1956年，2729頁。兩月以後王衍即以王澄主荊州、以王敦主青州，與洛陽組建狡兔三窟之謀，可知此時的荊州都督府地位高於揚州都督府。詳參《晉書》卷43〈王衍傳〉。

下確立的。這時荊州軍鎮的經營，乃完全處於自主狀態可知，亦即荊州軍鎮的建立獨立於東晉政權。其後杜弢起義，王澄被逐，王敦排擠陶侃後以重兵鎮之，遂形成了荊州以武力臨建康之始。「初，晉氏南遷，以揚州為京畿，穀帛所資皆出焉；以荊、江為重鎮，甲兵所聚盡在焉；常使大將居之。」〔註120〕自此督區轄湘州乃至延伸至江州，軍儲自可獨立解決，王敦的跋扈更不斷增強荊州的獨立性。地轄湘贛流域，物資有餘，荊州內部完整的運作得以維持。此後荊州威脅建康的形勢在王敦以後，與府主的變化似已關係不大。陶侃以寒人出身，猶有乘龍昇天之夢，庾亮、庾翼以外戚出鎮，亦不乏專擅之舉，東晉政權為一改庾兄弟時期的專擅，而用門戶較低的桓溫，終於促成桓氏盤踞荊州近半個世紀的局面。

東晉前期東方的局勢則幾乎成為流民帥的舞臺，流民武裝大規模南下後，江淮之間幾乎完全為此類勢力佔據，東晉政權雖分別賦予名號，卻不敢有所倚重。直至郗鑒南下京口，方才在此基礎上建立一支傾向於朝廷的武裝，擺脫了完全依賴荊州的窘境。〔註121〕明帝死後全面整頓江北流民帥，引發蘇峻之亂。朝廷反正後，此政策繼續實施，遂於數年之內全面掃平流民武裝，實現了對江北的統治。雖然在此後東晉陸續開展了兩次整理編戶的政策，〔註122〕或可得知流民武裝落籍為編戶，但其內部結構並未解體，此後謝玄組建北府兵採取募將不募兵的方式，可知流民團落籍後內部聯繫仍然緊密。〔註123〕北府兵建立以後，東晉政權從此在空間上形成了啞鈴型布局：東西強大而建康羸弱的結構，從特點上也導致了文武區域判然分明的布局。

文武區域的整合一直是東晉未能全面解決的問題，對武力區域的掌控在孝武帝時期出現了短暫的變化。淝水之戰使謝氏家族一時成為江南功臣，孝武帝在排擠謝氏出北府後，謝玄交出了北府兵權，其後因權力鬥爭使北府領

〔註120〕《資治通鑑》卷128孝武帝孝建元年（454）第11條，4020～4021頁。
〔註121〕詳細過程參田餘慶《東晉門閥政治‧論郗鑒》，北京大學出版社，2012年。
〔註122〕成帝咸康四年（338）整理編戶，分黃白籍，詳參《晉書》卷7〈成帝紀〉及卷16〈食貨志〉，另一次則為哀帝興寧二年（364）由桓溫組織的庚戌土斷，詳參《晉書》卷7〈哀帝紀〉。
〔註123〕田餘慶在〈北府兵始末〉一文中對北府兵的演變狀況有詳細考述，收於氏著《秦漢魏晉史探微》，中華書局，2004年，328～375頁。另臺灣學者吳慧蓮在《東晉劉宋時期之北府》中對北府兵的發展狀況亦有詳細論述，國立臺灣大學文學院，1985年。

導權幾經易手，大致主掌者相繼有朱序和譙王司馬恬，接其踵者便是由北府兵而喪命的太原高門王恭。王恭的出鎮，起因於孝武帝與會稽王道子間的權力鬥爭，「乃出王恭爲兗州，殷仲堪爲荊州，王珣爲僕射，王雅爲太子少傅，以張王室，而潛制道子也。」〔註124〕從此造成兩次東西軍鎮並舉兵指建康的軍事行動。

自北府兵建立到王恭出鎮已十三年有餘，這時的北府兵已非謝玄初建時的狀況，由最初的招募將領與流民士兵，現在已是經歷長時間浴血奮戰的軍事集團，其內部的團結自然已不在話下，並且北府兵從將領到士兵幾乎完全來自徐兗地區之流民，〔註125〕這種地緣上的共同背景，爲他們的內部結合也提供了優勢。北府起身之將門中，較爲突出的劉牢之一系及樂安高氏，〔註126〕在北府軍事集團中影響極大，這兩個家族也已出現緊密結合的趨勢。總之，到王恭出鎮時，北府兵已經是一個內部建立穩固關係的軍事集團，具備牢固的根基，更重要的是作爲東晉後期一支舉足輕重的軍隊，他們自身也認識到了這一點。〔註127〕劉牢之與王恭的矛盾在後者出鎮之初即形成，而直到二次舉兵時才兵戎相見，最關鍵一點乃在於司馬元顯的招撫──即以劉牢之爲北府統帥。〔註128〕北府兵終於可以擺脫貴族傭兵的身份，〔註129〕迎來自己將領的領導，並且作爲一支獨立的不再依附於士族的軍事力量，出現在東晉政權中。而王恭與謝氏所掌同爲北府兵，前後成敗各異，恐亦不能簡單從王恭個人解釋。《建康實錄・安皇帝》載：「時王恭、殷仲堪皆以才器，各居名藩，惡道子與國寶等亂政，屢有憂國之言。」可知二人在建康士族中亦屬菁華，

〔註124〕《晉書》卷64〈會稽文孝王道子傳〉。據《晉書》卷9〈孝武帝紀〉，王恭出鎮在太元十五年（390），《晉書》卷84〈王恭傳〉云：「其後帝將擢時望以爲藩屏，乃以恭爲都督兗青冀幽并徐州晉陵諸軍事、平北將軍、兗青二州刺史、假節，鎮京口。」2184頁。對於孝武帝與會稽王道子間的權力爭鬥，田餘慶在《東晉門閥政治》中〈門閥政治的終場與太原王氏〉一部分中有論述，257～291頁。

〔註125〕在可見記載中，唯孫無終爲晉陵人，屬南方將領，但此時業已全面融入北府系統。

〔註126〕田餘慶在〈劉裕與孫恩──門閥政治的「掘墓人」〉一文中對樂安高氏有專節論述，載於《東晉門閥政治》，302～307頁。

〔註127〕《資治通鑑》卷112晉安帝元興元年第9條載劉敬宣諫劉牢之語：「今國家衰危，天下之重在大人與玄。」3538頁。

〔註128〕王永平，〈論劉牢之〉，《揚州師院學報（社會科學版）》1990年第3期。

〔註129〕詳參川勝義雄《六朝貴族制社會研究》，上海古籍出版社，2007年，230頁。王永平〈論劉牢之〉一文對此亦有探討。

王恭與謝玄幾乎處於同時代，若據此推論建康士族整體才能下降，未免失於偏頗。〔註130〕

　　獨立性質遠較北府爲早的荊州軍府也出現了相似的情況。桓沖死後，由殷仲堪出鎮江陵，在掌控這一軍鎮上，士族也遇到了困境。荊州軍府與北府勢力相比情況有所不同，一是桓氏的影響，二是楊佺期的流民勢力。譙國桓氏於東晉之初並非高門，桓溫鎮荊州時影響甚大，但仍然只是一軍事士族，與建康之高門不同。到殷仲堪出鎮，桓氏在荊州盤踞已達四十八年，〔註131〕在東晉一朝明顯有著從建康低級士族到荊州地方化的轉變過程，最終演變爲荊州豪強。雖然以桓溫兄弟之影響，桓氏有數人在建康任職，〔註132〕卻無法掩蓋其已經轉化爲荊州地方豪族的實質，即所謂「桓氏世爲荊土所附」。〔註133〕殷仲堪所面對的情況比王恭更爲嚴峻，「（桓）玄在江陵，仲堪甚敬憚之。桓氏累世臨荊州，玄復豪橫，士民畏之，過於仲堪。」〔註134〕他僅依賴楊佺期之流民勢力與桓氏對抗，楊佺期之流民勢力在荊州面對強大的桓氏，乃至不得不與殷仲堪聯合，而最終皆爲桓玄所滅，士族同樣也失去了對荊州的控制。

　　最終在桓玄舉兵時，劉牢之臨陣倒戈，在士族勢力退出軍鎮後，風氣及意識形態的差異，促使一直爲建康依賴的北府兵也走向了驅逐士族反對建康的道路。王夫之評論東晉空間格局對政治的影響時指出，「晉偏安於江左，而又分焉，建業擁天子以爲尊而力弱，荊、襄挾重兵以爲強而權輕，且相離以

〔註130〕田餘慶指出門閥政治依賴不廢事功的士族存在，輕武力的士族中不再產生統兵士族，這一體系就出現了危機。《東晉門閥政治》，北京大學出版社，1989年，177～178頁。日本學者宮崎市定亦指出軍隊的不滿，以及軍權與政權的脫離是東晉政權崩潰的重要原因。詳見《宮崎市定全集7‧六朝》，日本岩波書店，1992年，194頁。

〔註131〕據《資治通鑑》卷97晉穆帝永和元年第8條，桓溫出鎮在此年（345），而殷仲堪出鎮在孝武帝太元十七年（392），此前雖有王忱爲荊州刺史，但桓氏在荊州的勢力未受影響。到桓沖死於孝武帝太元九年（384），桓氏勢力仍然由桓石民、桓石虔，桓伊分掌，可見那時桓氏於荊州地區之影響已不可忽視。

〔註132〕據《通鑑》卷112晉安帝隆安五年條，桓玄起兵時，「元顯欲盡誅諸桓」，3533頁。時桓修爲中護軍，桓謙爲元顯驃騎司馬，桓嗣子桓胤亦一直居於建康。

〔註133〕《通鑑》卷112晉安帝元興元年條，3533頁。直到南朝齊時桓氏在荊雍一帶仍有相當影響力，詳見《南齊書》卷38〈蕭景先傳〉載桓天生事跡。

〔註134〕《資治通鑑》卷108晉孝武帝太元十七年第15條，3408頁。

相猜，而分爲二。」〔註135〕事實上東晉後期東部北府兵也出現了這種狀況，最終背叛建康正是在這一背景下形成的。

> 自德宗以來，内外乖貳，石頭以外，皆專之於荊、江，自江以西則受命於豫州，京口暨于江北皆克州刺史劉牢之等所制，德宗政令所行，唯三吳而已。恩既作亂，八郡盡爲賊場，及丹陽諸縣處處蜂起，建業轉成蹙弱。〔註136〕

東晉自安帝以後，帝國呈現出全面的分崩離析狀態，最終劉裕重整帝國，雖然政權一定程度上得到強化，但東晉的內外區域特點卻得以繼承，甚至一定程度上受到強化。在這個格局下建立的南朝政權，繼承了東晉的弊端，雖然因政權力量有所強化，這種文武區域的脫離卻得以延續。而自桓玄始，豪族在東晉乃至整個南朝歷史舞臺上開始譜寫屬於自己的篇章，這更是東晉後期的一個重大變化。〔註137〕

　　南朝士族對軍鎮失去統御固然有政權排擠的原因，但豪族力量的崛起才是最終士族失去對軍鎮統御的主要原因。東晉政權雖然在門閥掌控朝局的背景下長期羸弱，但卻維繫了一百餘年的歷史，相對於頻繁更替的南朝則稍顯綿長。士族均植根於建康，而建康卻始終不是某一門閥全面統御的狀態，高門之間的相互牽制一定程度上實現了制衡，〔註138〕因士族序列的穩定，任何一個士族均不可能取代政權，故政權雖然一直受到牽制，但只要士族社會穩定，司馬氏王朝亦穩如泰山。同時從宏觀上說，士族的出鎮仍然是建康勢力對其他區域的統治，而他們開始退出軍鎮後，在軍事區與政治區或文化區逐步分離的背景下，聯繫兩者的橋梁出現了短暫的中斷，地方力量開展了一場針對建康政權的角逐，雖然最終劉裕借北府力量驅逐了桓玄，但這一幕在南朝仍然在不斷上演。共同點是朝代的更替均爲來自建康士族以外的力量，而這一序幕卻在東晉後期王恭與殷仲堪失敗時就已拉開。

〔註135〕王夫之，《讀通鑑論》卷13〈東晉穆帝八〉，中華書局，1975年，427頁。
〔註136〕《魏書》卷96〈司馬睿傳〉。
〔註137〕關於豪強在地方的影響力及人望，谷川道雄在《中國中世社會與共同體》一書中有詳細論述。中華書局，2002年，61～106頁。北村一仁在〈在南北朝國境地域的同姓集團的動向和其歷史意義〉一文中對邊境的豪族問題有較多關注，收於牟發松主編，《社會與國家關係視野下的漢唐歷史變遷》，華東師範大學出版社，2006年。
〔註138〕這一點毛漢光有精深的判斷，詳參〈五朝軍權轉移及其對政局之影響〉，收於《中國中古政治史論》，世紀出版集團，2002年，347頁。

二、武人的境遇及其由武轉文的趨勢

南朝在東晉的基礎上在秦嶺，淮河一線形成了穩定的臨敵防禦區域，西部以雍州爲中心，東部以徐兗爲重鎮，淮河流域則以豫州迎敵；而在長江南岸分佈第二道防線，分佈益州、荊州、郢州、江州、南徐州，以京口爲建康門戶。由於第二道防線並不臨敵，其隨著北面各軍鎮的穩定，其武力也在逐步衰減。這樣在結構上就可以看出，由北向南軍事力量依次遞減的態勢，這樣就形成了南朝清晰的文武分區結構。爲擺脫東晉門閥控制皇權，以宗王出鎮，充當聯繫兩個區域的橋梁，這是南朝的共性。但隨著政權的建康本土化與士族化，而使兩個區域間的鴻溝不斷擴大。

與北朝的對峙使武區的武風得以維持乃至增強，士族的活動維持在以建康爲中心的揚州，使其文質化傾向更加鞏固，兩個區域的碰撞在建康實現。作爲東晉南朝的都城，這裡是五朝文化的中心，也是江南政權各地出仕的首望之地。以武立身者歷盡艱辛，榮登仕途，在其鄉里實現了家門榮耀，進入建康卻飽受輕視，不爲整個建康社會所認可，這直接削弱軍事區對建康政權的認可，加劇了建康政權的孤立。

對武人的輕視，在兩晉南朝，一直呈強化趨勢，李慈銘曾指出「南朝輕武人。」〔註139〕這一狀況雖然如呂思勉所說由來已久，然東晉至南朝乃有不斷加劇的趨勢。建康作爲士族的中心，士族內部既存在嚴格等級，低等士族不能獲得高門尊重，而高門與寒門的交往亦同樣受上層士族的質疑。〔註140〕武將大多出於寒門，其不爲高門所重可知，同時由於其自身的特點，乃衍生出一個相對獨立的遭受歧視的群體——武人。士族社會排斥武人分爲兩個層面，一是輕視武將，二是排斥家族成員習武。

南朝定居於建康的武將，多爲政權創立時的建國功臣，隨著政權的士族化，整個建康社會走向了武將的對立面。這一價值取向甚至爲武將自身所接受，他們雖位高權重卻難以獲得尊重，這種政治地位與社會地位的落差使南

〔註139〕李慈銘，《越縵堂讀書記·史部·正史類·南史》，世紀出版集團、上海書店，2000 年，311 頁。

〔註140〕《資治通鑑》卷 128，宋孝武帝大明二年條載裴子野語：「古者，德義可尊，無擇負販；苟非其人，何取世族！名公子孫，還齊布衣之伍；士庶雖分，本無華素之隔。自晉以來，其流稍改：草澤之士，猶顯清途，降及季年，專限閭閻。自是三公之子，傲九棘之家，黃散之孫，蔑令長之室；轉相驕矜，互爭銖兩，唯論門戶，不問賢能。」4038～4039 頁。

朝將領不能泰然處之，爲了改變境遇乃不斷摸索途徑，他們不是試圖改變而是削足適履，遂逐漸走向由武轉文的道路。以寒門武將的身份結交建康之高門，雖然官階甚高，亦不得不卑而下之。社會地位的卑微雖政治地位隆重亦無以彌補，這在南齊陳顯達事跡最爲典型：

> （陳）顯達謙厚有智計，自以人微位重，每遷官，常有愧懼之色。有子十餘人，誡之曰：「我本志不及此，汝等勿以富貴陵人！」家既豪富，諸子與王敬則諸兒，竝精車牛，麗服飾。當世快牛稱陳世子青，王三郎烏，呂文顯折角，江瞿曇白鼻。顯達謂其子曰：「塵尾扇是王謝家物，汝不須捉此自逐。」〔註141〕

據本傳，陳顯達時居官侍中、鎮軍將軍、中領軍，出爲使持節、散騎常侍、都督江州諸軍事、征南大將軍、江州刺史，給鼓吹一部。其所任職武位代貼文職，這在南朝爲最爲清顯之職，〔註142〕然猶自感「人微位重」，陳顯達責其子追慕建康士族清談風流之舉，可知其於士庶之隔仍不敢稍越雷池，而這一舉動爲史家評爲「謙厚有智計」。趙翼評價他：「出自寒微，奮立功業，官高位重，而其自視猶不敢與世族較。」〔註143〕這大體概括了武將在建康的境遇。將領以武力而自豪者乃寥寥可數，雖王敬則於齊武帝前以拍張爲豪，也仍不得不屈己對人。〔註144〕

武將受歧視這一觀念亦爲武人自己所認同，在這一前提下他們往往通過棄武從文的方式改變自身地位。

> 文季風采棱岸，善於進止。司徒褚淵當世貴望，頗以門戶裁之，文季不爲之屈。……遂言及虜動，淵曰：「陳顯達、沈文季當今將略，足委以邊事。」文季諱稱將門，因是發怒，啓世祖曰：「褚淵自謂是忠臣，未知身死之日，何面目見宋明帝？」世祖笑曰：「沈率醉也。」

〔註141〕蕭子顯，《南齊書》卷26〈陳顯達傳〉，中華書局，1973年，490頁。《資治通鑑》卷138齊武帝永明十一年第1條（4325頁）、《建康實錄》卷15〈列傳〉均載此事，中華書局，1986年，605頁。

〔註142〕詳參周一良〈《南齊書‧丘靈鞠傳》試釋兼論南朝文武官位及清濁〉，收於氏著《魏晉南北朝史論集》，北京大學出版社，2010年。

〔註143〕趙翼，《廿二史札記》卷12〈江左世族無功臣〉，中華書局，1984年，253頁。趙翼在文中對南朝武將在士族門第界限外的自卑心理有較多論述。

〔註144〕王敬則拍張事，《南齊書》卷23〈王儉傳〉、《南史》卷22〈王儉傳〉（中華書局，1975年）、及《建康實錄》卷15〈列傳〉均有載，而以《南史》記載最爲完整。《南齊書》卷26〈王敬則傳〉載：「敬則名位雖達，不以富貴自遇，危拱傍邊，略不嘗坐，接士庶皆吳語，而殷勤周悉。」

中丞劉休舉其事，見原。〔註145〕

吳興沈氏，在東晉時即爲將門，經劉宋至南齊，將領輩出，沈文季此時卻以之爲恥，即所謂「諱稱將門」之所以反應如此劇烈，或因將門乃其生平最爲忌諱之恥。然而與陳顯達、王敬則諸人不同的是：他通過自身的努力，具備了士族的優雅之風。爲褚淵道破其家族出身，而其棄武從文所做的改變均爲徒勞，遂致惱羞成怒。這恰說明將門的卑微非習得士族風氣所能改變。南齊呂安國以獲得文職而欣喜：「有疾，徵爲光祿大夫，加散騎常侍。安國欣有文授，謂其子曰：『汝後勿作袴褶驅使，單衣猶恨不稱，當爲朱衣官也。』」〔註146〕考呂安國其人，廣陵人，「宋大明末，安國以將領見任，隱重有幹局，爲劉勔所稱。」〔註147〕本傳記載多爲其征伐之舉，則其應爲純粹武將，齊武帝突然授予其文職，即非其始料所及。武將而居文職，使其在擺脫將門身份的道路上前進一大步，使之認爲自此進入士族行列，其子日後即可任「朱衣官」，而拋棄身份低微的將門陰影。

南朝於建康始終未能出現持續三代以上之將門，眾多以武功起身之將領乃至家族都出現了自武轉文的趨勢，吳興沈氏即爲突出一例，沈文季成爲沈氏最後一個將領，然而「風采棱岸，善於進止」的他，已非純粹武將，相比其父沈慶之「手不知書，眼不識字」，吳興沈氏由武轉文的走向較爲突出，〔註148〕彭城到氏亦走出一條相同的發展軌跡，其轉化之快，更爲沈氏所不及。「（梁武帝）高祖謂昉曰：『諸到可謂才子。』昉對曰：『臣常竊議，宋得其武，梁得其文。』」〔註149〕從劉宋的到彥之，到梁代的到洽兄弟，這一家族從純粹的武將轉化爲純粹的文臣。而張欣泰之事跡乃與此相似，《南齊書・張

〔註145〕《南齊書》卷44〈沈文季傳〉。

〔註146〕《南齊書》卷29〈呂安國傳〉。

〔註147〕《南齊書》卷29〈呂安國傳〉。

〔註148〕唐燮軍在《六朝吳興沈氏及其宗族文化研究》對吳興沈氏由武轉文的趨勢給與深入探討。文津出版社，2006年，313頁。王永平在《六朝江東世族之家風家學研究》第五章〈從尚武到崇文：吳興沈氏家風與家學的嬗變〉（江蘇古籍出版社，2003年）及《東晉南朝吳興沈氏之尚武及其地位的變遷》（《南都學刊（人文社會科學學報）》，一文中也對吳興沈氏的轉變有探討，2005年第5期。

〔註149〕姚思廉，《梁書》卷27〈到洽傳〉，中華書局，1973年，404頁。《梁書》卷12〈韋叡傳〉載：「（韋叡）時雖老，暇日猶課諸兒以學。第三子稜，尤明經史，世稱其洽聞，叡每坐稜使說書，其所發摘，稜猶弗之逮也。」225頁。韋叡於梁代爲武將出身，然亦其諸子習經讀史。

欣泰傳》載：

> 欣泰少有志節，不以武業自居，好隸書，讀子史。年十餘，詣
> 吏部尚書褚淵，淵問之曰：「張郎弓馬多少。」欣泰答曰：「性怯畏
> 馬，無力牽弓。」淵甚異之。……欣泰通涉雅俗，文結多是名素。
> 下直輒遊園池，著鹿皮冠，衲衣錫杖，挾素琴。有以啓世祖者，世
> 祖曰：「將家兒何敢作此舉止！」後從車駕出新林，敕欣泰甲仗廉察，
> 欣泰停仗，於松樹下飲酒賦詩。制局監呂文度過見，啓世祖。世祖
> 大怒，遣出外，數日，意稍釋，召還，謂之曰：「卿不樂爲武職驅使，
> 當處卿以清貫。」除正員郎。〔註150〕

張欣泰之父即爲劉宋時期之張興世，竟陵人，以家貧輾轉至南郡依大族宗珍
之爲客，後隨王玄謨伐蠻起家，自是寒人將領出身。此時張欣泰所任爲直閣
將軍，步兵校尉，領羽林監，統領禁軍，在朝中擁有舉足輕重的地位，然其
爲區區正員郎而而將之棄如敝履，〔註151〕最終其得以任職清官，然此僅爲政
治認可，相對於社會認同，仍任重道遠。

有關南朝武將轉文趨勢，或以爲這是武將仰慕士族風氣，免受門第排
抑，〔註152〕實則不盡然。將門習文主要在於其遭受歧視而被迫採取的方式，
事實上這並不能從根本上改變其境遇。「時何敬容以令參選，事有不允，（到）
漑輒相執。敬容謂人曰：『到漑尚有餘臭，遂學作貴人。』……漑祖彥之初
以擔糞自給，故世以爲譏云。」〔註153〕到彥之爲宋文帝時武將，到漑於梁
武帝時早已粲然文臣，與名士任昉亦有交往，然在與何敬容衝突時仍不免
受譏。

武將立足建康之後形成所謂將門，其處境促使他們普遍由武轉文，維持
武風者亦頗有龍遊淺沼之困，梁時曹景宗事跡極爲典型。

> 景宗謂所親曰：「我昔在鄉里，騎快馬如龍，與年少輩數十

〔註150〕《南齊書》卷 48〈劉繪傳〉載：「繪雖豪俠，常惡武事，雅善博射，未嘗跨
馬。兄悛之亡，朝議贈平北將軍、雍州刺史，詔書已出，繪請尚書令徐孝嗣
改之。」842 頁。劉繪要求改任，亦爲不願居武職。

〔註151〕南朝職官無正員郎，按正員應相對員外而言，其意應即爲員內郎。《通典》卷
37〈職官十九〉對齊官秩未詳述，據宋官秩，步兵校尉第四品，各部郎爲第
六品，就執掌而言亦不可與禁軍將領相較。中華書局，1988 年，1007～1008
頁。

〔註152〕鄭敬高，〈南朝的將門〉，《華中師範大學學報（哲社版）》1987 年第 6 期。

〔註153〕《南史》卷 25〈到彥之傳附沅從兄漑傳〉。

騎，拓弓弦作霹靂聲，箭如餓鴟叫。平澤中逐麈，數肋射之，渴飲
其血，飢食其肉，甜如甘露漿。覺耳後風生，鼻頭出火，此樂使人
忘死，不知老之將至。今來揚州作貴人，動轉不得，路行開車慢，
小人輒言不可。閉置車中，如三日新婦。遭此邑邑，使人無氣。」
〔註154〕

武將難以適應建康生活方式，這裡曹景宗語恰可反映兩個區域的風氣差異，
然他劉宋後期即曾隨父任職建康，「宋元徽中，（曹景宗）隨父出京師，為奉
朝請、員外，遷尚書左民郎。」〔註155〕數十年後其隨梁武帝舉兵再入建康，
其地位已非先前可比，可知此前其在建康生存之鬱鬱。無獨有偶，張敬兒在
建康亦有相似情緒，「敬兒長自荒遠，少習武事，既從容都下，又四方寧靖，
益不得志。」〔註156〕前揭王敬則雖以排張自矜，然仍不得不低身以接文士，
風氣的差異，使任職建康的將領處境尷尬。

　　建康的士族及宗室對習武的抵制，主要源於南朝頻繁的政變。一方面這
兩個群體仕途平坦無須習武求進，同時習武者往往捲入政變，甚至遭致滅門
之禍，有害無利故而不為。《晉書・王導傳附子恬傳》載：「恬字敬豫。少好
武，不為公門所重。導見悅輒喜，見恬便有怒色。」王恬雖貴為琅琊王氏之
後，當朝宰相王導之子，猶以好武「不為公門所重」。〔註157〕歧視武人的建康
士族，自身也對從武極為抵制。於南朝政治風雲變幻之際，為保家門長盛不
衰，他們於帝王乃至朝代變更時，辭舊迎新，泰然處之，〔註158〕而一旦手中
掌兵，即不能不有所傾向，往往成為政變犧牲品。宋末之王蘊，即以連謀
沈攸之舉兵而為蕭道成所殺，〔註159〕而齊之王融亦以「好為將」，積極扶助竟
陵王子良登基而遇禍。〔註160〕東晉末年劉毅為將時，其從父弟劉損即云「汝
必破我家。」〔註161〕宋末王蘊習武，其叔王景文亦稱「阿益，汝必破我門

〔註154〕《梁書》卷9〈曹景宗傳〉。
〔註155〕《梁書》卷9〈曹景宗傳〉。
〔註156〕《南史》卷45〈張敬兒傳〉。
〔註157〕唐長孺認為士族因鄙視武事而喪失指揮權，詳參《魏晉南北朝隋唐史三論》，156～157頁。士族失去指揮權固然另有原因，但高門對武事的輕視卻揮之不去。
〔註158〕《資治通鑑》卷142齊東昏侯永元元年第26條載：「枝江文忠公徐孝嗣，以文士不顯同異，故名位雖重，猶得久存。」4453頁。
〔註159〕詳見《宋書》卷85〈王景文傳附兄子蘊傳〉。
〔註160〕詳見《南齊書》卷47〈王融傳〉。
〔註161〕《宋書》卷45〈劉粹傳附族弟損傳〉。

戶。」〔註162〕可知士族反對同宗習武而出此語，固然存在其歧視武風的習氣，更主要在於家門利益。《陳書・王固傳》載：「時高宗輔政，固以廢帝外戚，妳媼恒往來禁中，頗宣密旨，事洩，比將伏誅，高宗以固本無兵權，且居處清潔，止免所居官，禁錮。」在此背景下，建康士族乃極端抵制同宗子弟習武。〔註163〕

士族因門第優勢，仕途既有保障，更無須習武以求陞遷，〔註164〕這一點與外鎮豪族不同。《宋書・宗愨傳》載：「愨年少時，炳問其志，愨曰：『願乘長風破萬里浪。』炳曰：『汝不富貴，即破我家矣。』」〔註165〕這裡宗愨習武相對於王蘊，則更添出仕之目的，然此亦非正常出仕途徑，後文詳述。建康士族既無需借習武獲取仕途陞遷，則出於保身目的，其抵制習武可知。

在南朝在軍鎮中扮演重要角色的宗王，亦因受政權限制而不能習武，這一點周一良在〈劉義慶傳之「世路艱難」與「不復跨馬」〉一文中有深入研究，〔註166〕然所關注為宋文帝時期，對於梁南郡王大連事例：「高祖幸朱方，大連與兄大臨並從。高祖問曰：『汝等習騎不？』對曰：『臣等未奉詔，不敢輒習。』」〔註167〕稱「未審是否即宋以後形成之制度。」〔註168〕這裡可以確定梁代無此制度，《梁書・高祖三王・邵陵王綸傳附子確傳》載：「常在第中習騎射，學兵法，時人皆以為狂。左右或以進諫，確曰：『聽吾為國家破賊，使汝知之。』」蕭確習武之阻力僅來自建康輿論，並無制度限制。劉宋以來每因政變屠殺宗王，積以成習，遂使宗王放棄習武。〔註169〕「蕭毅奢豪，好

〔註162〕《宋書》卷85〈王景文傳附兄子蘊傳〉。《南齊書》卷1〈高帝紀上〉載此文而稱為「阿答」，《南史》卷23〈王彧傳附彧兄子蘊傳〉載此亦為「阿答」，未知何因。

〔註163〕毛漢光即指出士族抵制習武乃不願涉足南朝政變，詳參〈中古士族性質之演變〉，收於毛漢光著《中國中古社會史論》（上海：世紀出版集團、上海書店，2002年），91頁。

〔註164〕《梁書》卷7〈皇后・太宗王皇后傳附父騫傳〉載：「（王騫）嘗從容謂諸子曰：『吾家門戶，所謂素族，自可隨流平進，不須苟求也。』」159頁。

〔註165〕《建康實錄》卷12〈太祖文皇帝〉中對此亦有記載，443頁。宗氏為南陽大族，由於更類似於豪族，故習武為將以求富貴乃其重要出仕途徑，然仍有破門之險。

〔註166〕載於周一良著《魏晉南北朝史札記》（北京：中華書局，1985年），159～161頁。

〔註167〕《梁書》卷44〈南郡王大連傳〉，615頁。

〔註168〕周一良，〈劉義慶傳之「世路艱難」與「不復跨馬」〉，161頁。

〔註169〕越智重明在《魏晉南朝の政治と社會》（東京：吉川弘文館，1963年）第三

弓馬，為上所忌，故因事陷之。河東王鉉先以年少才弱，故未為上所殺。」
〔註170〕宋明帝時期桂陽王休範亦以此得保全，〔註171〕宗王以才幹而遇禍以庸弱而保全，成為頻繁政變中之規律。建康士族抵制習武與宗王的不習武出於相同原因，齊高帝時「前豫州刺史劉澄之，遵考之子也，與褚淵善，淵為之固請，曰：『澄之兄弟不武，且於劉宗又疏。』故遵考之族獨得免。」〔註172〕與前揭王固之獲存皆出一因。

　　士族群體對武力的歧視與抵制，使建康乃至整個揚州區域無法產生優秀將領，而建康社會與軍鎮區域風氣的不同，更使武將雖以開國元勳身份進入，亦無法獲得生存空間。

　　建康社會輕視武人之風早已根深蒂固，武將群體一直委屈生存，稍有根基之將門無不棄武從文以改善處境。《南齊書》作者蕭子顯為梁武帝時人，其評價張欣泰「不以武業自居」為「有志節」，則可知在建康價值觀中，若世代習武似已被視為自甘墮落，這種趨勢對於深居建康的南朝政權影響深遠。領兵將領日漸匱乏，〔註173〕武風衰弱導致建康武力不振，弱幹強枝的局面使整個南朝的統治機器處於極度不穩的狀態。軍鎮武人仕途發展的欲求成為帝國的不安因素，這種內外的矛盾及內部武力的逐漸衰弱，推動著南朝政權的頻繁更替。〔註174〕

編第一章〈皇親〉對南朝的宗室群體有較多研究，375～399頁。

〔註170〕《資治通鑑》卷141齊明帝建武四年（497）條，4407頁。《南齊書》卷35
〈長沙王晃傳〉亦載：「諸王在京都，唯置捉刀左右四十人，晃愛武飾，罷徐
州還，私載數百人仗還都，為禁司所覺，投之江水。世祖禁諸王畜私仗，聞
之大怒，將糾以法。」624頁。齊時對宗王武力的限制有明確規定。

〔註171〕《宋書》卷85〈王景文傳〉載：「時上既有疾，而諸弟並已見殺，唯桂陽王
休範人才本劣，不見疑，出為江州刺史。」2184頁。在宋明帝瘋狂誅殺宗王
時，庸弱無能者乃因此獲得保全。

〔註172〕《資治通鑑》卷135齊高帝建元元年第24條，4229頁。

〔註173〕《宋書》卷77〈沈慶之傳〉載沈慶之語：「蕭斌婦人不足數，其餘將帥，並
是所悉，皆易與耳。東宮同惡不過三十人，此外屈逼，必不為用力。今輔順
討逆，不憂不濟也。」《資治通鑑》卷127宋文帝元嘉三十年第7條亦載，3992
頁。可見在宋文帝死時，建康就已經遇到將領缺乏的問題，而沈慶之作為軍
鎮將領，如此輕視建康所餘諸將，亦可知在將領逐漸減少時，軍鎮對建康已
有輕視之意。

〔註174〕唐長孺對貴族制的封閉引起六朝的演進多有論述，詳參〈南朝寒人的興起〉，
收於《魏晉南北朝史論叢續編》，中華書局，2011年。另氏著《魏晉南北朝
隋唐史三論》，中華書局，2011年，153～158頁。

三、建康武力的衰弱及與軍鎮的脫離

　　建康士族層普遍歧視武將，而士族及皇族出於不同的原因，亦強烈抵制或被限制習武。南朝選舉惟門第的傳統，使軍鎮武人在正常狀況下無法出仕建康，建康禁軍將領之職逐步為士族佔領，從而推動了政權的文質化，從而在武力上日益衰弱，乃至無力抵禦軍鎮的內向。

　　建康頻繁的政變，使政權對武將的防範更增其政治壓力。南朝自劉宋始，入都武將即頻頻以政治危機而遇禍，自檀道濟被殺時語稱：「乃壞汝萬里長城」。〔註175〕《通鑑》記此事時即直接將之與南北對峙相連，此事引領之風氣在南朝內部更具深遠影響。此後，柳元景、沈慶之等，蕭齊之垣崇祖、張敬兒等，入都舊將頻頻被殺，實為建康政權自戕武力。齊時王敬則、陳顯達、崔慧景諸人，在齊明帝嚴密防範下，亦惶惶不可終日，最終均狼狽出鎮。王敬則雖出鎮會稽，「帝雖外厚其禮，而內相疑備，數訪問敬則飲食體幹堪宜，聞其衰老，且以居內地，故得少安。」〔註176〕陳顯達事跡則更突出舊將在建康政變中之處境：

> 顯達建武世心懷不安，深自貶匿，車乘朽故，導從鹵簿，皆用贏小，不過十數人。侍宴，酒後啓上曰：「臣年已老，富貴已足，唯少枕枕死，特就陛下乞之。」上失色曰：「公醉矣。」以年禮告退，不許。〔註177〕

於政變之後，陳顯達雖欲身退老死家中而不可得，建康風雲變幻的政治環境，舊臣宿將雖多有因自身飛揚跋扈而遇禍者，然委曲求全者亦不免橫死。《南齊書‧陳顯達傳》載：

> 以顯達為都督江州軍事、江州刺史，鎮盆城，持節本官如故。初，王敬則事起，始安王遙光啓明帝慮顯達為變，欲追軍還，事尋平，乃寢。顯達亦懷危怖。及東昏立，彌不樂還京師，得此授，甚喜。

建康每每政局變動，山雨欲來之勢遂使朝中宿將膽戰心驚，陳顯達事跡恰可反映東昏侯時期蕭齊諸將之心理，而將領一旦以此因出鎮，在建康危殆之際，勤王之舉遂無從說起。

〔註175〕《南史》卷15〈檀道濟傳〉，447頁。
〔註176〕《南齊書》卷26〈王敬則傳〉，485頁。
〔註177〕《南齊書》卷26〈陳顯達傳〉，491頁。

揚州區域，建康風氣已然如此，武力急劇下滑可知，而一直賴以爲基礎的吳會地區卻不能對此形勢起到有效的補充作用。前文已涉及吳地寥寥可數之將門若吳興沈氏由武轉文事跡，這一地區武力色彩的衰弱，更無法孕育出傑出將領。因地處江南腹地，更爲南朝的經濟重心，雖有吳人號爲天下精兵之說，〔註178〕但於晉末至南朝，此地民風一直以怯懦著稱，〔註179〕對於此地民風的轉變，曹文柱有深入的探討。〔註180〕晉末劉裕進攻孫恩時，「海鹽令鮑陋遣子嗣之以吳兵一千，請爲前驅。高祖曰：『賊兵甚精，吳人不習戰，若前驅失利，必敗我軍。可在後爲聲援。』」〔註181〕「吳人不習戰」在晉末就已經爲社會所公認，終南朝宋齊梁陳，這種狀況一直未變。

宋文帝元嘉末年面對元兇弒逆，隨王誕於會稽欲舉兵時，顧琛既曾言：「江東忘戰日久，士不習兵。雖云逆順不同，然強弱又異，當須四方有義舉者，然後應之，不爲晚也。」〔註182〕齊武帝時，吳會地區聲勢浩大的唐寓之起義，也在數千禁軍的攻擊下轉瞬即滅，〔註183〕此地區居民素不習戰。齊末梁武帝攻下建康，吳興太守袁昂雖據城不降，亦不得不承認「三吳內地，非用兵之所」。〔註184〕這不僅是地理位置的簡單體現，吳會地區最終幾近完全放棄了它原本擅長的武力，甚至建康在關津隘口檢查時對東路也相對放鬆。〔註185〕在這一地區拱衛下的建康，武力的衰弱不僅體現在對北朝的攻勢

〔註178〕《吳郡志》卷2〈風俗〉載：「（吳之土風習俗）其人並習戰，號爲天下精兵。俗以五月五日爲鬥力之戲，各料強弱相敵，事類講武。」江蘇古籍出版社，1999年，8頁。《隋書》卷31〈地理志下〉亦載吳會地區風俗勁悍與京口同，北京：中華書局，1973年，887頁。

〔註179〕《宋書》卷81〈顧覬之傳〉載袁淑謂覬之曰：「卿南人怯懦，豈辦作賊。」2079頁。

〔註180〕曹文柱，〈六朝時期江南社會風氣的變遷〉，《歷史研究》1988年第2期。張或在〈東晉南朝時期吳興習戰之風試析〉一文中，專就吳興一郡由武轉文的過程有所探討。《首都師範大學學報（社會科學版）》2005年第6期。

〔註181〕《宋書》卷1〈武帝紀上〉。《建康實錄》卷11〈宋高祖武皇帝〉（362頁）、《通典》卷153〈兵六〉（3926頁）中皆對此有記載。《資治通鑑》卷111晉安帝隆安三年條亦載：「（孫恩之亂）時三吳承平日久，民不習戰，故郡縣兵皆望風奔潰。」3498頁。可知這一區域在東晉中後期武力就已出現嚴重退化。

〔註182〕《宋書》卷100〈自序·沈淵子正傳〉，2446頁。

〔註183〕《南齊書》卷44〈沈文季傳〉載：「遣禁兵數千人，馬數百匹東討。賊眾烏合，畏馬。官軍至錢塘，一戰便散，禽斬寓之，進兵平諸郡縣。」777頁。

〔註184〕《梁書》卷31〈袁昂傳〉載袁昂答梁武帝招降書，453頁。《資治通鑑》卷11齊和帝中興元年條，亦記載袁昂此語，4510頁。

〔註185〕劉淑芬，〈建康與六朝歷史的發展〉，載於氏著《六朝的城市與社會》，23頁。

和防禦上，在北面邊鎮虎狼之師的威脅下他們也同樣失去抵抗能力。〔註 186〕《宋書・殷孝祖傳》載：「（明帝時）時普天同逆，朝廷唯保丹陽一郡，而永世縣尋又反叛，義興賊垂至延陵，內外憂危，咸欲奔散。孝祖忽至，眾力不少，並傖楚壯士，人情於是大安。」殷孝祖此次僅率二千人入都，政權之六軍遠過此數，〔註 187〕建康以十萬禁軍之眾仰仗豫州兩千人圖存，〔註 188〕這大抵體現南朝中央與地方武力的對比。在武將紛紛爲改善自己社會地位的同時，建康政權所可依賴的將領逐漸減少，誠如陳寅恪先生所說：

> 南朝城市發達，商業繁榮，北人南來，多集中於都市。楚子如桓、劉、蕭三家均居於都邑。此種人極易因都市的崩潰而削弱，與北方士族有深厚的地方根源，不易摧毀不同。梁武帝統治南朝近半個世紀，流寓於南朝境內的北人豪族將種，逐漸成爲不善戰的民族。〔註 189〕

武將爲融入士族群體，放棄自身的特長，操起士族技藝。與此同時他們武力色彩的減退也印證了建康政權力量衰弱的過程。

南朝政權在不斷走向京畿化或揚州化，對武人的排斥遂使政權直轄武力日益衰弱，而其所以來的揚州區域因地處內地，民風怯懦，不能實現有力補充。在軍鎮獨立性逐步增強的趨勢下，衰弱的建康政權在武力上不足以對軍鎮實現威懾，統御的困境成爲主宰南朝運轉的樞紐。

相對於建康對武力的抵制與削弱，北面諸鎮武力一值得到維繫乃至加強，且地方色彩極爲濃厚。以裴叔業爲例，即可看出豫州軍鎮的發展態勢。

〔註 186〕《南齊書》卷 45〈始安王遙光傳〉載：「眾軍圍東城三面，燒司徒二府。遙光遣垣歷生從西門出戰，臺軍屢北，殺軍主桑天愛。」790 頁。始安王遙光結三鎮部曲舉兵，禁軍乃無以抵抗。崔慧景舉兵時左興盛之三萬臺軍更是「望風退走」，事見《南齊書》卷 51〈崔慧景傳〉，梁末庾信、王質率領的建康禁軍在面對侯景進攻時，亦是未戰即走，事見《梁書》卷 56〈侯景傳〉。

〔註 187〕《梁書》卷 9〈王茂傳〉載：「師次秣陵，東昏遣大將王珍國，盛兵朱雀門，眾號二十萬，度航請戰。」176 頁。《建康實錄》卷 17〈高祖武皇帝〉對此亦有記載，668 頁。此中自不乏東昏侯臨時組建之部隊，但即使對折算之，應亦在十萬以上，據此推斷，劉宋明帝時期，建康禁軍規模亦不在小。

〔註 188〕《建康實錄》卷 16〈列傳〉載崔慧景圍建康時：「帝密詔豫州刺史蕭懿，軍主胡松、李居士數千人自采石濟岸，過頓越城舉火，臺城中鼓叫稱慶。」639 頁。據《梁書》卷 23〈長沙王業傳〉，蕭懿此次入援所率兵力總三千人，李居士諸人所領，自不會超過二千人。

〔註 189〕陳寅恪，〈楚子集團與江左政權的轉移〉，187 頁。

裴叔業，本傳未記載其爲何地人，胡三省稱：「裴叔業本河東人，席法友安定人，不同州部；蓋並僑居襄陽，遂爲鄉曲。」〔註190〕此論多爲後人採用，河東裴氏南下或有遷居襄陽一支，卻另有一支遷往壽陽，這裡恰另有線索可證胡氏所言不實。《梁書·夏侯詳傳》載：「齊明帝爲刺史，雅相器遇。及輔政，招令出都，將大用之。每引詳及鄉人裴叔業日夜與語，詳輒末略不酬。」據此可知夏侯詳與裴叔業本爲同鄉，夏侯詳本傳亦未言其爲何地人士，《資治通鑑》載梁武帝初年蕭寶寅北逃至壽陽時提供一證據：

> 壽陽多其義故，皆受慰唁；唯不見夏侯一族，（胡注：夏侯之族
> 本譙郡譙人，居於壽陽。）以夏侯詳從梁王故也。〔註191〕

這裡可以確定夏侯詳爲壽陽人，則裴叔業亦爲壽陽人。壽陽即壽春，一直爲東晉南朝防禦北朝攻勢之重鎮，其地民風彪悍自不待言，〔註192〕自裴叔業舉兵後，其部曲成份亦可稍窺北面諸鎮武力狀況。自前殷孝祖二千人、蕭懿三千人回援建康數十萬眾可知緣淮諸鎮軍隊戰力狀況，而軍隊強烈的本土化色彩更值得關注。

> 魏兵未渡淮，己亥，裴叔業病卒，僚佐多欲推司馬李元護監州，
> 一二日謀不定。前建安成主安定席法友等以元護非其鄉曲，恐有異
> 志，共推裴植監州，祕叔業喪問，教命處分，皆出於植。〔註193〕

裴植爲裴叔業之侄，〔註194〕裴叔業病逝後，以裴植監州，可知其部曲舊將多爲豫州人，而李元護以司馬未能監州恰亦出於此因。軍隊呈現出本土化傾向，且於關鍵時刻表現出強烈的排外思想。南朝建康對外鎮諸軍的震懾一直以領軍將軍和護軍將軍爲主，〔註195〕然這種轄制在軍鎮半獨立化背景下，其效果已很難實現。

〔註190〕《資治通鑑》卷143 齊東昏侯永元二年條，4460 頁。
〔註191〕《資治通鑑》卷145 梁武帝天監元年條，4516 頁。
〔註192〕《南齊書》卷 14〈州郡志上·豫州條〉載義熙二年劉毅鎮豫州上表稱：「忝任此州，地不爲曠，西界荒餘，密邇寇虜，北垂蕭條，土氣彊獷，民不識義，唯戰是習。逋逃不逞，不謀日會。比年以來，無月不戰，實非空乏所能獨撫。」250 頁。
〔註193〕《資治通鑑》卷143 齊東昏侯永元二年條，4460 頁。
〔註194〕《南齊書》卷 51〈裴叔業傳〉載：「叔業兄子植、颺並爲直閤，殿內驅使。慮禍至，棄母奔壽陽，說叔業以朝廷必見掩襲。」871 頁。
〔註195〕日本學者越智重明在〈領軍將軍と護軍將軍〉一文中對領軍將軍和護軍將軍在對外兵的管轄上有較多討論，亦認爲州鎮的獨立運作方式使領護軍將軍無法實現這種轄制。《東洋學報》44.1（1961）：9～12 頁。

　　與此同時，外地對建康社會的敵對心理亦推動著這種分區局面的形成，這與建康士族對武人的排斥密不可分，外地人士仕途爲建康士族所隔則是其根本原因。綜整個東晉南朝時期，外地人士若非隨軍鎮入主建康則很難實現宦途發展。

　　　　　　地方豪族由低品官入仕，其上達頗受限制，士族與次一級的地
　　　　方豪族間之衝突，構成中古統治階層之中的主要事件。〔註196〕

外地士人在選舉惟門第爲據的狀況下爲清途所隔，梁代之劉峻，境遇乃更爲落魄，劉宋時被裹挾至北朝，齊時方脫身南下，然終齊梁兩代郁郁不得志。雖然其學術爲士族所傾慕，「峻居東陽，吳、會人士多從其學。」〔註197〕卻始終是仕宦不達，他在〈自序〉中稱：「余聲塵寂漠，世不吾知，魂魄一去，將同秋草，」〔註198〕探其因，恐「峻本將門」亦爲一重要因素。軍鎮區域人士習文雖碩學如劉峻，卻始終仕宦不達，習武乃成爲重要途徑。〔註199〕然而東晉南朝並未實施武選，習武出仕往往只能任職當地幕府，其推遷餘地甚小。由此產生的軍鎮區域與建康士族之間對於「富貴」理解的不同，即可稍窺其隱情。

　　「富貴」一詞在南朝一般即指在仕宦道路上有所成就，建康士族亦偶有以富貴爲念者，然此雖亦指在仕途中頗具野心，終因其仕途平坦，此不過順流平進之正常途徑。而在軍鎮區域這一概念卻隱含另一層特殊含義。晉末劉穆之勸劉裕入主揚州時語：「劉、孟諸公，與公俱起布衣，共立大義，本欲匡主成勳，以取富貴耳。」〔註200〕外地寒門所謂「富貴」，即始與軍事相關。宋孝武帝登基不久，南譙王義宣即舉兵相向，「且義宣腹心將佐蔡超、竺超民之徒，咸有富貴之情，願義宣得，欲倚（臧）質威名，以成其業，又勸獎義宣。」〔註201〕二人俱居藩府僚佐，欲求仕途發展，一力促成義宣舉兵。東昏侯於建康誅殺顧命大臣時，裴叔業即萌此心：「少主即位，誅大臣，京師屢有變發。叔業登壽春城北望淝水，謂部下曰：『卿等欲富貴乎？我言富貴亦可辦耳。』」

〔註196〕毛漢光，〈中古統治階層之社會成分〉，57頁。
〔註197〕《梁書》卷50〈文學下・劉峻傳〉，707頁。
〔註198〕《梁書》卷50〈文學下・劉峻傳〉，707頁。
〔註199〕唐長孺先生在《魏晉南北朝隋唐史三論》中即指出自東晉後期綜整個南朝，統兵將領多爲寒人。155頁。
〔註200〕《宋書》卷42〈劉穆之傳〉。
〔註201〕《宋書》卷74〈臧質傳〉，1915頁。蓋寒門武將所云「富貴」，即指匡主舉事，以成大業。

〔註202〕軍鎮區域無論武人抑或文人，一旦心懷富貴之念，其所採取的即爲兵指建康的非常手段。前揭宗愨習武時，其叔宗炳論云：「汝不富貴，即破我家矣」，宗炳所稱之富貴與破家乃在一線之間，可知所暗指自有其深層含義，成則富貴，敗則破家。軍鎮豪族若欲仕途發展，隨鎮舉兵攻入建康成爲其默認途徑。邊境諸鎮因南北對峙而武風頗盛，然既已形成如此觀念，其於建康非止風氣上之差異，這種敵對情緒隨時可以引起軍鎮對建康的發難。

南朝的邊境豪民在軍鎮起到至關重要的作用，這一點韓樹峰有較爲詳細的論述，〔註203〕而此類人亦大多出仕於本鎮，沈文秀與隨王誕的舉兵因未獲得豪民支持而失敗，而蕭道成與蕭衍的舉兵，則因豪族的擁護而成功，邊境豪民成爲主宰軍鎮的決定力量。然而他們的出仕雖與軍鎮舉兵密切相關，但南朝軍鎮突出的地域性特點，使這種非正常出仕途徑並不能惠及本鎮以外其它地區。宋齊兩朝一直頗具地位的將門下邳垣氏，在其中期以後至南朝末，即逐漸湮沒於史頁中。平原劉氏亦於宋齊兩朝武將迭出，然其與下邳垣氏幾乎在同一時期逐漸退出歷史舞臺。究其因，應與南朝各政權崛起地區緊密相關。劉宋奠基於徐兗地區，蕭齊雖退居淮陰，然亦廣泛吸收青徐豪民以爲爪牙，而至梁武帝起兵雍州，從此東部未能崛起一個建立政權的軍鎮，徐兗地區豪強不能獲得非正常出仕之契機，而在正常選官制度中，他們未能獲得一席之地，遂從此消失於歷史中。

四、軍鎮的覺醒及對建康的衝擊

建康士族歧視將領，同時出於保家門的目的，自身亦抵制習武，劉宋以後屢次政變中發生屠殺宗王的舉動，更使南朝政治中佔據特殊地位的宗王群體不得不放棄習武，使以此爲都城的南朝政權，在武力上難以獲得維繫，隨著政變的屢屢發生，能征慣戰的將領逐漸減少。南朝內亂頻頻，一旦州鎮舉兵，則建康已無退敵之力，只能坐以待斃。

東昏侯時期最爲突出，繼王敬則、陳顯達之後，乃依賴豫州軍鎮之蕭懿平定崔慧景、裴叔業，至蕭懿誅後，更用陳伯之爲豫州刺史，然後轉爲江州刺史於潯陽抵禦蕭衍。建康政權直轄武力的衰弱，領兵將領的匱乏，使之無力抵禦軍鎮的內侮，借軍鎮以御軍鎮的政策在南朝各代中期以後頻繁出現。

〔註202〕《南齊書》卷51〈裴叔業傳〉，871頁。
〔註203〕韓樹峰，《南北朝時期淮漢迤北的邊境豪族》，社會科學出版社，2003年。

侯景之亂時期，《魏書·島夷蕭衍傳》：「衍每募人出戰，素無號令，初或暫勝，後必奔背。（侯）景宣言曰：『城中非無榮，但無醫耳』以戲侮之。」梁武帝在位期間，五十餘年的安定，是南朝未發生政變的最長時期，元勳舊將亦因此多得善終，然至後期亦出現武將匱乏的局面。侯景兵臨建康城下，城內可領兵之將僅羊侃一人。

> 侯景初入建業，臺門雖閉，公私草擾，各不自全。太子左衞率羊侃坐東掖門，部分經略，一宿皆辦，遂得百餘日抗拒兇逆。於時，城內四萬許人，王公朝士，不下一百，便是恃侃一人安之，其相去如此。〔註204〕

建康城中雖兵力強盛，在侯景強大攻勢下，僅賴羊侃維繫建康百日城守。此前梁武帝舉兵時，「（王茂）師次秣陵，東昏遣大將王珍國，盛兵朱雀門，眾號二十萬，度航請戰。」〔註205〕擁如此規模之兵力，在梁武帝數萬勁卒攻勢下，數月之間身死城破。建康武力衰弱在面對外鎮舉兵時，幾無防禦能力。

　　將領的逐漸減少，南朝帝王因短壽而不能觀其全豹，而宋文帝與梁武帝為南朝在位時間相對較長的皇帝，都採取了相似措施，即吸引北朝降將。〔註206〕宋文帝後期直接以北朝降將臧質、薛安都、魯爽兄弟擔任要職，用為捍邊武將。梁武帝之作為更為突出，其時恰逢北魏政局腐化、六鎮起義時期，北魏宗室亦紛紛南下求存，這在《梁書》卷2〈武帝紀中〉與卷3〈武帝紀下〉中有突出反應，甚至直接委任邊州刺史。到梁末侯景之亂時期，活動在歷史舞臺上的多為這些北朝降將，建康城的防衛乃至完全依賴降將羊侃一人。這時領兵對抗侯景的將領羊鴉仁、王僧辯、胡僧祐等無不是曾於北魏朝中有任職經歷，詳見《梁書》各人本傳，徐文盛亦是世為北魏將門。〔註207〕

〔註204〕顏之推，《顏氏家訓》卷2〈慕賢第七〉，中華書局，1993年，136頁。羊侃事跡詳見《梁書》卷39〈羊侃傳〉及《南史》卷63〈羊侃傳〉。

〔註205〕《梁書》卷9〈王茂傳〉，176頁。《資治通鑑》卷144齊和帝中興元年條載王珍國實領兵十餘萬人。4500頁。

〔註206〕日本學者榎本あゆち在〈帰降北人と南朝社會──梁の將軍蘭欽の出自を手がかりに〉一文中以蘭欽為主線探討了歸降北人在南朝社會中的地位。《名古屋大學東洋史研究報告》第16號（1992），92～114頁。

〔註207〕周一良在〈南朝境內之各種人及政府對待之政策〉一文中對梁武帝任用北朝降將問題亦有所注意，收於《魏晉南北朝史論集》，67頁。陳寅恪亦指出：「梁

在不同的時期遇到了相同的困境，宋文帝與梁武帝採取了相似的政策。觀梁武帝納侯景之降，諸多記載稱所圖為侯景可以「分魏土之半」，〔註 208〕然而侯景在高澄攻勢下，實已近孤身南下，恐《南史・謝舉傳》記載更接近事實：「侯景來降，帝詢訪朝臣，舉及朝士皆請拒之。帝從朱异言納之，以為景能立功趙、魏。」納侯景乃取其武用，重點不在分魏之國土。侯景南下所率僅部將八百人，卻可以鎮守重鎮壽春，梁武帝之意圖昭然若揭。〔註 209〕

在建康直轄武力不斷衰弱背景下，邊鎮武力雖得以維持，卻因軍事區對建康的不滿而不能為其所用。這種不滿乃至敵對心理東晉時已露端倪，至南朝因政權力量的相對增強，如庾翼、桓溫跋扈者甚少，然這種態度卻未改變。《南齊書・垣榮祖傳》載：

> 榮祖少學騎馬及射，或謂之曰：「武事可畏，何不學書？」榮祖
> 曰：「昔曹操、曹丕上馬橫槊，下馬談論，此於天下可不負飲食矣。
> 君輩無自全之伎，何異犬羊乎。」〔註 210〕

下邳垣氏，宋齊兩朝武將輩出，無一人以文臣形象出現，然而如此純粹以武功崛起的將門，仍有人勸其習文，自垣榮祖之語，徐兗地區豪族對文人之貶斥，觀其犬羊之比其對建康士族之態度可知。

豪族敵對心理既已形成，由此引起的區域間的仇視在南朝政局演變中的作用乃不容忽視。這種對立，突出表現為建康對軍鎮的冷漠。宋孝武帝大明三年（459）平竟陵王誕之舉兵，「同黨悉誅，殺城內男為京觀，死者數千，女口為軍賞。」〔註 211〕據《魏書》卷 97〈島夷劉裕傳〉及《通鑑》卷 129 宋孝武帝大明三年條，尚有「上聚其首於石頭南岸為京觀」之記載，此役本為王師平叛，卻演變為一場屠殺，聚數千首級於京師以自標。廣陵經此一役，

時，北來將種豪家、文化高門，一齊腐朽。侯景之亂，只有依靠北來降人去抵抗與反擊。」〈楚子集團與江左政權的轉移〉，收入《陳寅恪魏晉南北朝史講演錄》，萬繩楠整理，192 頁。

〔註 208〕《梁書》卷 56〈侯景傳〉，862 頁。

〔註 209〕任降將為邊州，這一舉動恰與宋文帝相同，《梁書》卷 22〈安成康王秀傳〉載：「時司州叛蠻田魯生、弟魯賢、超秀，據蒙籠來降，高祖以魯生為北司州刺史，魯賢北豫州刺史，超秀定州刺史，為北境捍蔽。」344 頁。司州蠻的投靠，梁武帝乃慷慨授官，然皆為北面邊鎮，亦可見其求將若渴之態度。

〔註 210〕此事《資治通鑑》卷 132 宋明帝泰始三年條亦有記載，4138～4139 頁。

〔註 211〕《宋書》卷 79〈竟陵王誕傳〉。《南史》卷 14〈竟陵王誕傳〉載：「帝命城中無大小悉斬，慶之執諫，自五尺以下全之，於是同黨悉伏誅。城內女口為軍賞，男丁殺為京觀，死者尚數千人，每風晨雨夜有號哭之聲。」

其受打擊之程度可知，而孝武帝此舉即可窺見建康對軍鎮地區之態度。晉末劉裕北伐後秦，雖爲域外之民，尚無如此殘酷舉動。「凡拔城破壘，俘四千餘人。議者謂應悉戮以爲京觀。（檀）道濟曰『伐罪弔民，正在今日。』皆釋而遣之。」〔註212〕此後齊武帝平唐寓之起義，亦引發大規模屠殺。〔註213〕王師平叛雖揚州宇內，尚有如此舉動，其對軍鎮可知。故宋明帝初，劉勔平豫州，秋毫無犯之舉遂爲史家美談。「劉勔克壽春，士民無遺芻委粒之歎，莫不扶老攜幼，歌唱而出重圍，美矣。」〔註214〕此舉在南朝實爲稀見，更多的則是因軍鎮舉兵，對域內編民痛下殺手之舉。

面對政權如此態度，軍鎮之舉動亦可與此相較。這種對揚州區域的不平乃至報復在東晉時期既已出現〔註215〕。終南朝四代，荊雍武力進入建康共有三次，宋孝武帝、梁武帝、梁元帝，孝武帝時期雍州兵力實爲北府兵之分支，故爲建康之支流。梁武帝兵指建康時，「及平，城內出者或被剝奪，公則親率麾下，列陣東掖門，衛送公卿士庶，故出者多由公則營焉。」〔註216〕建康雖爲公認之都城，然軍鎮諸勢力對建康政權及公卿之冷漠卻不容忽視，此次破城建康公卿賴楊公則一人護衛。而在蕭繹平侯景之亂時，終於使這一情緒獲得完全釋放。

> 盧暉略聞景戰敗，以石頭城降，僧辯引軍入據之。景之退也，北走朱方，於是景散兵走告僧辯，僧辯令眾將入據臺城。其夜，軍人採梠失火，燒太極殿及東西堂等。時軍人鹵掠京邑，剝剔士庶，民爲其執縛者，衵衣不免。盡驅逼居民以求購贖，自石頭至於東城，緣淮號叫之聲，震響京邑，於是百姓失望。〔註217〕

王僧辯以王師平叛之名入都，其正當性不下於宋孝武帝，然一入建康，這種武人對對建康社會的情緒遂完全爆發，建康爲政權的心臟，王僧辯所領爲政府軍隊，且其並非專擅一方的諸侯，在回援建康卻出現如此舉動，文武區的對立亦稍可知，一旦抓住契機，對建康的積怨遂徹底發泄。

〔註212〕《宋書》卷43〈檀道濟傳〉，1342頁。

〔註213〕《資治通鑑》卷136 齊武帝永明四年條載：「臺軍乘勝，頗縱抄掠。」4207頁。

〔註214〕《宋書》卷86〈劉勔傳‧史臣曰〉，2197頁。

〔註215〕《晉書》卷84〈劉牢之傳〉載其平定孫恩起義時在三吳地區的肆虐。

〔註216〕《梁書》卷10〈楊公則傳〉，196頁。

〔註217〕《梁書》卷45〈王僧辯傳〉，628頁。

雖在對抗北朝攻勢時，諸鎮成為保護建康之屏障，然在面對內辱時，則均作壁上觀。南朝建康頻頻出現政局動蕩，於此危難之際，諸鎮稍強者即懷逐鹿之心，稍弱者亦生割據之念，長江淮河沿線雖方鎮林立，然願解建康危難者蓋寡。

劉宋後期邊鎮對建康的態度就已經發生實質性改變，蕭子顯在論及此類事時云：「宋氏將季，離亂日兆，家懷逐鹿，人有異圖，故藩岳阻兵之機，州郡觀釁之會。」〔註218〕建康面對內辱，雖強鎮林立，亦不為所用。這一點在宋明帝初期最為突出，義陽王昶投北魏時北朝下書云：

> 今宋室衰微，凶難洊起，國有殺君之逆，邦罹崩離之難，起自蕭牆，釁流合境。……僞江州刺史晉安王復稱大號，自立一隅，荊郢二州刺史安陸臨海王劉子綏子項大擅威令，不相祗伏。徐州刺史彭城鎮主薛安都、青州刺史沈文秀、冀州刺史歷城鎮主崔道固等，皆彼之要藩，懼及禍難，擁眾獨據，各無定主。〔註219〕

建康政局的驟變引發全境的叛亂，而這恰為劉宋建國以來內外矛盾的集中體現。梁武帝舉兵時，北魏車騎大將軍源懷亦指出：「蕭衍內侮，寶卷孤危，廣陵、淮陰等戍皆觀望得失。」〔註220〕荊雍聯兵，緣淮諸鎮與徐兗地區均懷觀望，甚至連益州都督劉季連亦有割據之心，〔註221〕帝國的心臟失去了四肢的維護，軍鎮對都城，亦即對政權的冷漠，與南朝建康的壁壘高築關係頗深，且每至中朝這種「家懷逐鹿」的趨勢直接推動著整個南朝歷史演進的腳步。

梁武帝以諸子出鎮以實現對軍鎮的直轄，然侯景圍困建康時，情況依然如此。雖然諸異姓將領領兵勤王，「時四方征鎮入援者三十餘萬，莫有鬥志，自相抄奪而已。」〔註222〕侯景圍城，聯軍於外圍困侯景，然「自相抄奪」並無解圍之舉，最終坐觀建康城破，皇權之權威於軍鎮都督眼中消失殆盡，這種地域性特徵促使其失去了統一的國家觀念，每個軍鎮成為獨立的利益集團，因蠅頭小利而相互爭奪，而不以帝國的存亡為念。非但異姓將

〔註218〕《南齊書》卷27〈王玄載傳史臣曰〉，512頁。
〔註219〕《宋書》卷95〈索虜傳〉。
〔註220〕《資治通鑑》卷144齊和帝中興元年條，4504頁。
〔註221〕《梁書》卷20〈劉季連傳〉載：「季連聞東昏失德，京師多故，稍自驕矜。」308頁。
〔註222〕《南史》卷7〈梁本紀中第七·武帝紀下〉，222頁。

領如此，親如梁武帝諸子，亦少有救援者。《梁書‧敬帝紀》載唐鄭國公魏徵語：

> 元帝以磐石之宗，受分陝之任，屬君親之難，居連率之長，不能撫劍嘗膽，枕戈泣血，躬先士卒，致命前驅；遂乃擁眾逡巡，內懷觖望，坐觀時變，以爲身幸。

軍鎮既半獨立於政權，武人區域對文化區域的心理抵制，雖自身既有覆滅建康之念，假人之手則本其所望。勤王之心已息，自全之計自生。裴叔業於建康政局多變之際，及其受到建康壓力，乃訪之蕭衍：

> 叔業遣親人馬文範至襄陽，問蕭衍以自安之計，曰：「天下大勢可知，恐無復自存之理。不若回面向北，不失作河南公。」衍報曰：「群小用事，豈能及遠！計慮回惑，自無所成，唯應送家還都以安慰之。若意外相逼，當勒馬步二萬直出橫江，以斷其後，則天下之事，一舉可定。若欲北向，彼必遣人相代，以河北一州相處，河南公寧可復得邪！如此，則南歸之望絕矣。」〔註223〕

胡三省在論及此事時稱：「裴叔業之問，蕭衍之報，雖二人者所志有大小，而齊之邊鎮皆有異心矣，帝誰與立哉！」此一語實已道破齊末內外形勢。建康稍有政局動蕩，軍鎮即蠢蠢欲動，裴叔業生求富貴之心，蕭衍於亦懷坐稱西伯之念，〔註224〕時建康政變尚未展開，南朝兩大重鎮已懷此心，軍事區與揚州區域的冷漠可知。自梁武帝舉兵過程可知，蕭衍振臂一呼，則整個雍州區域應者雲集，紛紛欲屠東昏侯而後快，這自非梁武帝一人之念。

軍鎮對建康的情緒實已形成共識，尤其以襄陽地區最爲顯著，所缺者惟一人振臂耳。南朝荊州經歷一再分割後，其實力已大不如前，取而代之的是雍州軍鎮的崛起，仍以梁武帝舉兵爲例，以襄陽爲中心的整個漢水區域即蜂擁而至，諸豪民郡守紛紛領兵而至，建康此時儼然已成公眾之敵。考此時領兵以從蕭衍諸人列表於下（據各人本傳）：

〔註223〕《資治通鑑》卷143齊東昏侯永元二年條，4459頁。
〔註224〕《梁書》卷1〈武帝紀上〉載：「東昏即位，揚州刺史始安王遙光、尚書令徐孝嗣、尚書右僕射江祏、右將軍蕭坦之、侍中江祀、衛尉劉暄更直內省，分日帖敕。高祖聞之，謂從舅張弘策曰：『……嫌隙若成，方相誅滅，當今避禍，惟有此地。勤行仁義，可坐作西伯。但諸弟在都，恐罹世患，須與益州圖之耳。』」3頁。益州指時任益州都督之蕭懿，蕭衍此時已生謀逆之心，其志並非止在西伯。

曹景宗	（建武）五年，高祖爲雍州刺史，景宗深自結附，數請高祖臨其宅。……及義師起，景宗聚眾，遣親人杜思沖勸先迎南康王於襄陽即帝位，然後出師，爲萬全計。
韋　叡	義兵檄至，叡率郡人伐竹爲筏，倍道來赴，有眾二千，馬二百匹。
馮道根	聞高祖起義師，乃謂所親曰：「金革奪禮，古人不避，揚名後世，豈非孝乎？時不可失，吾其行矣。」率鄉人子弟勝兵者，悉歸高祖。
康　絢	永元元年，義兵起，絢舉郡以應高祖，身率敢勇三千人，私馬二百五十四匹以從。
呂僧珍	僧珍陰養死士，歸之者甚眾。
柳　忱	建武末，爲西戎校尉、梁南秦二州刺史。及高祖起兵，忱舉漢中應義。

以上除曹景宗爲寒人，呂僧珍爲蕭衍故吏，其餘諸人均爲襄陽區域地方豪強，梁武帝義旗一建，則紛紛聚眾來投，襄陽一帶對建康政權之態度可知。柳慶遠任蕭衍幕僚時，「齊方多難，慶遠謂所親曰：『方今天下將亂，英雄必起，庇民定霸，其吾君乎？』」〔註225〕馮道根「揚名後世」之心，實爲雍州地區豪族之共同觀念。谷川道雄在論及南朝軍鎮時，將之定位爲地方性政權，並指出：

> 事實上，東晉、南朝的革命運動，就是這種地方政權想取代中央政權的一種運動。如此這般，六朝時代的政治與秦漢中央集權政治相比較的話，很顯著的是屬於地方分權的。這種地方分權的傾向，並非歐洲中世之封建領主制的地方分權。然而這種地方分權化，與地方豪族有很密接關係之事，是不可否認的。〔註226〕

而這種對於建康的情緒抵制乃至仇視，亦不僅局限於荊襄一帶，在豫州這一情緒亦較爲突出。梁武帝進入建康，欲誅齊諸王，蕭寶寅狼狽逃至壽春，「壽陽多其義故，皆受慰唁；唯不見夏侯一族，以夏侯詳從梁王故也。」〔註227〕據《南史‧鄱陽王寶寅傳》，蕭寶寅實未曾出任過豫州，約爲齊明帝曾出任豫州，然其間經歷裴叔業舉兵，時在梁武帝天監元年（501），壽春已入魏，而此前永元二年（500），壽春諸豪帥盡隨裴叔業反齊，所謂義故，實已無從說起。而此處夏侯氏一族之態度頗值深究，因夏侯詳出仕梁武帝而無一人回應蕭寶寅，可知壽春諸豪族每次附逆或舉兵，所求者僅爲出仕道路而已。而邊

〔註225〕《梁書》卷9〈柳慶遠傳〉，182頁。

〔註226〕谷川道雄，〈地域社會在六朝政治文化上所起的作用〉，收於同名會議論文集，日本玄文社，1989年，16頁。

〔註227〕《資治通鑑》卷145梁武帝天監元年條，4516頁。

鎮豪族欲達此目的，其唯一途徑即兵指建康。利益的衝突使軍事區與建康所在的政治區抑或文化區，走上完全對立的兩面。

　　建康一直在北面諸鎮卵翼下生存，然盤踞與建康的高門貴冑卻阻隔了邊鎮武人的出仕道路，這一點恰與北魏末年六鎮起義相仿，利益的衝突推動著軍事區與政治區抑或文化區走上對立的兩面。每至中朝，在建康武力迅速退化的同時，軍鎮區域的這種反抗情緒亦與日俱增，所缺僅爲一人揭竿而已。這中間亦表現出突出的地域性問題，誠如谷川道雄所說，每個軍鎮基本是一個獨立的地方性政權，故雖有著共同反抗建康的意願，但基本仍屬獨立行爲，較少出現聯合的情況，梁武帝荊雍聯兵，亦只是在荊州迫於雍州的壓力下形成。

五、結語

　　自東晉立國江東，荊揚之爭就在一定程度上體現出江東政權的文武對立，後期至整個南朝士族退出軍鎮掌控，建康區域士族價值的傳播受到空間局限。在政權不斷建康化過程中，使其完全爲建康社會湮沒，壁壘高築的特點直接轉嫁給政權，武力的衰弱不能得到有效補充。其在全境所能激起的認可度也在不斷衰弱，直至最終近於演變爲揚州地方政權。揚州區域無力在這一點上拱衛政權，而致宋齊梁各代定都建康以後無不走向弱幹強枝的頹勢，這種嚴重不穩的政治結構遂推動著帝國機器陷入一次次崩潰與重建的循環中。南朝採用的宗王出鎮解決了門閥問題，然而這一群體身份的特殊遂使軍鎮對建康的衝擊愈演愈烈，隨後典簽制度而至幼王出鎮相繼出臺僅爲解決宗王問題，軍鎮的統御被擱置，直至梁武帝撥亂反正，對軍鎮的統御重新回到劉宋初年的狀態。

第六章 餘 論

　　時至今日地域性成為南朝史研究不可忽視的問題，社會的發展以經濟為命脈，歷史的背景決定了南朝軍事的布局，經濟與軍事的地域性相互結合又相互影響，推進了南朝局勢的發展，使之呈現出兩極博弈的狀況。以建康為中心的揚州區域，雖是南朝政治中心，其本身逐步演變為一個地域性集團，同時統御著境內其他地域集團，這形成了南朝政局中蹺蹺板的兩極，不同的是揚州強大時可以統御全國，而其微弱時，即立有軍鎮勢力起而代之，在這個過程中經濟與財政則成為幕後起決定作用的力量。

　　以揚州而論，孫吳中後期逐步奠定了其經濟的主導地位，從而出現孫皓定都武昌，揚州居民的不滿〔註1〕。連接建康與吳會地區的江南水路發達，破崗瀆作用的逐步體現，促進了建康與三吳間連繫紐帶的鞏固，建康仰食三吳的狀況日漸確立，使揚州內部形成眾星拱衛建康的狀態。這種內部自給自足的運轉模式直接為東晉繼承，並一直為南朝接受，其對南朝政治影響甚為深遠。建康作為南朝的都城，安然接受三吳浙東地區拱衛，所慮者僅駐重兵於外防禦北朝而已。然而這種天然的優勢卻存在弊端，首先是五朝時期建康財政的長期不景氣；其次是與外地聯繫的弱化，從而推動著內外兩極的明晰化，「東晉南朝政權建立之形勢，據南面北，外北而內南。」〔註2〕這兩個因

〔註1〕　《資治通鑑》卷79晉武帝泰始二年條載：「吳主居武昌，揚州之民泝流供給，甚苦之，……且童謠云：『寧飲建業水，不食武昌魚；寧還建業死，不止武昌居。』」《三國志》卷61〈吳書‧陸凱傳〉亦載此，足知江南揚州經濟在孫吳後期已經成為主要的供給之地。

〔註2〕　周一良：〈〈南齊書〉札記‧南朝東南內地之位置〉，載於《魏晉南北朝史札記》，中華書局，1985年，231頁。

素一直制約乃至主宰南朝政局的發展。

　　隨著建康城規模的發展，其耗費亦日益增大，頻繁的北伐使原本不景氣的建康財政雪上加霜。三吳浙東拱衛建康的局面已然形成，建康對此的依賴逐步加深，財政的困頓由此直接轉嫁至這一區域，吳會地區編戶赤貧化狀況嚴重，表面的富足掩蓋了現實的貧罄，這或可解釋為何稱為繁榮的吳會地區，每遇災害即死者塗地。編戶大量流亡，齊初的檢籍直接引發唐寓之起義，此後雖不敢再次檢籍，然三吳戶籍管理之嚴亦絕非外地可比。財政短缺的影響像波浪一樣推至最基層，由於基層的赤貧化，波浪又在被加強之後反擊回去，建康財政在這樣惡性循環中慘淡維持。

　　與此同時，建康財政尚擔負著資助北面各州鎮軍費的需求，這無疑加深了其惡化的程度。蕭齊時徐孝嗣上書稱：「竊尋緣淮諸鎮，皆取給京師，費引既殷，漕運艱澀。聚糧待敵，每苦不周，利害之基，莫此為急。」〔註3〕這裡所涉及的「緣淮諸鎮」劉宋後廢帝時虞玩之上書給出了更清晰的解答：「豫、兗、司、徐，開口待哺，西北戍將，裸身求衣。」〔註4〕可知緣淮及徐、兗邊境防禦軍費均由建康負擔，大量物資以及長途轉運均成為建康難以承受的包袱。在這樣的背景下，加之頻頻北伐，促使以建康為中心的揚州財政，一直處於隨時崩潰的邊緣，定都於此的南朝政權迅速衰弱與此有著密不可分的關係。

　　與此相對應的外部州鎮卻存在另外的狀況，緣淮至徐兗各鎮仰食建康，這裡一直是北朝打擊的重點區域。誠如徐孝嗣所云：「聚糧待敵，每苦不周」，即在正常狀況下其財力亦僅能使之處於防守狀態，尤其在元嘉二十七瓜步之役以後，遭受北魏沉重打擊，地方經濟從此一蹶不振，石鼈屯田亦不足以鞏固如此廣大的防禦區域，故這裡一直是兵強而財弱的狀態。仰食建康使其在每次政變中表現出與長江上游不同的方式，即控制建康實現政權的緩慢轉移，而後借助建康財力打擊上游軍鎮，劉裕誅劉毅、司馬休之；蕭道成誅沈攸之均如此，相反一旦其武力舉兵，則基本處於困守孤城的狀態。

　　東晉一朝州鎮威脅來於上游，而據虞玩之所云，似乎雍州軍備亦由建康供給。然而事實上宋齊兩代均在為此尋找出路，即由湘贛流域收入補給上游

〔註3〕　《南齊書》卷 44〈徐孝嗣傳〉。《冊府元龜》卷 503〈邦計部・屯田〉亦備載徐孝嗣上書。
〔註4〕　《宋書》卷 9〈後廢帝紀〉。

及西北軍鎮，「江、荊諸州，稅調本少，自頃以來，軍募多乏。其穀帛所入，折供文武。」〔註5〕這是一個逐步的過程，湘贛地區在南朝時期大抵經濟實力僅次於揚州，然而卻基本未向揚州提供稅賦，東晉時荊揚之爭，這一地區基本爲荊州勢力控制。南朝在裁撤荊州的同時亦在有意識的發展雍州。大抵自宋文帝時期增大了力度〔註6〕，南朝在荊州衰弱的同時雍州獲得了長足的發展，這通過中游緩衝區域的轉移亦可得知。東晉時期荊州獨強，江州成爲上下游爭奪的焦點〔註7〕，進入南朝中游軍鎮——郢州地位突然提升，而江州亦隨之衰落。究其因這與雍州的崛起和荊州的削弱有著直接的關係。軍鎮的強大雖具有對外的防禦作用，同時亦會產生對內的威脅。荊州地處長江中游，一旦舉兵內向，則江州成爲遏其東下的屏障，故蕭道成代宋時，防禦荊州沈攸之，而以盆口城爲據點〔註8〕。盆口城爲潯陽郡治，亦爲江州州治。到梁武帝舉兵時，則在郢口城下鏖兵半年有餘，而一旦郢州被破，則江州無力捍禦，陳伯之匆匆由豫州任上遷轉江州，面對梁武帝雄兵亦望風而降。終整個宋齊梁時期，郢州地位的突出基本與雍州的崛起同步，亦即江州的重要爲捍禦荊州，而荊州衰弱後，江州的防禦目標丟失，故至宋文帝時乃有裁撤江州軍鎮之舉，而郢州之夏口，即爲今天漢口，其位置扼守漢江入江口，與漢陽的魯山相對，自雍州崛起以後，這裡的戰略地位可知。梁武帝舉兵，爲張沖扼守魯山與魯口，遂至數萬雄兵寸步難進，這是自東晉至南朝，長江中游戰略重點的重大轉變。

　　長江中游的州鎮在舉兵由於與徐兗及淮上諸鎮經濟基礎的不同，在兵指建康時表現的狀態亦有差異。劉宋前廢帝時期徐州刺史義陽王昶、青州刺史沈文秀舉兵，均困守孤城直至破滅，此固然與當地大族的不合作相關，但史料中未反映的財力問題自亦不能忽視，宋明帝即位四方舉兵時豫州刺史殷琰爲當地豪族脅迫舉兵，仍然無法改變這一狀態。即使孝武帝時南譙王義宣舉兵，荊、江、兗、豫四州同舉，最先攻破的仍然是兗州、豫州的東方之

〔註5〕同上。
〔註6〕《宋書》卷79〈竟陵王誕傳〉載：「（元嘉二十六年）上欲大舉北討，以襄陽外接關、河，欲廣其資力，乃罷江州軍府，文武悉配雍州，湘州入臺稅租雜物，悉給襄陽。」
〔註7〕詳參田餘慶《東晉門閥政治》。
〔註8〕《南齊書》卷3〈武帝紀〉載：「沈攸之事起，未得朝廷處分，上以中流可以待敵，即據盆口城爲戰守之備。」

兵〔註9〕。正由於經濟基礎的差異，導致了東西兩面軍鎮實力的不同，東部軍鎮自北府兵始至蕭道成淮陰崛起，基本均為時短暫，隨著他們的入都，其實力隨即驟減。仰建康以供軍食，在很大程度上造就了這種狀態。

　　與此不同的是長江中游諸鎮，常態下即由湘贛地區經濟支持，軍府財政並不依賴建康，雄兵常駐，軍糧自給，使其基本獨立於建康而存在，即使如西北軍鎮雍州，亦為湘贛經濟所支持，且其舉兵自漢江東下，郢州一破，湘州自在其囊中。梁武帝圍困漢口時雖云：「吾自後圍魯山，以通沔、漢。郾城、竟陵間粟，方舟而下。江陵、湘中之兵，連旗繼至。」〔註10〕然而事實上荊州固然與其同舉，兵力順江而下，而湘州供糧之力實不可忽視〔註11〕。

　　由以上可知，南朝經濟區的分佈實主宰著政治的運轉，揚州雖稱為富足，然支持建康財政、北伐軍費、淮上及徐兗諸鎮軍食，仍力不能及，故建康財弱而政權迅速衰退，淮上及徐兗地區乏實，雖兵力雄厚而不能持久。而西面諸鎮自荊州衰弱後（其衰弱乃政權主動分割所致），雍州崛起，且其實力的維持一直處於常態，憑湘贛之資，借順流之勢，仍然是南朝政權最具威脅的區域。而這種格局的形成正是經濟起到的主導作用，弱幹強枝的局面一旦形成，兵指建康乃指日可待。南朝政治已不同於東晉，皇權的頻繁更替使各鎮無須借北伐以與建康爭奪正統之名。內外兩極的博弈自劉宋迄於梁末未變，地域性經濟的特點決定了兩極勢力對比的變化。建康一極長期困於財政，且糾纏於頻繁的政變之中，自建立至滅亡，一直呈現迅速衰弱的走勢。州鎮擁雄兵而每懷異動，其間受財力影響，走勢各不相同，大抵東部常懷問鼎之心而無割據之念，而西土則往往外懷覬覦、內守割據，謝晦、梁武帝、劉季連，均強則舉兵，弱則守邦。出現這一狀態，與南朝經濟的地域性特點，有著不可分割的聯繫。

〔註9〕　詳參《資治通鑑》卷128孝武帝孝建元年條。

〔註10〕《梁書》卷1〈武帝紀〉。

〔註11〕《梁書》卷19〈劉坦傳〉載：「時輔國將軍楊公則為湘州刺史，帥師赴夏口，西朝議行州事者，坦謂眾曰：「湘境人情，易擾難信。若專用武士，則百姓畏侵漁。若遣文人，則威略不振。必欲鎮靜一州城，軍民足食，則無逾老臣。先零之役，竊以自許。」遂從之。……下車簡選堪事吏，分詣十郡，悉發人丁，運租米三十餘萬斛，致之義師，資糧用給。」

參考文獻

古籍類

1. 〔西漢〕司馬遷：《史記》，中華書局，1959 年。
2. 〔西晉〕陳壽：《三國志》，中華書局，1959 年。
3. 〔南朝宋〕劉義慶撰，〔南朝梁〕劉孝標注，余嘉錫箋疏，周祖謨、余淑宜、周士琦整理：《世說新語箋疏》，上海古籍出版社，1993 年。
4. 〔北魏〕酈道元注，楊守敬、熊會貞疏：《水經注疏》，江蘇古籍出版社，1989 年。
5. 〔梁〕蕭統編，〔唐〕李善、呂延濟、劉良等注：日本足利學校藏《宋刊明州本六臣注文選》，人民文學出版社，2008 年。
6. 〔梁〕釋慧皎著，湯用彤校注：《高僧傳》，中華書局，1992 年。
7. 〔梁〕沈約：《宋書》，中華書局，1974 年。
8. 〔梁〕蕭子顯：《南齊書》，中華書局，1973 年。
9. 〔北齊〕魏收：《魏書》，中華書局，1974 年。
10. 〔唐〕房玄齡等：《晉書》，中華書局，1974 年。
11. 〔唐〕姚思廉：《梁書》，中華書局，1973 年。
12. 〔唐〕姚思廉：《陳書》，中華書局，1972 年。
13. 〔唐〕李延壽：《南史》，中華書局，1975 年。
14. 〔唐〕魏徵：《隋書》，中華書局，1973 年。
15. 〔唐〕歐陽詢撰，汪紹楹校：《藝文類聚》，上海古籍出版社，1982 年。
16. 〔唐〕虞世南：《北堂書鈔》，學苑出版社，1998 年。
17. 〔唐〕杜佑撰，王文錦、王永興、劉俊文等點校：《通典》，中華書局，1988 年。

18. 〔唐〕徐堅等：《初學記》，中華書局，1962 年。

19. 〔唐〕李林甫等撰，陳仲夫點校：《唐六典》，中華書局，1992 年。

20. 〔唐〕許嵩撰，張忱石點校：《建康實錄》，中華書局，1986 年。

21. 〔唐〕許敬宗編，羅國威整理：《日藏弘文本文館詞林校證》，中華書局，2001 年。

22. 〔唐〕李吉甫撰，賀次君點校：《元和郡縣圖志》，中華書局，1983 年。

23. 〔唐〕釋道世著，周叔迦、蘇晉仁校注：《法苑珠林校注》，中華書局，2003 年。

24. 〔宋〕王欽若等撰：《冊府元龜》，中華書局，1960 年。

25. 〔宋〕李昉等：《太平御覽》，中華書局，1960 年。

26. 〔宋〕李昉等：《太平廣記》，中華書局，1961 年。

27. 〔宋〕李昉等：《文苑英華》，中華書局，1966 年。

28. 〔宋〕司馬光編，〔元〕胡三省音注：《資治通鑑》，中華書局，1956 年。

29. 〔宋〕司馬光著，王亦令點校：《稽古錄》，中國友誼出版公司，1987 年。

30. 〔宋〕張敦頤撰，張忱石點校：《六朝事跡編類》，上海古籍出版社，1995 年。

31. 〔宋〕樂史撰，王文楚等點校：《太平寰宇記》，中華書局，2007 年。

32. 〔宋〕范成大撰，陸振岳點校：《吳郡志》，江蘇古籍出版社，1999 年。

33. 〔宋〕王應麟：《玉海》，江蘇古籍出版社、上海書店，1987 年。

34. 〔宋〕王應麟著，〔清〕翁元圻等注：《困學紀聞》，上海古籍出版社，2008 年。

35. 〔宋〕洪邁撰，孔凡禮點校：《容齋隨筆》，中華書局，2005 年。

36. 〔宋〕鄭樵：《通志》，中華書局，1987 年。

37. 〔宋〕葉適：《習學記言序目》，中華書局，1977 年。

38. 〔元〕馬端臨：《文獻通考》，中華書局，1986 年。

39. 〔明〕陶宗儀：《説郛》，中國書店，1986 年。

40. 〔明〕王夫之：《讀通鑒論》，中華書局，1975 年。

41. 〔清〕李慈銘：《越縵堂讀書記》，世紀出版集團、上海書店，2000 年。

42. 〔清〕顧炎武：《歷代宅京記》，中華書局，1984 年。

43. 〔清〕顧炎武著，黃汝成集釋，樂保群、呂宗力校點：《日知錄集釋》，上海古籍出版社，2006 年。

44. 〔清〕顧祖禹撰，賀次君、施和金點校：《讀史方輿紀要》，中華書局，2005 年。

45. 〔清〕萬斯同：《晉方鎮年表》，收於《二十五史補編》第三冊，開明書店，1936年。

46. 〔清〕萬斯同：《宋方鎮年表》，收於《二十五史補編》第三冊，開明書店，1936年。

47. 〔清〕萬斯同：《齊方鎮年表》，收於《二十五史補編》第三冊，開明書店，1936年。

48. 〔清〕萬斯同：《東晉方鎮年表》，收於《二十五史補編》第三冊，開明書店，1936年。

49. 〔清〕秦錫圭：《補晉方鎮表》，收於《二十五史補編》第三冊，開明書店，1936年。

50. 〔清〕吳廷燮：《東晉方鎮年表》，收於《二十五史補編》第三冊，開明書店1936年。

51. 〔清〕吳廷燮：《晉方鎮年表》，收於《二十五史補編》第三冊，開明書店，1936年。

52. 〔清〕徐文範：《東晉南北朝輿地表》，中華書局叢書集成本，1985年。

53. 〔清〕陸增祥編：《八瓊室金石補正》，新文豐出版公司，1977年。

54. 〔清〕趙翼著，王樹民校證：《廿二史札記校證》，中華書局，1984年。

55. 〔清〕趙翼：《陔餘叢考》，中華書局，1963年。

56. 〔清〕嚴可均輯：《全上古三代秦漢三國六朝文》，中華書局，1958年。

57. 〔清〕錢大昕：《十駕齋養新錄》，上海書店，1983年。

58. 〔清〕錢大昕：《廿二史考異》，世紀出版集團、上海古籍出版社，2004年。

59. 〔清〕王鳴盛：《十七史商榷》，世紀出版集團、世紀出版集團，2005年。

60. 〔清〕汪士鐸：《三吳考》，收於《清人文集·地理類彙編》第一冊，浙江人民出版社，1986年。

61. 王利器撰：《顏氏家訓集解》，上海古籍出版社，1980年。

62. 逯欽立輯校：《先秦兩漢魏晉南北朝詩》，中華書局，1983年。

63. 趙超：《漢魏南北朝墓誌彙編》，天津古籍出版社，2008年。

專著類

1. 車越喬、陳橋驛：《紹興歷史地理》，世紀出版集團、上海書店出版社，2001年。

2. 陳長琦：《兩晉南朝政治史稿》，河南大學出版社，1992年。

3. 陳琳國：《魏晉南北朝政治制度史》，文津出版社，1994年。

4. 陳明光：《六朝財政史》，中國財政經濟出版社，1997 年。

5. 陳明光：《漢唐財政史論》，嶽麓書社，2003 年。

6. 陳明光、邱敏：《六朝經濟》，南京出版社，2010 年。

7. 陳寅恪：《金明館叢稿初編》，三聯書店，2001 年。

8. 陳寅恪：《隋唐制度淵源略論稿》，河北教育出版社，2002 年。

9. 陳寅恪：《陳寅恪集‧講義與雜稿》，三聯書店，2002 年。

10. 陳玉屏：《魏晉南北朝兵戶制度研究》，巴蜀書社，1988 年。

11. 陳仲安、王素：《漢唐職官制度研究》，中華書局，1993 年。

12. 凍國棟：《唐代人口問題研究》，武漢大學出版社，1993 年。

13. 傅樂成：《漢唐史論集》，聯經出版事業公司，1977 年。

14. 高敏：《秦漢魏晉南北朝史論考》，中國社會科學出版社，2004 年。

15. 高敏：《魏晉南北朝兵制研究》，大象出版社，1998 年。

16. 高敏：《中國經濟通史（魏晉南北朝經濟卷)》，經濟日報出版社，1998 年。

17. 葛劍雄：《中國人口史》第一卷，復旦大學出版社，2002 年。

18. 葛劍雄：《中國移民史》第二冊，福建人民出版社，1997 年。

19. 韓樹峰：《南北朝時期淮漢迤北的邊境豪族》，社會科學文獻出版社，2003 年。

20. 何德章：《中國經濟通史》第三卷，湖南人民出版社，2002 年。

21. 胡阿祥：《六朝疆域與政區研究》，學苑出版社，2005 年。

22. 黃惠賢、陳鋒主編：《中國俸祿制度史》，武漢大學出版社，2005 年。

23. 黃惠賢：《中國政治制度通史》第四卷，人民出版社，1996 年。

24. 黃淑梅：《六朝太湖流域的發展》，臺北聯鳴文化有限公司，1982 年。

25. 蔣福亞著：《魏晉南北朝社會經濟史》，天津古籍出版社，2005 年。

26. 江蘇省六朝史研究會、江蘇省社科院歷史所編：《古代長江下游的經濟開發》，三秦出版社，1996 年。

27. 黎虎：《魏晉南北朝史論》，學苑出版社，1999 年。

28. 李文才：《南北朝時期益梁政區研究》，商務印書館，2002 年。

29. 李則芬：《兩晉南北朝歷史論文集》，臺灣商務印書館，1987 年。

30. 梁方仲：《中國歷代戶口、田地、田賦統計》，上海人民出版社，1980 年。

31. 劉俊文主編：《日本學者研究中國史論著選譯》，中華書局，1992 年。

32. 劉俊文主編：《日本中青年學者論中國史》，上海古籍出版社，1995 年。

33. 劉淑芬：《六朝的城市與社會》，臺灣學生書局，1992 年。

34. 盧海鳴：《六朝都城》南京出版社，2002 年。

35. 魯西奇：《區域歷史地理研究：對象與方法——漢水流域的個案考察》，廣西人民出版社，2000 年。

36. 呂春盛：《陳朝的政治結構與族群問題》，稻鄉出版社，2001 年。

37. 呂思勉：《兩晉南北朝史》，上海古籍出版社，1983 年。

38. 呂思勉：《呂思勉讀史札記》，上海古籍出版社，1982 年。

39. 毛漢光：《中國中古社會史論》，世紀出版集團、上海書店，2002 年。

40. 毛漢光：《中國中古政治史論》，世紀出版集團、上海書店，2002 年。

41. 梅莉、張國雄、晏昌貴：《兩湖平原開發探源》，江西教育出版社，1995 年。

42. 牟發松：《湖北通史·魏晉南北朝卷》，華中師範大學出版社，1999 年。

43. 薩孟武：《中國社會政治史》，臺灣三民書局，1983 年。

44. 沈任遠：《魏晉南北朝政治制度》，臺灣商務印書館，1971 年。

45. 史念海：《中國歷史人口地理和歷史經濟地理》，臺灣學生書局，1991 年。

46. 蘇紹興：《兩晉南朝的士族》，聯經出版事業公司，1993 年。

47. 譚其驤編：《中國歷史地圖集》第四冊，中國地圖出版社，1990 年。

48. 譚其驤：《長水粹編》，河北教育出版社，2000 年。

49. 唐長孺：《三至六世紀江南大土地所有制的發展》，中華書局，2011 年。

50. 唐長孺：《魏晉南北朝史論叢》，中華書局，2011 年。

51. 唐長孺：《魏晉南北朝史論叢續編》，中華書局，2011 年。

52. 唐長孺：《魏晉南北朝史論拾遺》，中華書局，2011 年。

53. 唐長孺：《魏晉南北朝史隋唐史三論》，中華書局，2011 年。

54. 唐長孺：《唐長孺社會文化史論叢》，武漢大學出版社，2001 年。

55. 陶新華：《魏晉南朝中央對地方軍政官的管理制度研究》，巴蜀書社，2003 年。

56. 田餘慶：《東晉門閥政治》，北京大學出版社，1989 年。

57. 田餘慶：《秦漢魏晉史探微》，中華書局，2004 年。

58. 萬繩楠整理：《陳寅恪魏晉南北朝史講演錄》，黃山書社，1978 年。

59. 王伊同：《五朝門第》，中華書局，2006 年。

60. 王永平：《六朝江東世族之家風家學研究》，江蘇古籍出版社，2003 年。

61. 吳慧蓮：《東晉劉宋時期之北府》，國立臺灣大學文學院，1985 年。

62. 許輝、蔣福亞主編：《六朝經濟史》，江蘇古籍出版社，1993 年。

63. 許輝、邱敏、胡阿祥主編：《六朝文化》，江蘇古籍出版社，2001 年。

64. 嚴耕望：《唐代交通圖考》第六卷，中央研究院歷史語言研究所專刊，2006 年。

65. 嚴耕望：《中國地方行政制度史・魏晉南北朝地方行政制度》（上冊），中央研究院歷史語言研究所，1997 年。

66. 楊寬：《中國古代都城制度史研究》，上海古籍出版社，1993 年。

67. 張承宗、田澤濱、何榮昌主編：《六朝史》，江蘇古籍出版社，1991 年。

68. 張金龍：《魏晉南北朝禁衛武官制度研究》，中華書局，2004 年。

69. 章義和：《地域集團與南朝政治》，華東師範大學出版社，2002 年。

70. 張澤咸：《漢晉唐時期農業》，中國社會科學出版社，2003 年。

71. 鄭欣：《魏晉南北朝史探索》，山東大學出版社，1989 年。

72. 中國地圖出版社編：《中國自然地理圖集》，中國地圖出版社，1998 年。

73. 中國社會科學院歷史研究所、魏晉南北朝隋唐史研究室編：《魏晉隋唐史論集》第一輯，中國社會科學出版社，1981 年。

74. 中國社會科學院歷史研究所、魏晉南北朝隋唐史研究室編：《魏晉隋唐史論集》第二輯，中國社會科學出版社，1983 年。

75. 中國魏晉南北朝史學會編：《魏晉南北朝史研究》，湖北人民出版社，1996 年。

76. 周一良：《魏晉南北朝史論集》，中華書局，1963 年。

77. 周一良：《魏晉南北朝史論集續編》，北京大學出版社，1991 年。

78. 周一良：《魏晉南北朝史札記》，中華書局，1985 年。

79. 周振鶴：《中國地方行政制度史》，上海人民出版社，2005 年。

80. 朱偰：《金陵古蹟圖考》，中華書局，2006 年。

81. 祝總斌：《兩漢魏晉南北朝史宰相制度研究》，中國社會科學出版社，1990 年。

82. 祝總斌：《中國古代史研究》，三秦出版社，2006 年。

83. 安田二郎：《六朝政治史の研究》，京都大學學術出版會，2003 年。

84. 川勝義雄著，徐谷芃、李濟滄譯：《六朝貴族制社會研究》，上海古籍出版社，2007 年。

85. 渡邊信一郎：《中國古代の財政と國家》，汲古書院，2010 年。

86. 渡邊信一郎：《中國古代國家の思想構造》，校倉書房，1994 年。

87. 宮川尚志：《六朝史研究（政治・社會篇）》，日本學術振興會，1956 年。

88. 宮崎市定：《宮崎市定全集 7・六朝》，岩波書店，1992 年。

89. 宮崎市定著，邱添生譯：《中國史》，華世出版社，1980 年。

90. 谷川道雄編：《地域社會在六朝政治文化上所起的作用》，玄文社，1989 年。

91. 谷川道雄著，馬彪譯：《中國中世社會與共同體》，中華書局，2002 年。

92. 谷川道雄主編：《魏晉南北朝隋唐史基本問題》，中華書局，2010 年。

93. 內藤湖南著，夏應元、劉文柱、徐世虹、鄭顯文、徐建新譯：《中國史通論》（上），社會科學文獻出版社，2004 年。

94. 守屋美都雄著，錢杭、楊曉芬譯：《中國古代的家族與國家》，上海古籍出版社，2010 年。

95. 藤家禮之助：《漢三國兩晉南朝的田制與稅制》，東海大學出版會，1989 年。

96. 窪添慶文：《魏晉南北朝官僚制研究》，汲古書院，2003 年。

97. 小尾孟夫：《六朝都督制研究》，溪水社，2001 年。

98. 越智重明：《魏晉南朝の貴族制》，研文出版，1982 年。

99. 越智重明：《魏晉南朝の人と社會》，研文出版，1985 年。

100. 越智重明：《魏晉南朝の政治と社會》，吉川弘文館，1963 年。

101. 中村圭爾：《六朝江南地域史研究》，汲古書院，2006 年。

102. 中村圭爾：《六朝貴族制研究》，風間書店，1987 年。

論文類

1. 曹文柱：〈六朝時期江南地區社會風氣的變遷〉，載於《歷史研究》1988 年第 2 期。

2. 陳宏對：〈壽春在我國古代南北對峙中的軍事戰略地位〉，《華東冶金學院學報》（社會科學版）1999 年第 3 期。

3. 陳琳國：〈論晉末劉宋軍功家族的三種類型〉，《中國史研究》1995 年第 4 期。

4. 陳琳國：〈論魏晉南朝都督制〉，《北京師範大學學報》1986 年第 4 期。

5. 陳琳國：〈論南朝襄陽的晚渡士族〉，《北京師範大學學報》（社會科學版）1991 年第 4 期。

6. 陳世柏：〈湘州與南朝政治〉，湖南師範大學碩士論文，2004 年。

7. 高敏：〈論侯景之亂對南朝後期社會歷史的影響〉，《中國史研究》1996 年第 3 期。

8. 顧琳：〈六朝時期建康的倉庫〉，《中國歷史地理論叢》2005 年第 4 期。

9. 官士剛：〈東晉南朝中央與地方財政問題探析〉，《江西師範大學學報》（哲學社會科學版）2005 年第 2 期。

10. 郭黎安：〈試論六朝時期的建業〉，收於《中國古都研究》（中國古都學會編），浙江人民出版社，1985 年。

11. 郭黎安：〈東晉南朝建康城的形制及相關問題研究〉，收於《中國古都研究》（何一民等主編），四川大學出版社，2004 年。

12. 韓樹峰：〈河東柳氏在南朝的獨特發展歷程〉，《中國史研究》2000 年第 1 期。

13. 何德章：〈六朝建康的水陸交通——讀《宋書·州郡志》札記之二〉，《魏晉南北朝隋唐史資料》第十九輯，武漢大學文科學報編輯部，2002 年。

14. 何德章：〈論梁陳之際的江南土豪〉，《中國史研究》1991 年第 4 期。

15. 何德章：〈魏晉南北朝時期南北水路交通的拓展〉，《武漢大學學報》（人文科學版）2004 年第 2 期。

16. 何德章：〈宋孝武帝上臺與南朝寒人之得勢〉，《西南師範大學學報》（哲學社會科學版）1990 年第 3 期。

17. 何德章：〈六朝南方開發的幾個問題〉，《學海》2005 年第 2 期。

18. 何啟民：〈南朝的門第〉，收於《中國史學論文選集》第 1 輯，幼獅文化事業公司，1983 年。

19. 何祖敏：〈程度的強化與基礎的脆弱——試論寒人政治下的南朝皇權〉，《廣東社會科學》1999 年第 6 期。

20. 胡阿祥：〈陳朝疆域變遷與政區建置考論〉，《南京曉莊學院學報》2004 年第 1 期。

21. 胡阿祥：〈魏晉南北朝時期的生態環境〉，《南京曉莊學院學報》2001 年第 3 期。

22. 胡阿祥：〈東晉南朝的守國形勢——兼說中國歷史上的南北對立〉，《江海學刊》1998 年第 2 期。

23. 胡阿祥：〈東晉南朝人口遷移及其影響述論〉，《江蘇行政學院學報》2003 年第 3 期。

24. 胡寶國：〈知識至上的南朝學風〉，《文史》2009 年第 4 期。

25. 柯友根：〈南朝部曲初探〉，收於《中國經濟史論文集》，廈門大學歷史研究所、中國經濟史研究室編，福建人民出版社，1981 年。

26. 鄺士元：〈南北朝人才分佈與郡望考〉，收於《魏晉南北朝研究論集》，文史哲出版社 1984 年。

27. 李長傅：〈淮域形勢與中國歷史〉，《求是月刊》創刊號，1944 年第 3 期。

28. 劉淑芬：〈三至六世紀浙東地區的經濟發展〉，收於《臺灣學者中國史研

究論叢──經濟脈動》，中國大百科全書出版社，2005 年。

29. 羅宗眞：〈對南京六朝都城的一些看法〉，收於《中國古都研究》（中國古都學會編），浙江人民出版社，1986 年。

30. 牛貴琥：〈南朝世家大族衰亡論〉，《山西大學學報》（哲學社會科學版）1994 年第 4 期。

31. 歐陽小桃：〈梁末陳初的南川酋豪〉，載於《爭鳴》1992 年第 2 期。

32. 權家玉：〈試析曹魏時期許昌政治地位的變遷〉，《魏晉南北朝隋唐史資料》第二十五輯。

33. 唐春生：〈宋文帝與父皇劉裕的顧命大臣〉，《華中科技大學學報》（社會科學版）2001 年第 4 期。

34. 唐長孺：〈南朝的屯、邸、別墅及山澤佔領〉，收於氏著《山居存稿》，中華書局，1989 年。

35. 陶新華：〈論魏晉南朝地方政權的軍事化〉，《史學月刊》2002 年第 4 期。

36. 王慧：〈東晉南朝荊州軍事地理研究〉，南昌大學碩士論文，2005 年。

37. 王鏗：〈東晉南朝時期「三吳」的地理範圍〉，《中國史研究》2007 年第 1 期。

38. 王永平：〈東晉南朝吳興沈氏之尚武及其地位的變遷〉，《南都學刊》2005 年第 5 期。

39. 王永平：〈論劉牢之〉，《揚州師院學報》（社會科學版）1990 年第 3 期。

40. 王育民：〈東晉南朝時期戶口試探〉，《上海師範大學學報》1987 年第 1 期。

41. 王志邦：〈東晉南朝浙江農業生產的發展〉，收於《魏晉南北朝史研究》中國魏晉南北朝史學會編，四川省社會科學院出版社，1986 年。

42. 吳成國：〈劉宋「分荊置郢」與夏口地位的躍升〉，《湖北大學學報》（哲學社會科學版）2004 年第 6 期。

43. 徐益棠：〈襄陽與壽春在南北戰爭中之地位〉，《中國文化研究彙刊》第 8 卷，1948 年。

44. 薛軍力：〈劉宋初期對強藩的分割〉，《天津師大學報》1995 年第 5 期。

45. 薛君立：〈晉宋之際門閥士族的衰落與皇權的重振〉，《汕頭大學學報》（人文科學版）1991 年第 3 期。

46. 嚴耕望：〈南北朝三個都城人口數量之估測〉，《新史學》第 1 卷第 2 期。

47. 嚴耕望：〈魏晉南北朝史地方行政制度約論〉，收於《大陸雜誌史學叢書》第二輯第一冊大陸雜誌社，1970 年。

48. 嚴耕望：〈魏晉南朝都督與刺史之關係〉，收於《大陸雜誌史學叢書》第一輯第五冊大陸雜誌社，1970 年。

49. 嚴耀中：〈東晉南朝地方財政收支述論〉，《中國社會經濟史研究》1985年第 2 期。

50. 張燦輝：〈雍州勢力崛起與劉宋政治〉，《湖南師範大學社會科學學報》1995 年第 4 期。

51. 張國安：〈論梁代江湘交廣諸州豪強的興起〉，《河南師範大學學報》（哲學社會科學版）1989 年第 2 期。

52. 張鶴泉：〈東晉都督諸州軍事設置的特點及其權力問題試探〉，《社會科學戰線》2005 年第 6 期。

53. 張金龍：〈禁衛軍權與南朝政治〉，《南京大學學報》（哲學・人文・社會科學）1999 年第 3 期。

54. 張琳：〈東晉南朝時期襄宛地方社會的變遷與雍州僑置始末〉，《魏晉南北朝隋唐史資料》第 15 輯，武漢大學出版社，1997 年。

55. 張琳：〈南朝時期的雍州中下層豪族〉，《武漢大學學報》（哲學社會科學版）1997 年第 6 期。

56. 張莉莉：〈南朝恩倖研究——以南朝正史〈恩倖傳〉（〈倖臣傳〉）爲中心〉，河北大學碩士論文，2005 年。

57. 張榮強：〈梁陳之際的「祿米」制度〉，《中國農史》2009 年第 3 期。

58. 張彧：〈東晉南朝時期吳興習戰之風試析〉，《首都師範大學學報》（社會科學版）2005 年第 6 期。

59. 張澤洪：〈兩晉南朝的蠻府和左郡縣〉，《四川師範學院學報》（哲學社會科學版）1990 年第 1 期。

60. 張澤咸：〈東晉南北朝屯田述略〉，載於《晉唐史論集》，中華書局，2008 年。

61. 章義和：〈論梁陳二朝對江州的控制〉，《許昌師專學報》2002 年第 3 期。

62. 鄭敬高：〈南朝的將門〉，《華中師範大學學報》（哲社版）1987 年第 6 期。

63. 朱大渭：〈魏晉南北朝南北戶口的消長及其原因〉，《中國史研究》1990 年第 3 期。

64. 竺可楨：〈中國近五千年來氣候變遷的初步研究〉，《考古學報》1972 年第 1 期。

65. 祝總斌：〈晉恭帝之死和劉裕的顧命大臣〉，《北京大學學報》（哲學社會科學報）1986 年第 2 期。

66. 祝總斌：〈試論東晉後期高級士族之沒落及桓玄代晉之性質〉，《北京大學學報》（哲學社會科學版）1985 年第 2 期。

67. 安田二郎：〈晉宋革命與雍州（襄陽的僑民）〉，收於《日本青年學者論中

國史‧六朝隋唐卷》，上海古籍出版社，1995 年。

68. 北村一仁：〈在南北朝國境地域的同姓集團的動向和其歷史意義〉，收於《社會與國家關係視野下的漢唐歷史變遷》，牟發松主編，華東師範大學出版社，2006 年。

69. 川合安：〈六朝隋唐の「貴族政治」〉，《北大史學》第 39 號，1999 年。

70. 谷川道雄：〈六朝時代的名望家支配〉，收於《日本學者研究中國史論著選譯》第二卷《專論》，劉俊文主編，高明士、邱添生、夏日新等譯，中華書局，1993 年。

71. 谷川道雄：〈中國的中世〉，收於《日本學者研究中國史論著選譯》第二卷《專論》，劉俊文主編，高明士、邱添生、夏日新等譯，中華書局，1993 年。

72. 吉川忠夫：〈梁の徐勉の「誡子書」〉，《東洋史研究》第 54 卷第 3 號。

73. 榎本あゆち：〈帰降北人と南朝社會──梁の將軍蘭欽の出自を手がかりに〉，《名古屋大學東洋史研究報告》1992 年第 16 號。

74. 菊池英夫：〈六朝軍帥の親軍についての一考察〉，《東洋史研究》第 18 卷第 1 號。

75. 石井仁：〈南朝における隨府府左──梁の簡文帝集団を中心として〉，《集刊東洋學》第 53 卷，1985 年。

76. 藤家禮之助：〈「建鄴」攷──『南史』の構成と関連して〉，《早稻田大學大學院文學研究科紀要》第 44 輯第 4 分冊。

77. 窪添慶文：〈魏晉南北朝における地方官の本籍地任用について〉，《史學雜誌》第 83 卷第 1、2 號，1974 年。

78. 小尾孟夫：〈南朝における地方支配と家族──地方長官の本籍地任用問題について〉，《東方學》第 42 卷，1971 年。

79. 小尾孟夫：〈南朝辺州支配における一形態──寧州刺史爨竜顔を中心として〉，《広島大學文學部紀要》第 32 卷第 1 號，1973 年。

80. 野田俊昭：〈南朝の士庶區別をめぐって〉，《東方學》第 63 卷，1982 年。

81. 越智重明：〈領軍將軍と護軍將軍〉，《東洋學報》第 44 卷第 1 號，1961 年。

82. 越智重明：〈劉宋の五等開國爵と貴族〉，《東洋史學》第 16 輯，1956 年。

83. 越智重明：〈六朝貴族制前史〉，收於《久留米大學文學部紀要》（國際文化科學編）第 7 號，1995 年。

84. 越智重明：〈宋齊時代における皇帝と士大夫〉，《東方古代研究》第 10 號，1960 年。

85. 越智重明：〈南朝州鎮の財政について〉，《東洋史學》第 24 輯，1961年。

86. 越智重明：〈南朝の門生〉，《社會經濟史學》第 28 卷第 4 號。

87. 中村圭爾：〈六朝時代三吳地方における開発と水利についての若干の考察〉，《佐藤博士還曆記念中國水利史論集》，中國水利史研究會編，日本國書刊行會，1981 年。

88. 中村圭爾：〈六朝貴族制與官僚制〉，收於谷川道雄主編《魏晉南北朝隋唐史學的基本問題》，中華書局，2010 年。

後　記

　　時光荏苒，如白駒過隙，轉眼治史以來已屆十年，驀然回首，過往經歷閃爍迷離，五味雜陳難以言表。唯於感慨往事如煙之際，不禁想起東坡詩句「人生到處知何似，應似飛鴻踏雪泥。泥上偶然留指爪，鴻飛那復計東西。」回望昔日足跡，凌亂無章，姑妄從入史以來說起。

　　2004 年 9 月，我從安徽大學社會學系考入武漢大學歷史學院，進入中國三至九世紀研究所攻讀魏晉南北朝史碩士。研究所一個統籌上的失誤，使我機緣湊巧投入朱雷先生門下，至今想起仍感激這次僥倖。因跨專業之故，史學基礎薄弱，先生乃不厭其煩，保持每周半天的見面答疑時間，於史學領域的蹣跚學步從此開始。記得最初階段我與同門均讀書甚少，更兼課程緊密，答疑乃成為先生一人獨講局面。豈知數周之後，先生突然沉默，但每周一次的見面卻並未取消，面面相覷的尷尬甚至達到令人窒息的程度。記得一次我們如常面見導師，一陣寒暄之後，陷入沉默，半小時過後先生隨手在桌邊拿起一本書，獨自看起來，我和同門的在愧疚中慢慢煎熬著時間挪動。由於年事已高，精力有限，先生打起瞌睡來，「砰」的一聲手中書本落地，先生隨即驚醒，便立即問我們：「剛才提的什麼問題？再說一遍，我沒聽清。」我們忙說「沒有問題」，先生乃立即向我們道歉，說中午有事耽擱，未能午休，致使精神不佳，希望我們別放在心上。我們雖覺好笑，但心中愧責已然難掩，接下來又在數秒中度過了兩個小時有餘，方才落荒而逃。此次見面以後，我深感愧疚，答疑再未敢以應付對待。從此乃在先生指引下按部就班的閱讀《晉書》與《資治通鑑》，逐漸尋找到碩士論文的選題。初稿完成先生不厭其煩的前後為我修改八次。此後又繼續在先生門下攻讀博士學位，在先生指引下轉

入東晉南朝領域，至今仍感先生錯愛，生性疏懶，有辱教誨。

2009 年我有倖進入中山大學歷史學系從事博士後研究工作，兩年的生活如此短暫，有如驚鴻一現，然於本人卻是難忘的記憶。嶺南兩年，雖然短暫，但有幸結識諸多志同道合的好友，每每論及歷史暢談達旦，至今思之仍惜之如金。景蜀慧師不僅平易近人，更兼豁達坦蕩。記得最初每次接見我們，不惜以所存最上等好茶相待，書立四壁，茗香滿屋。後得知鄙人擅酒，從此後師生會面，乃以酒代茶，縱談六朝，遠追名士風範。期間在景師指引下參與《南齊書》的部分點校工作，是我首次正式涉及文獻整理，受益匪淺。更兼與同門好友開展每周論壇，學習生活流光溢彩，思之可惜！

本書在博士後出站報告的基礎上修改完成，這裡對報告撰寫期間景師給予的悉心指導和幫助深表謝意，前後景師為我數遍修改，然因當時未來渺茫，就業無門，情緒低落致最終未能令景師滿意，亦深感愧疚！

治史以來多得學界師友提攜與幫助，鞭策、激勵，值此書稿付梓之際，感謝以下師友在學業和生活上給予的幫助和關心。武漢大學三至九世紀研究所凍國棟教授、劉安志教授、魏斌教授、朱海副教授，姜望來、黃樓、馬志立諸位師友以及呂博師弟，現為天津師範大學歷史文化學院何德章教授，在我武大求學期間給予了無法估量的幫助和教誨。三至九世紀研究所石默林老師在資料上給予的協助，至今仍記得在資料室讀書時一老一少、一問一答的恬靜與祥和。

中山大學歷史系吳義雄教授、王承文教授、劉志偉教授、曹家齊教授、萬毅老師、向群老師、賴雪楓老師、劉勇、安東強等諸位師友，文學院的黃敬愚老師以及周文俊博士，華南師範大學的吳羽、暨南大學的趙燦鵬、崔世平、深圳大學蕭榮、廣西師範大學陳國保、廣州體育學院的劉廣豐等，是他們的幫助與提攜，使我在中山大學期間的學習和生活如此生動和多彩。

感謝蘇州大學張承宗教授、南京大學張學鋒教授、復旦大學孫英剛、仇鹿鳴、山西大學范兆飛、華中師範大學張達志、西南大學馬劍以及我現在的同事蘇小華等師友的幫助。尤其感謝賈二強老師，在我就業無門、迷途潦倒之際伸以援手，使我擁有了今天的事業。

歷盡艱辛完成書稿，感謝花木蘭文化出版社給與的幫助和支持，憶及昔日同門摯友陳翔博士亦曾在此出版《陳翔唐史研究文存》，三年同窗，耳濡目染、指點江山，而今已然人鬼殊途，昔日種種恍如昨日亦如隔世，更增無限

感慨。撫窗而立唯見天青如洗、終南如墨，茉苒已然咿呀學語，治學至今百無一成，唯餘心中歉悔，生性疏懶、虛度光陰至此。小書既成，錯漏百出，唯請同行專家多加指正！

權家玉　謹識

2014 年 11 月 18 日